EL LEGADO DE LAS MADRES

Stephan B. Poulter

El legado de las madres

La influencia de su herencia emocional en nuestra vida

URANO

Argentina – Chile – Colombia – España
Estados Unidos – México – Uruguay – Venezuela

Título original: *The Mother Factor*
Editor original: Prometheus Books, Amherst, New York
Traducción: María Isabel Merino Sánchez

Copyright (©) 2008 by Prometheus Books, Amherst, New York
All Rights Reserved
Los derechos de publicación de la presente obra fueron negociados a través
de la Agencia Literaria Ute Körner
© de la traducción 2010 *by* María Isabel Merino Sánchez
© 2010 *by* Ediciones Urano, S.A.
Aribau, 142, pral. – 08036 Barcelona
www.edicionesurano.com

ISBN: 978-84-7953-731-9
Depósito legal: NA-131-2010

Coordinación y fotocomposición: Víctor Igual, S.L.
Impreso por: Rodesa, S.A. – Polígono Industrial San Miguel
Parcelas E7-E8 – 31132 Villatuerta (Navarra)

Impreso en España – *Printed in Spain*

Para Madison y Jonathan, que nunca dejan de inspirarme.
Charlotte, Debbie y Pete, siempre os llevo en mi corazón.

Y para todos los hombres y mujeres que se han esforzado por encontrar, entender y captar su legado materno.

Índice

Nota del autor   11
Agradecimientos.   13

I. **Elementos básicos del legado materno**   15
    Introducción. El poder del legado materno. Todos somos
    hijos e hijas   17
  1. Tu primer amor. Las madres y el vínculo afectivo   49
  2. Cómo puedes hacer que tu legado materno funcione. En
     tu vida adulta y en tus relaciones   83

II. **Cinco estilos de crianza materna**   115
  3. La madre perfeccionista. El impulso sin fin hacia la per-
     fección y el amor   117
  4. La madre imprevisible. Cómo vencer la depresión y la
     ansiedad.   143
  5. La madre «yo primero». Cómo crear tu propia vida   171
  6. La madre mejor amiga. Descubre tu poder afectivo. . . .   197
  7. La madre completa. El legado materno con sabor com-
     pasivo.   221

III. **El potencial del legado materno. Cómo crear tu pro-
     pia vida**   243
  8. Cómo cambiar el guión. Empezar por las reglas de tu
     madre. Reescribir tu libro   245
  9. Tu madre y la comida. Cómo aprender a alimentarte.
     El secreto de la nutrición.   261

10. Cómo funcionar con toda tu potencia emocional. El
    poder de tu legado 277
11. Cómo marcharse de casa. La gran separación. Cómo ir
    más allá de tu madre. Separación/Individualización... 301
12. Perfectamente imperfecto. Tu legado emocional. Líbra-
    te del equipaje 329

Notas 341
Bibliografía 343

Nota del autor

Todas las historias, ejemplos y voces que aparecen en este libro son la consecuencia, en parte, de más de veinticinco años de experiencia laboral, de mi experiencia clínica, de mis investigaciones, de mi trabajo como agente de la ley y de mi experiencia pastoral. No obstante, los nombres, lugares y otros detalles del libro han sido alterados para proteger la intimidad y el anonimato de las personas a las que se refieren. Por lo tanto, cualquier parecido entre los nombres e historias de las personas y familias descritos aquí y personas conocidas por el lector es involuntario y pura coincidencia.

En esta obra, el uso del femenino y las referencias específicas sólo a las madres tienen como único objeto explicar el tema de las madres a sus hijas e hijos. La visible exclusión del masculino sólo tiene como objeto educar e ilustrar sobre el contenido y hacer más clara la comprensión del mismo. También nos ocupamos de la importancia y significación de los padres en esta cuestión.

Agradecimientos

Podría escribir un manuscrito completo con todos los que han contribuido a la creación de este libro. Han sido innumerables las personas del pasado y el presente, y han tenido una importancia vital ayudando a crear *El legado de las madres*. Mi gratitud especial para Celia Rocks, Kevin Dirth, Jennifer Hung, Mike Bloomberg y Peter Brett Poulter. Quiero agradecer particularmente a Linda Greenspan Regan que me diera, de nuevo, la oportunidad de escribir un libro; mi agradecimiento a Julia Wolfe, que me echó una mano, me prestó su sabiduría y un apoyo sin límite de tiempo; a Kye Hellmers, por las interminables conversaciones sobre ser «perfectamente imperfecto», y a todas las hijas, los hijos y los padres que compartieron sus historias conmigo. Finalmente, a toda la gente maravillosa de Prometheus Books por su apoyo y orientación.

Quiero dar las gracias a mi extensa red de apoyo y a los que han contribuido a hacer factible *El legado de las madres*: Kye y Kathleen Hellmers, William y Mary Klem, Barry Weichman, Bill Malen, Kalila Shapiro, Winston Gooden, Bruce Wexler, Evan Carter, Sandra Vasquez, Mike Jones, Ed Vanderflet y B. Zax. Sin la presencia de esta clase de personas en mi vida (pasada y presente) y en mi profesión, nunca me habría aventurado a salir de mi ámbito personal, profesional y familiar y sentarme delante del ordenador para reunir todo esto. A veces, la vida tiene su manera de poner las cosas en su sitio y sabes que todo se va aunando perfectamente. *El legado de las madres* es un ejemplo. Debo decir «gracias» a mucha gente y sé que mi gratitud se debe a las personas involucradas en esta obra.

1

ELEMENTOS BÁSICOS
DEL LEGADO MATERNO

Introducción
El poder del legado materno
Todos somos hijos e hijas

Estoy viviendo la vida de mi madre. Me pidió que me quedara sol-
tera. Estoy soltera. Dijo que viviera sola, que fuera feliz y que no
dejara que nadie me controlara.

He hecho todo lo que quería mi madre. Murió hace veinte años,
pero hoy sigue muy viva en mi vida. Tengo exactamente la vida que
ella quería.

BETTY LOU, cincuenta y ocho años

Aunque tenía una estrecha relación con mi padre, mi madre ha
sido mi guía afectiva. Soy muy parecida a ella en cómo expreso mis
ideas y sentimientos. Mi madre ha influido en todas mis relaciones.
Me oigo en casa y en el trabajo, ocupándome de las cosas y hablan-
do con la gente igual que mi madre hacía/hace.

EDWARD, treinta y nueve años

Es habitual que la gente hable más fácilmente de su madre que de su padre. El cometido de las madres con las hijas y con los hijos es una relación eterna. Las dos citas anteriores ilustran claramente el efecto emocional continuado que las madres ejercen en sus hijos, independientemente de la edad, de la distancia o de la muerte. Este efecto no se limita simplemente a una dinámica padres-hijos negativa o positiva. Se basa en un legado emocional: el factor materno. En esencia, esta herencia comprende todos los tipos diferentes de funcionamiento afectivo, los estilos de crianza materna, los modelos de comunicación, los procesos de individualización (separación de la madre) y la psicología permanente de la relación madre-hija/madre-hijo. La relación madre e hijo adulto (con independencia de la edad, todos somos hijos o hijas) en todas sus diferentes facetas, estados afectivos, circunstancias vitales y situaciones cotidianas ayuda a crear el tejido y la esencia de nuestra vida.

Nadie discute la verdad de que las madres importan. Sin embargo, la mayoría de nosotros se pasa la vida sin comprender esta relación o legado tan complejo y sus efectos de largo alcance. A lo largo de la historia, las madres han sido el centro de acaloradas discusiones, de investigaciones, debates y misterio. La riqueza y profundidad de las investigaciones psicológicas de la relación madre-hija/madre-hijo, nunca se han agotado plenamente ni comprendido en su totalidad. Todos sabemos que la relación con nuestra madre ha moldeado nuestra percepción de nosotros mismos como ninguna otra cosa. Este hecho no disminuye ni reduce la permanente influencia que el legado del padre tiene en sus hijos. Nuestro padre y nuestra madre son los soportes de nuestra vida y nuestra relación con cada uno es única para todos nosotros. Es preciso comprender y apreciar por completo a cada uno, en el contexto especial de esa relación. Muchas veces, el progenitor más problemático se convierte en el centro único de la vida de un niño, mientras que al otro se le deja de lado como intrascendente. Se trata de una dinámica familiar muy común, que puede ser un posible punto débil en la vida adulta del niño.

Para evitar este error tan extendido de hacer caso omiso a uno de nuestros progenitores —la madre y su huella afectiva en sus hijos—, estudiaremos la influencia de amplio alcance que las madres tienen en nuestra vida. Estas páginas nos permitirán apreciar con mayor profundidad el enorme efecto que el legado emocional de la madre ha tenido al forjar y dirigir nuestra vida.

Primero, aceptemos que tu madre te entregó su legado emocional, de forma consciente o inconsciente. El desarrollo de tu legado emocional empezó contigo y tu madre durante el embarazo y ha continuado hasta el presente, con independencia de la edad que ella tenga, de si ha muerto o de la distancia geográfica que os separa. Este libro se centra en delimitar qué constituye ese legado. Para que resulte más claro, el legado materno se define como se expresa a continuación: *Desarrollo, funcionamiento y capacidad emocionales para formar relaciones significativas en la vida familiar, la vida social y con la pareja íntima. Patrón afectivo que empezó en tu relación madre-hijo y que influye en tus sentimientos de frustración, amor, miedo y esperanza. Estilo de la crianza materna como patrón para tu disposición emocional y tu conciencia fundamental de quién y qué eres en el mundo. Funcionamiento afectivo moldeado, consciente e inconscientemente, por la madre.*

Las normas, las conductas, las actitudes, los estilos relacionales, los modelos de comunicación y el funcionamiento afectivo, explícitos e implícitos, forman parte del legado materno. Dado que todos somos hijos, nos sería útil conocer a fondo las diferentes piezas y facetas de esta poderosa y continuada influencia. Son muy pocos los asuntos o temas que provocarán tan rápida y automáticamente el enfado, la frustración, la comprensión o el amor de los hijos como hablar de su madre. Recordemos que nadie es neutral sobre su madre ni en lo que se refiere a su vínculo afectivo con ella.

Si todavía te quedan dudas sobre la existencia del legado materno, haz una prueba. Piensa en un conflicto que hayas tenido recientemente con un amigo, tu pareja, tu jefe, un hijo o un cliente. Quizás ese amigo íntimo no te llamó como había prometido, ese compañero de trabajo te decepcionó, tu hijo hizo caso omiso a las veinte veces que lo llamaste al móvil o tu pareja malinterpretó por completo algo que hiciste y el incidente se convirtió en un tremendo conflicto. Cualquiera que fuera el caso, resúmelo en un párrafo, centrándote en cómo te sentiste emocionalmente y qué palabras y qué actos elegiste en aquel momento.

Relato de Todd, cuarenta y cuatro años: Dije a Linda [la chica con la que sale de forma exclusiva desde hace cuatro meses] que no podía ir a cenar con ella el domingo, como habíamos planeado. Me puse muy a la defensiva cuando percibí decepción y enfado en su voz. La acusé de ser egoísta y de estar interesada sólo en sus cosas, no en mi vida. Mi sentimiento visceral era de vergüenza e incomodidad. Me siento así cada vez que tengo que decir «no» a una mujer. Lo que me resulta difícil es sentir que estoy decepcionando a alguien y, en especial, a mi pareja, ahora y en el pasado. Lo único que se me pasa por la cabeza mientras trato de dar explicaciones es la visión de mi madre enfadándose conmigo. Linda estaba furiosa por haber cancelado la cena y, después del incidente, no hablé con ella durante casi una semana. Tenía derecho a enfadarse; siempre pierdo los nervios. Luego siento que tengo que encontrar la manera de arreglar las cosas. No se me ocurre ninguna forma de solucionar el problema, y éste se convierte en un círculo vicioso muy irritante. En otros campos de la vida, me va bien, pero no puedo soportar tener un conflicto con mi chica. Cuando se producen estas situaciones, algo que es frecuente, tengo esta reacción visceral. Siento como si mi madre me estuviera riñendo por decepcionarla. Sé que defraudar a alguien o disgustarlo es parte de una relación, pero para mí es un problema muy grande. Creo que una de las razones de que no me haya casado es que detesto cuando una mujer está disgustada conmigo o me desaprueba. Me siento absolutamente dolido cuando sucede y, entonces, evito la relación.

Relato de Alexandra, cuarenta y un años: El otro día colgué el teléfono a mi madre; estaba absolutamente furiosa conmigo misma. Sé que no tengo que pedirle su opinión ni contarle nada que sea remotamente personal o importante en mi vida. Mi madre siempre encuentra la manera de criticarme o de menospreciarme. No importa de qué se trate, siempre acabará teniendo que ver con ella. Entonces me pongo a chillar, igual que hace ella, y se convierte en una pelea horrible. Luego me siento como si tuviera otra vez trece años y estuviera luchando por conseguir mi independencia personal, por librarme de su control. A veces, me doy cuenta de que sigo viendo a mi madre como mi guía afectiva. Así que, después de estos encontronazos, me paso por lo menos dos horas muy disgustada por haber tenido una discusión emocional tan acalorada y sin sentido con mi madre. Nunca me siento bien conmigo misma después de hablar con ella o de verla. Esta tensión se creó desde que yo empecé a desarrollar mis propias opiniones. Ahora parece que el problema es peor, porque me siento insegura de mí misma después de cualquier tipo de conflicto con mis amigos, mis compañeros, mis hijos y mi esposo. Tiendo a reaccionar de forma exagerada, igual que mi madre, cuando me altero y me parece que me malinterpretan. La manera que tiene mi madre de comunicarse es exaltarse y ponerse verbalmente agresiva. Me estoy volviendo igual que mi madre.

Después de escribir tu relato o de pensar en él, contesta a las siguientes preguntas:

1. ¿Lo que dijiste en el enfrentamiento te recuerda en algún sentido la manera en que tu madre te hablaba cuando eras niño?
2. ¿Algo de lo que expresaste era exactamente lo contrario o era idéntico al tono y a la esencia de las conversaciones de tu madre contigo?
3. ¿Tus sentimientos en este enfrentamiento emocional eran parecidos o justo lo contrario a los que experimentaste cuando tenías un conflicto con tu madre de niño o ahora de adulto?

4. ¿Cómo te comunicas o te comunicabas (si ha muerto) con tu madre, de adulto?

5. ¿Cómo te gustaría manejar tus futuros enfrentamientos emocionales en tus relaciones, tanto personales como profesionales?

Es muy probable que, incluso sin pasar por este ejercicio formal, hayas vivido situaciones en las que tus palabras, pensamientos o sentimientos en una situación dada te hayan recordado un enfrentamiento con tu madre. Es corriente que la gente diga que habla con un amigo o una pareja exactamente igual que su madre les hablaba a ellos, llegando incluso a usar los mismos gestos, el mismo tono exaltado y las mismas expresiones. Con frecuencia, también recuerdan que se relacionan con un amigo íntimo de la misma manera en que se relacionaban con su madre. En otros casos, el efecto de la madre en la vida afectiva de un hijo adulto puede ser menos evidente, pero es igualmente poderoso. En nuestros ejemplos, Todd y Alexandra tienen un fortísimo legado afectivo de sus madres y están tratando de averiguar cómo canalizarlo y convertirlo en un legado más positivo, en vez de en un obstáculo.

Lo más importante, llegados a este punto, es empezar a reconocer que hay una influencia. El legado materno sólo es negativo en nuestra vida si no lo reconocemos, si lo descartamos y lo malinterpretamos. Cuando seas más consciente de las muchas facetas diferentes que tiene y aprendas a manejarlas, este legado se puede convertir en una fuerza positiva que cambiará tu vida. Por lo tanto, veamos algunos aspectos que deberían empezar a despertar tu conciencia del profundo efecto emocional que tu madre tiene hoy en tu vida. Sentirte bien contigo mismo y con el camino que sigue tu vida empieza con tu madre y contigo.

Nuestra primera relación amorosa

¡La primera mujer a la que amamos fue nuestra madre! Quizá, más adelante en la vida, amemos a muchas otras mujeres (novias, amantes, hermanas, amigas, tías e hijas), pero nuestra madre fue la primera.

Este hecho hace que esta relación sea el factor más destacado de nuestro desarrollo afectivo. Fuimos, literalmente, parte de nuestra madre durante el embarazo. El cableado de nuestro cerebro nos hace desear, naturalmente, conectarnos y vincularnos afectivamente a ella. Los bebés quieren que sus madres los cojan en brazos, los alimenten y los cuiden. Este vínculo inicial se convierte en el foco y la base sobre los que evolucionarán la autoestima, el tipo de personalidad, el estilo de comunicación y el desarrollo afectivo en el futuro. Ninguna otra relación en la vida tiene tanto potencial para moldearte como ésta. Cuanto mejor comprendas sus componentes emocionales, más alternativas y oportunidades tendrás a tu alcance para cambiar las relaciones y crecer como persona.

El vínculo madre-hijo puede compararse a la solidez y al funcionamiento de un coche. No sabemos, realmente, qué hay debajo del capó ni cómo actuará en la carretera hasta que sale de fábrica... igual que cuando un niño alcanza la edad adulta y actúa por sí mismo. La fábrica es la relación madre-hijo que construye (crea) e instala el motor y todas las piezas necesarias para su funcionamiento. Saber qué hay bajo el capó, conocer nuestros componentes internos, nos proporciona el poder y las alternativas personales para seguir evolucionando y crear nuestro propio legado. Sean cuales fueren las circunstancias vitales en las que nos encontremos, nos exigen que usemos nuestra inteligencia y estabilidad emocional para capear, adecuadamente, los conflictos y las relaciones en el terreno personal, familiar y profesional a fin de crear nuestro propio legado. Es nuestra capacidad para funcionar emocionalmente en diferentes situaciones lo que se convierte en el indicador más potente y preciso de nuestro potencial para el logro personal y profesional... nuestro legado. Nuestra capacidad para actuar en las relaciones adultas, sean personales o profesionales, está directamente conectada con el legado materno. Los fundamentos de nuestra vida afectiva, nuestra personalidad y autoestima empezaron a asentarse cuando éramos muy pequeños.[1]

Es la falta de vínculos y una evolución insana lo que crea las primeras fracturas (falta de confianza, paranoia) en el desarrollo psicológico y la base emocional de una persona. Estas fracturas tempranas pueden cicatrizar y solucionarse, pero ¿cómo? Para sanarnos e imbuirnos de poder, primero debemos comprender cómo se construyó y formó nuestro legado materno. Para todos los hijos varones, nuestra madre es la primera mujer a la que amamos. Para todas las hijas, es también la primera mujer a la que amasteis y la primera relación de identificación con el mismo sexo. Estos vínculos y estas interacciones tempranas, que se producen naturalmente, crean la poderosa dinámica entre una madre y su hijo y una madre y su hija. Para una madre, el nacimiento de un hijo o una hija despierta los recuerdos de su conexión emocional con su propia madre. Conforme avancemos por estas páginas, veremos repetidamente cómo el poder de esta «primera relación amorosa» tiene un efecto enorme en nuestra vida personal y profesional.

Se podría pensar que la única cosa que madres e hijos tienen en común —su tiempo juntos desde el nacimiento *en adelante*— debería crear automáticamente un vínculo afectivo positivo y un legado materno sano y productivo. Por desgracia, no siempre resulta así. La experiencia emocional de vivir esta relación puede provocar marejadas y, a veces, maremotos en las relaciones subsiguientes y hacerse sentir durante toda la vida del hijo adulto. Es esta agitación la que puede salir bruscamente a la superficie en nuestros sentimientos e interacciones afectivas, a través de nuestro estilo de comunicación y de nuestras relaciones íntimas.

La gran cantidad de libros dedicados al poder de nuestro primer amor ha sido el tema de las discusiones psicológicas populares dominantes desde que Sigmund Freud, Carl Jung y Melanie Klein describieron el poder y la influencia permanente que tienen las madres sobre sus hijos.[2] Desde aquella época, se ha llegado a aceptar ampliamente que la relación cotidiana con la madre influye, afecta y moldea la disposición emocional de un niño. *El típico «punto débil» de esta relación es no comprender el legado de estas interacciones cuando damos por sentado que los obstáculos afectivos son aleatorios e inevitables.* Esta estrechez de miras tiende a convertirnos en miopes y es uno de los mayores obstáculos para comprender plenamente el legado materno y usarlo de forma productiva. Una de nuestras primeras me-

tas es ampliar nuestra comprensión del mismo, de forma que el legado materno se convierta en fuente de fuerza y poder, tanto personal
como profesionalmente.

Algunas cuestiones sobre el legado materno

A continuación, hemos anotado algunas opiniones, preocupaciones,
experiencias, frustraciones y comentarios habituales que los hijos hacen en relación con su legado materno. Cuando se plantea el tema de
las madres, casi nadie se muestra indiferente. (Decir que no tienes una
opinión formada sobre tu madre o que no sientes nada respecto a ella
son aspectos muy graves de la ira, de los que hablaremos más adelante.) Considera las siguientes preguntas y afirmaciones y piensa en
cómo enlazan con tu relación madre-hijo en el pasado y el presente:

- ¿Por qué mi novia se lleva de maravilla con su madre y yo apenas puedo soportar estar en la misma habitación con la mía?
- Ojalá estuviera más unido a mi madre.
- Me irrita mucho que la gente no cumpla lo prometido. A mi
madre le pasa lo mismo conmigo.
- Mi madre siempre me decía: «Nadie será nunca lo bastante
bueno para ti». Nunca he tenido una relación que durara más
de seis meses (revelación de un hijo de cuarenta y nueve años).
- Cuando hablo con mi madre, ¿por qué la conversación gira
siempre en torno a ella?
- Mientras crecía, me sentía invisible para mi madre. Sigue sin
saber qué hago cada día.
- No confío en las mujeres (reconoce una hija).
- Nunca me acerco demasiado (afectivamente) a las chicas con
las que salgo (habla un hijo).
- No tengo amigas íntimas; todos mis amigos son hombres (con-
fiesa una hija).
- Las opiniones, las emociones y el estilo de comunicación de mi
madre son un enorme problema para mi matrimonio: mi esposa odia a mi madre.

- Mi pareja dice que actúo igual que mi madre cuando me enfado o me irrito con la gente.
- Chillo a la gente cuando me altero.
- Siempre me he sentido inseguro en las relaciones. Tengo la sensación incómoda de que no soy lo bastante bueno.
- Mientras crecía, me resultaba imposible hablar con mi madre sobre mis sentimientos o emociones. Ahora raramente expreso mis ideas o sentimientos ante alguien.
- Evito llamar a mi madre o hablar con ella, y ella me hace sentir culpable por no llamarla más a menudo (habla un hijo).
- Mientras crecía, sentía que todos los caminos conducían a mi madre. Era el comandante emocional de nuestra casa. Mi padre nunca hablaba, a menos que ella le preguntara algo.
- Mi madre siempre me decía que no dejara que nadie supiera si estaba furioso o alterado. Eres demasiado vulnerable si dejas ver tus verdaderos sentimientos a los demás.
- Cuidar a mi madre me ha llevado a centrarme siempre primero en los demás y luego en mí. Esta actitud me ha hecho depender mucho de los demás y de lo que opinan de mí.
- Mientras crecía, me llevaba mejor con mi padre que con mi madre.
- Soy una mujer de cuarenta y cinco años y sigo oyendo la voz de mi madre dentro de mi cabeza siempre que hago algo contra sus reglas u opiniones. Su voz suena muy crítica y furiosa.

Todo lo que se admite o se afirma en la lista anterior son sólo algunas de las cuestiones subyacentes al legado emocional de un hijo o una hija. Está claro, por esta corta lista de preocupaciones expresadas por personas adultas, tanto hombres como mujeres, que la relación emocional madre-hijo es una fuerza que tiene un efecto residual duradero que no es fácil de medir ni de comprender. No obstante, cuanto mejor entendamos nuestra relación madre-hijo, independientemente de nuestra edad o circunstancias, tendremos a nuestro alcance una capacidad mayor de elegir, más alternativas y más posibilidades de realizar cambios positivos.

PARK CITY LIBRARY

www.parkcity.org
435-615-5600

Número de artículos:

4

Código de barras: 87074573
Titulo: Quien se ha llevado mi queso? :
Devolución 4/29/2019

Código de barras: 87099099
Titulo: El secreto /
Devolución:4/29/2019

Código de barras: 87119099
Titulo: El legado de las madres :
Devolución:4/29/2019

Código de barras: 87119669
Titulo: La magia /
Devolución:4/29/2019

4/8/2019   3:43 PM

Es importante mencionar que toda esta investigación sobre el legado materno tiene como único propósito que obtengas una nueva y valiosa comprensión y una visión clara de la situación, que abrirán más opciones para tu vida. Con demasiada frecuencia, este tipo de discusión puede ir en el sentido de la culpa, el resentimiento y la ira. Hablaremos detalladamente de la necesidad de ir más allá de culpar y señalar con el dedo (eliminando impedimentos por tu parte) para llegar, en cambio, a sanar viejas heridas. En psicología, hay un viejo dicho: *No puedes soltar lo que no sabes que estás agarrando.* Vamos a centrarnos en el legado materno desde muchos ángulos y puntos de vista diferentes para darte una visión más completa de tu propio legado. Una vez que cuentes con esta información nueva y crucial, tendrás el poder personal para hacer elecciones diferentes, soltar los viejos modelos contraproducentes, actuar de forma nueva y positiva y sentirte profundamente realizado.

El legado materno trasciende el tiempo, la muerte, el género y la intimidad

Un obstáculo muy común para apreciar el profundo efecto del legado materno es eliminarlo racionalizando su trascendencia. Por ejemplo:

- Mi madre murió hace diez años: ¿cómo podría seguir afectando a mis relaciones o a la manera en que yo actúo ahora?
- Soy un hombre; por tanto, tiene más sentido que mi padre, en lugar de mi madre, haya influido en mis elecciones y relaciones afectivas.
- Nunca estuve demasiado unido a mi madre. No creo que tenga un efecto muy grande en mi vida personal actual.
- Mi madre era una mujer de la década de 1950, un ama de casa, que nunca desempeñó un trabajo profesional pagado. ¿Cómo puede influir en mis elecciones y sentimientos?
- Nunca respeté la manera en que mi madre manejaba las cuestiones afectivas ni su madurez psicológica. Yo soy totalmente diferente.

- Mi madre permitía que mi padre tomara todas las decisiones en la familia; yo aprendí a seguir el ejemplo de mi padre, no el de mi madre.

Veamos a continuación por qué todas estas racionalizaciones constituyen un punto débil y un impedimento en potencia muy comunes para tu futuro.

El hecho de que tu madre haya muerto no significa que los sentimientos derivados de esa relación también estén muertos. Los sentimientos no resueltos respecto a tu madre pueden estar latentes o enterrados. El fallecimiento de la madre no supone que el valor o influencia que ella tenía hayan disminuido en lo más mínimo. Muchas de las relaciones más importantes que tendremos en la vida no están limitadas por el tiempo ni confinadas a una etapa particular de nuestra vida. Cargamos con el efecto residual de estas relaciones en nuestra mente, nuestras emociones y nuestros corazones durante toda nuestra existencia. Cuando hombres y mujeres de todas las edades me hablan de la muerte de su madre, incluso los que sostienen que no tenían una relación estrecha con ella, dicen que se sorprendieron de lo mucho que les afectó su fallecimiento. Suelen utilizar expresiones como que quedaron «deshechos» y sintieron una «pérdida abrumadora» para describir su reacción. No es raro que, al morir la madre, tanto hijos como hijas sufran de depresión y desesperanza o empiecen a cuestionarse el sentido y propósito de su vida.

Años más tarde, esta muerte/pérdida sigue teniendo un poder y una influencia tremendos. Cuando algunas personas piensan en poner fin a una relación o a una asociación de negocios, mucho después del fallecimiento de su madre, en ocasiones observan que pueden oír la voz de ésta en su cabeza, diciendo: «No crié a mis hijos para que fueran de los que se rinden fácilmente», y hacen caso de la voz. Otras, cuando experimentan un cambio personal o de relación importante, suelen explicarlo comentando: «No quería acabar muriendo como mi madre, sin haber tenido ocasión de hacer lo que realmente quería hacer». Por lo tanto, no subestimes el efecto de la madre en tu vida y en tus relaciones personales. Si tu madre ya ha muerto, recuerda la inmensidad de tus sentimientos por ella en el momento de su muerte. Si vive, habla con un amigo de confianza cuya madre haya fallecido y pregúntale si su vida personal se ve afectada por el recuerdo de su madre. El significado y el poder del legado materno reside en cómo lo hayas incorporado a tu vida diaria. Este efecto trasciende el tiempo, el lugar y la muerte.

Muchos hombres —de hecho, también algunas mujeres— creen que su padre influyó más que su madre en su personalidad y en su estilo de relación y comunicación. Nadie (y mucho menos yo, que escribí *El Factor padre: cómo el legado paterno impacta en tu vida profesional,* pondría en duda la lógica, de sentido común, que dice que los padres tienen un valor incalculable en el desarrollo de los hijos.[3] De hecho, en el mundo de las madres, amas de casa, y de los padres emocional y físicamente ausentes (en el cual crecimos muchos de nosotros), las madres tuvieron el máximo efecto diario en nuestra vida, simplemente porque estaban allí, lidiando con nosotros día tras día. Independientemente de quién tomara las decisiones económicas, la madre era una fuerza emocional en nuestra vida. Las madres, en virtud de su posición en el hogar, como cuidadoras emocionales, eran y son el modelo para sus hijos y para las relaciones interpersonales de éstos. Esta relación primordial se convierte en un patrón para la vida emocional adulta de los hijos. Y debido a la típica relación emocionalmente distante entre el padre y los hijos/hijas, se abre una herida entre padre e hijo que, con frecuencia, se convierte en un elemento clave de la vida de un niño. Es típico que se descarte, erróneamente, a las madres en cuanto a su importancia e influencia emocional a largo plazo.

Los adultos tienden a centrarse en el «padre/madre problema», que, en muchas ocasiones, es el padre ausente, distante o pasivo. En esos casos, la madre tiende a perderse en el descuido, el abandono o la irresponsabilidad del otro progenitor. Si tu relación con tu padre fue problemática, es esencial que comprendas el papel que tu madre tuvo en tu vida. Muchas veces, las madres desempeñan el papel de conciliadoras entre los hijos y el padre. Se trata de la mujer que te enseñó unas habilidades valiosas: aprendiste métodos diplomáticos e inteligencia emocional (cómo entender lo que hacen los demás y plantear preguntas sin hacer que se alejen de ti) observando cómo tu madre dirimía los conflictos («personales») de la familia. Aprendiste muchísimo sobre la habilidad para relacionarse observando cómo actuaba cada día.

A pesar de todo esto, la mayoría de nosotros, los niños del *baby boom*, creció con un hombre como principal sostén económico de la familia. En la familia nuclear prototípica o en alguna variante de ella, las madres eran responsables del funcionamiento diario de la familia. Hasta muy recientemente, no se ha considerado que este cometido fuera —implícita o explícitamente— tan valioso como el del principal sostén familiar. Por desgracia, hace algún tiempo que la función materna se considera un puesto de segunda clase dentro de la familia. Esta manera de entender la maternidad, que sólo recientemente ha pasado de moda, al extenderse los derechos y cometidos de las mujeres, es problemática y llama a engaño. El valor de las madres no se puede limitar a su contribución económica, pese al hecho de que, hoy, algunas mujeres ganan más que sus maridos. Donde mejor se puede entender la plena influencia de la madre en su hijo o hija es en relación con su ascendiente emocional, más que en el aspecto monetario. Resulta imperativo ver a la madre desde un punto de vista simbólico, no monetario. Fue esta relación lo que moldeó nuestra personalidad y nuestra vida emocional, no los ingresos anuales ni la solvencia crediticia de nuestra madre.

Es un error demasiado común minimizar la influencia de la madre si ésta no trabajaba fuera de casa ni mantenía económicamente, por completo, a la familia. Incluso si la madre desempeñaba una de las profesiones de ayuda estereotipo (maestra, enfermera, asistente social), considerar que su influencia en tus actuales relaciones, profesionales o personales, fue mínima es estar completamente ciego. La mayoría de las madres recibió el mensaje familiar y social, no expresado con palabras, de que las profesiones entonces masculinas (abogado, médico, ejecutivo de empresa) no eran propias de mujeres. Al medir la influencia de las mujeres con el baremo del modelo masculino que tiene en cuenta la posición, el título y la riqueza, se tiende a obtener muy poca información y eso dificulta una nueva percepción.

El efecto de la madre en nuestra manera de actuar, en nuestro trabajo y en nuestra vida invalida estos muros artificiales de separación, basados en la economía y el poder.

Durante miles de años las mujeres han sido definidas por lo que hacían en casa. Ahora no sólo se las define por su papel en el hogar, sino también por su profesión y su trabajo. Pese a ello, el hogar ha sido, durante generaciones, el santuario y el lugar donde las mujeres nutrían y sanaban. Es imposible minimizar el efecto que el «hogar de la madre» tiene en todo nuestro desarrollo y personalidad. *Tu hogar fue el lugar donde aprendiste cómo funcionaba la «vida»*. La escuela, los amigos y el trabajo eran y son, hasta el día de hoy, los sitios donde se aplican y usan las lecciones aprendidas en casa. Va en contra de todo lo que sabemos y supone un error pensar que la vida en el hogar, con nuestra madre, no erigió una piedra angular en nuestra vida. Durante miles de años, el desarrollo del niño era responsabilidad única de la mujer. Esto se basaba, en parte, en el hecho de que los hombres/padres tenían que dejar la casa, los hijos y la mujer para encontrar comida, trabajo y, más tarde, una profesión. Ahora estos papeles sociales, muy arraigados, se van adaptando más al cambio y a las necesidades de cada familia en concreto (familias mixtas, segundos matrimonios, casos de adopción y otras combinaciones sin límite). No se puede exagerar en relación con el papel que las madres desempeñan en las decisiones cotidianas de sus hijos adultos: la elección de pareja, sus relaciones profesionales, su satisfacción emocional, el estilo de paternidad, su sexualidad y su estilo de comunicación.

Tanto si fue una mujer de su casa como una catedrática de universidad, muchas personas descartan lo enorme que fue la influencia de su madre en su vida porque la relación con ella fue tensa, dolorosa emocionalmente, distante o muy conflictiva. Deberían considerar estas dos estampas:

Historia de Christina, treinta y siete años. Durante mi infancia y adolescencia, mi madre era una alcohólica que iba a trabajar todos los días como contable en un concesionario de coches de la ciudad. Cuando cumplí quince años, me fui de casa porque no podía soportarla. No nos hablamos durante siete años. Un día, mientras conducía, caí en la cuenta de que pasaba la mayor parte del tiempo tratando de demostrar, consciente o inconscientemente, que mi madre se equivocaba y que yo tenía razón. Comprendí que así estaba tan cerca de ella como cuando vivíamos juntas. La única diferencia es que no hablé con ella durante siete años. Una vez que dejé de luchar contra mi madre en mi cabeza, empecé a comprenderla mucho mejor. Ahora también nos llevamos mejor y valoro a mi madre y su capacidad para centrarse en el trabajo todos los días. Pensaba que mi ira era lo que me mantenía alejada de ella, cuando en realidad era lo que me hacía estar pegada a mi madre. Me quedé absolutamente conmocionada al darme cuenta de lo unida que estaba a ella afectivamente, cuando pensaba que estábamos muy distantes. Beber era, para mi madre, su manera de enfrentarse a la vida, y mi rabia, mi forma de enfrentarme a ella.

Historia de Danny, veintiocho años: Nunca olvidaré el día en que me enteré de que mi madre había muerto. Todas mis decepciones y mi frustración contra ella se desvanecieron en un segundo. No podía creer que mis sentimientos hacia mi madre cambiaran tan de inmediato y que nunca hayan vuelto a ser como antes. Ahora, cinco años después de su fallecimiento, soy más parecido a mi madre de lo que sospechaba o pensaba que fuera posible. Mientras crecía, no me daba cuenta de lo mucho que ella moldeaba mis actitudes, mi personalidad, mis reacciones emocionales, mi manera de ser padre, mi matrimonio y mi vida. Me siento mal por haber pasado tantos años y un tiempo tan valioso peleándome con ella por cosas ridículas. Ahora me oigo hablar y sé que la voz de mi madre sigue estando en mi cabeza y en mi corazón.

Las historias de Christina y Danny constituyen la regla, mucho más que la excepción, respecto al legado emocional de las madres. Es imposible que un niño con una relación tan conflictiva con su madre como la que ellos tuvieron con las suyas no tenga un fuerte vínculo afectivo con ella.

En la superficie, puede parecer que tú y tu madre no tenéis nada en común. Por lo general, es todo lo contrario, y la verdad es que tienes muchas cosas en común con ella. El problema es que la superposición amplia y turbia de pensamientos y sentimientos entre tu madre y tú puede ser poco clara y sea necesario aclararlos. Recuerda: estás creando tu propio legado afectivo para las personas que hay en vuestra vida.

Finalmente, es posible que tu madre no haya sido un buen modelo a imitar en lo profesional, ni en tus relaciones, ni en tu papel como padre/madre, y que ni siquiera sea el tipo de persona que te gustaría emular. Si éste es el caso, la resbaladiza pendiente de ira, resentimiento y amargura puede alcanzar un punto en el que muchos hijos, hombres y mujeres, sin importar la edad, caigan en la trampa de tratar desesperadamente de llegar a ser la persona que su madre nunca fue. Esta forma de plantear las relaciones es una reacción comprensible al trauma familiar que muchos niños sufrieron al crecer. Con frecuencia, hay un punto de agresividad e insensibilidad en aquellos adultos que nunca han solucionado o aceptado quién y qué era su madre. Por añadidura, es posible que nunca se reconcilien con lo que sucedió positiva y negativamente en la relación. La fuerza motriz de la vida de estos hijos es el rechazo total de quién y qué fue su madre como progenitora. El reto para ellos, cuando son adultos, es superar la dolorosa decepción y desilusión del recuerdo que tienen de ella. La capacidad para confiar en otros y forjar relaciones significativas y duraderas es una tarea difícil para aquellos adultos que han tenido este tipo de relación madre-hijo.

Cómo actúa el legado materno: las muchas fuentes del poder

El legado materno puede actuar *en tu favor* o *en tu contra*; todo depende de si lo comprendes y valoras o de si lo ignoras. Supongamos que prefieres lo primero; de lo contrario, no estarías explorando este tema. La clave para comprender y abarcar tu legado depende de que veas la relación madre-hijo desde una de las perspectivas siguientes:

1. *Los cuatro tipos diferentes de apego/cuidado (el vínculo afectivo) que tuviste con tu madre.* Estos cuatro tipos —intermitente, de evitación, deprimido y seguro— proporcionan información sobre cómo te conectas emocionalmente en todas tus relaciones. (Los describimos detalladamente en el capítulo 1.) Las personas que, de jóvenes, formaron una relación educativa firme con su madre suelen tener, cuando son adultos, unas relaciones de trabajo sólidas y unas relaciones íntimas basadas en la confianza. Un apego seguro significa que el hijo y la madre forjaron un vínculo al principio de la relación y lo mantuvieron, ofreciendo así al hijo un fuerte sentido de seguridad y el sentimiento de ser amado. El proceso de apego proporciona la base emocional de todas las relaciones futuras. Este apego educativo seguro anima al adulto a ser abierto, a estar dispuesto a airear sus opiniones de una forma clara y positiva, y a confiar en los demás. Al comprender este vínculo —incluso si la relación con la madre fue horrenda—, se puede cultivar un apego afectivo fuerte y seguro con las personas que hay en nuestra vida.

2. *El libro de reglas de la madre: las normas escritas y no escritas de la madre y de la abuela sobre el trabajo, las relaciones, las emociones, la separación y la independencia.* El «reglamento» de la madre, o conjunto de normas escritas y no escritas, es una fuerza muy poderosa en la familia en la que creciste y en tu vida. Se trata de un conjunto de reglas que abarca las elecciones profesionales, los asuntos monetarios, la elección de pareja, los hijos, la espiritualidad y la sexualidad, así como la manera en que te individualizaste y separaste emocionalmente de tu madre. No piensas en estas normas porque son una parte tan natural de ti como respirar. Son algo con lo que vives desde hace años. Aunque hay algunas excepciones a esta regla, por lo general estas normas hacen que los hijos, tanto hombres como mujeres, sigan los pasos de su madre y de su abuela en lo relativo a las relaciones. Incluso más previsibles son las normas para relacionarse y comunicarse con otros, que se basan, todas, en tu reglamento interno. Esto comprende normas escritas y no escritas que guían tu conducta, tus

ideas y opiniones. Una vez que seas consciente del libro de normas de tu madre, tendrás que ponerlo al día, reescribirlo y hacerlo tuyo. La mayoría de adultos vive según su reglamento, pero raramente considera la posibilidad de cambiar las conductas y las reacciones emocionales caducas e improductivas que hay en él. Tu madre te entregó este libro de normas, pero es preciso volver a leerlo, a escribirlo y a evaluarlo para que tu vida avance.

3. *El estilo de crianza materna (interacción diaria, conductas, creencias emocionales y modelos de comunicación de tu madre).* Los cinco estilos básicos de la práctica materna son los siguientes: la madre perfeccionista, la madre imprevisible, la madre «yo primero», la madre mejor amiga y la madre completa (analizaremos cada estilo en los capítulos del 3 al 7). Estos modelos de relación tienen un efecto tremendo en tus relaciones adultas, tanto personal como profesionalmente. Moldean la manera en que funcionas mental y emocionalmente en el día a día, en casa y en el trabajo. Que seas enérgico, exigente e intransigente o que tengas una personalidad relativamente pasiva depende, en un grado importante, del estilo de crianza de tu madre. La manera en que tu madre interactuó contigo es una pieza clave de tu información personal, que ayudó a moldear tus elecciones vitales, tus relaciones adultas y tu satisfacción con la vida en general. Comprender ese estilo materno nos proporciona la base para entender el legado emocional de la herencia materna y, por ello, tu vida personal y profesional. Es muy importante observar que se tiene en cuenta a la madre soltera en todos los estilos anteriores. No hay ningún modelo o estilo de relación madre-hijo predeterminado por el estado civil de la madre. Las madres solteras representan un porcentaje muy alto en las diferentes combinaciones de madres (adolescentes, casadas, no casadas nunca, divorciadas, vueltas a casar, adoptivas, etc.) y se encuentran dentro de las categorías apuntadas más arriba.

Historia de Patty

Para que te puedas hacer una idea de cómo estos tres ámbitos cotidianos de interacción, conducta y comunicación/vínculo emocional con la madre influyen en nuestra vida adulta, veamos el caso de Patty, de cincuenta y un años, diseñadora de interiores autónoma, que vive en la zona oeste de Los Ángeles. La madre de Patty, Sharon, era ama de casa a jornada completa. Sharon crió a tres hijos, entre ellos Patty, que era la mayor. Desde que Patty podía recordar, Sharon siempre vivía abrumada por las actividades diarias habituales y estaba segura de que iba a morir de un tumor cerebral. Por fortuna, nunca le diagnosticaron un cáncer ni ninguna enfermedad grave de ningún tipo; sin embargo, estaba convencida, todo el tiempo, de que algo malo le iba a pasar y aún sigue creyéndolo en la actualidad. El miedo de Sharon, su ansiedad y su depresión definieron su manera de criar a sus hijos. Al mismo tiempo, durante la infancia de Patty, su padre, Frank, viajaba entre tres y cuatro días a la semana, vendiendo madera a las empresas de construcción del sudoeste del país. Siempre estaba ausente de la vida afectiva de la familia y, así, no sufría los extremados cambios de humor de Sharon.

Cuando estaba en el instituto, Patty se reveló contra esos cambios de humor crónicos abusando de las drogas. Descubrió que la única manera de hacer frente a los imprevisibles estallidos emocionales de su madre era emborracharse o colocarse con marihuana. La principal conexión emocional de Patty con su madre era la hostilidad, que se expresaba, con frecuencia, mediante peleas constantes. Por desgracia, durante esos años de instituto, el padre de Patty pasaba incluso más tiempo viajando. La tensión entre madre e hija estalló al cumplir Patty los dieciocho años, cuando Sharon descubrió que su hija estaba embarazada y era adicta a la marihuana. Sharon envió a Patty a la Universidad Bíblica de Oklahoma como castigo y para salvarla de una vida autodestructiva. Después de marcharse de casa de su madre, Patty abortó y dejó las drogas. Luego conoció a Mark, su futuro marido, en la universidad. Se casaron dos años después y tuvieron tres hijos.

A lo largo de sus dieciocho años de matrimonio, Patty descubrió que su esposo era tan controlador como su madre lo había sido mientras ella crecía. También descubrió que Mark tenía cambios de humor, era ansioso, depresivo, siempre estaba preocupado por algo y con frecuencia discutía con ella y con sus tres hijos. Patty me contó al respecto: «El horror de haberme casado con mi madre me dio en la cara un día, mientras hablaba con Mark y con mi madre por teléfono. Confundía sus nombres porque me parecían la misma persona. Dejé caer el teléfono cuando comprendí que me había casado con mi madre, después de haber pasado tanto tiempo, en la adolescencia, tratando de huir de ella. Me sentí desesperada y atrapada».

Después de ese despertar emocional, cuando vio que Mark y Sharon eran, emocionalmente, una misma persona, Patty acudió de inmediato a terapia matrimonial. Al igual que la madre de Patty, Mark no creía en los beneficios de la comunicación abierta y directa, de la sinceridad/claridad emocional ni en la necesidad de mejorar su relación. Mark se divorció de Patty porque estaba convencido de que era «incontrolable» y de que no era la misma mujer con la que se había casado muchos años atrás.

Está claro que el legado emocional de Patty, procedente del legado materno, estaba ya plenamente activo en su vida años antes de que fuera a la universidad y se casara con Mark. Ese legado estaba dirigiendo su vida, tomando decisiones por ella antes de que fuera consciente de su poder, influencia y magnitud. El estilo emocional para establecer vínculos de Sharon era claramente intermitente, inconsistente y de evitación (véase el capítulo 1). El estilo de crianza de Sharon dependía, sobre todo, de su estado de ánimo. En consecuencia, Patty creció sin haber llegado a establecer un apego afectivo seguro con su madre. A su vez, se volvió muy dependiente de lo que los demás opinaran de ella y siempre se esforzaba por agradar a todo el mundo. El problema era que Patty nunca se sentía emocionalmente segura con los demás y le preocupaba mucho que, a menos que estuvieran contentos con ella, surgieran «problemas». Este modelo de relación con los demás afectaba al trabajo de Patty, además de a sus relaciones personales y como madre. Siempre tenía miedo y se mostraba distante emocionalmente, muy preocupada por que sus amigos íntimos no resultaran ser igual que su madre. Este patrón emocional moldeaba todos los aspectos de la vida y el trabajo de Patty.

Al profundizar más en sus dificultades personales y emocionales, Patty descubrió que era incapaz de trabajar para alguien con autoridad. Su experiencia psicológica con cualquier tipo de figura de autoridad pasaba por el filtro de su relación madre-hija, que era muy traumática y alarmante. Patty sigue creyendo que su relación con su madre se basa en el control y la culpa. Por lo tanto, rendir cuentas a un supervisor no era la clase de situación en la que podía funcionar. Su búsqueda de un trabajo independiente era más el resultado de su necesidad de autoconservación que de cualquier otra cosa. La creciente toma de conciencia de su legado materno le permitió canalizarlo y convertirlo en una influencia positiva y, simultáneamente, asumir mejor el control de su vida. Patty tiene mucho cuidado de no culpar a su madre por la tensa relación que tuvieron ni por sus dificultades personales y profesionales. Valora la intervención de su madre en su vida, a los dieciocho años, para impedir que acabara siendo una adicta a las drogas para toda la vida.

Las madres: realidades y percepciones erróneas

Los hombres y las mujeres que tienen dificultades para superar legados emocionales negativos suelen ser incapaces de ver la conexión con su pasado o creer que lo sucedido años atrás, en casa de sus padres, podría seguir afectando a su vida actual. Es una ceguera muy común en la mayoría de los adultos. Patty, por ejemplo, actuaba movida por una serie de ideas falsas, no sólo respecto al efecto negativo que sus opiniones tenían en sus relaciones, sino también en otras cuestiones más importantes entre madre e hija: el abuso emocional, la ansiedad, el miedo al rechazo, los problemas con las figuras de autoridad. Estos errores nos hacen minimizar o descartar cosas que nuestra madre dijo e hizo mientras crecíamos. Debido a la falta de comprensión y a la necesidad de sobrevivir emocionalmente, muchos nos convencemos de que sólo existimos en el aquí y el ahora y que lo pasado, pasado está. Resulta irónico que esta forma de pensar otorgue a esos acontecimientos del pasado más poder del que tendrían de ordinario. Cuando fingimos que una madre maltratadora, degradante, de humor cambiante o dominante no tiene ningún efecto en nosotros hoy en día, podemos, inconscientemente, apartarnos o dejar cualquier relación, empleo o situación en la que el otro sea duro o crítico, perdiendo así algunas oportunidades posiblemente fantásticas, sin llegar a comprender por qué.

Los hombres, por ejemplo, suelen ser acusados por sus novias, esposas o amantes de que se asustan, se muestran distantes o no quieren comprometerse en las relaciones amorosas. Esta renuencia para comprometerse en el matrimonio o en una relación amorosa exclusiva se puede solucionar. En muchos casos, no es que estos hombres se nieguen a tener una relación íntima con su pareja o a casarse. Más bien es que, subliminalmente, temen volver a experimentar el mismo trauma emocional de su relación madre-hijo, si vuelven a intimar emocionalmente con alguien (una mujer). El trauma o las consecuencias psicológicas negativas, resultado de unos años anteriores de mala relación madre-hijo, pueden hacer que nos sintamos ahogados, degradados, avergonzados, emocionalmente incompetentes, desesperados o completamente responsables del bienestar del otro. Las causas son tan diversas como los hombres afectados por esta situación. Los hombres y sus preocupaciones y conductas relacionales tienen sus raíces y cimientos en el legado materno. Es imperativo que los hombres (incluido yo) comprendan el legado afectivo de su madre y cómo funciona y se aplica en la práctica. También en las mujeres es corriente esta misma conducta de permanecer emocionalmente distante de la pareja o los amigos. Es siempre importante recordar que, a lo largo de nuestra vida, tanto los hombres como las mujeres batallamos con cuestiones surgidas del legado materno.

No obstante, cuando eres consciente de las realidades frente a las falsas ideas, es mucho más probable que reconozcas de qué manera tus creencias inconscientes afectan a tus relaciones personales y profesionales y luego actúes de forma constructiva. Esta toma de conciencia más profunda también te ayudará a aprovechar al máximo todas las ideas y herramientas de las que hablaremos. Al comprender el legado materno, empezarás a incrementar tu nivel de satisfacción personal y profesional y, a continuación, a maximizar tu potencial.

Las siguientes declaraciones, del tipo verdadero o falso, abordan algunos de los malentendidos más comunes, relacionados con la ceguera y la negación relativas a las madres y a su efecto en sus hijas e hijos. Responde con una «V» o una «F» a cada frase y luego mira las respuestas para determinar lo bien que lo has hecho y tu nivel de comprensión respecto a tu madre y a ti mismo. Estas cuestiones no tienen como objetivo medir tu coeficiente intelectual (CI) respecto al legado materno, sino hacer que empieces a deliberar en tu interior sobre cuál ha sido el efecto que tu madre ha tenido en tu vida —pasada, presente y futura—. Además, es importante reconocer los temas asociados a la relación madre-hijo, que incrementarán tu conciencia de cómo las palabras y los actos de tu madre han moldeado tus opciones vitales hasta ahora.

Cuestiones

1. Padres y madres tienen el mismo cometido en la crianza de los hijos.

2. Los hijos sólo pueden aprender su «inteligencia emocional» —la capacidad para tener empatía, comprensión y percepción de las acciones del otro— de sus experiencias vitales como adultos. La madre no desempeña un papel importante en este proceso.

3. Las madres biológicas no tienen más influencia en sus hijas/hijos que las madrastras y otras figuras maternas no biológicas.

4. Mujeres y hombres pueden superar un pasado madre-hijo traumático y crear un modelo positivo del legado materno.

5. Las madres influyen poderosamente en sus hijos e hijas durante toda su vida.

6. Es casi imposible que hombres y mujeres aprendan algo de valor de unas madres a las que detestan o no respetan, en el pasado o en el presente.

7. Para el desarrollo emocional de chicos y chicas, no es necesario que tengan una relación positiva con la madre.

8. Una vez que hombres y mujeres alcanzan una cierta edad o un cierto éxito, ya no quieren ni necesitan la aprobación de la madre.

9. En general, las heridas emocionales y mentales que sufrimos de niños nos impedirán ser unos adultos productivos y con un alto nivel funcional.

10. Incluso cuando son muy pequeños, los niños prestan mucha atención a la actitud y la conducta de la madre en relación con el padre, las relaciones familiares, el trabajo y la comunicación.

11. Los insultos de la madre hacen mucho menos daño que el maltrato físico.

12. Aunque las personas que parecen haber aceptado una relación madre-hijo negativa presenten una fachada tranquila, en realidad, por dentro, son como ollas a presión.

Respuestas

1. Falso. Las madres sirven de modelo para relacionarnos con el mundo emocional, mental y físicamente. La madre es el contrapeso femenino a la influencia del padre. Cada uno desempeña un papel inestimable, pero distinto, en el desarrollo del niño. Resulta crucial empezar a comprender la contribución de la madre a nuestra historia y a nuestras relaciones en el futuro, a nuestro funcionamiento emocional y a nuestras metas personales. La madre desempeña un papel de primera magnitud para determinar quién y qué somos en la vida.

2. Falso. Por extraño que parezca, aproximadamente entre el 30 % y el 35 % de los adultos cree firmemente en la teoría de que la naturaleza es más importante que la crianza para moldear la mente de una persona. Los padres son considerados influencias secundarias. El debate naturaleza frente a crianza desestima el valiosísimo papel que la madre desempeña para desarrollar y moldear la inteligencia emocional del niño, su potencial para relacionarse y su manera de comunicarse. Las madres son parte del perfil psicológico del adulto y una influencia permanente, independientemente de la calidad de la relación. La madre desempeña un papel en la vida del hijo que es especial y transformador a lo largo de toda su vida.[4]

3. Verdadero. La maternidad no se limita a la biología. La palabra *madrastra* es un término legal, pero en el contexto relacional, el sufijo «-astra» tiene poco peso en la auténtica efectividad de una mujer como madre. Dado que, en la actualidad, aproxi-

madamente entre el 67 % y el 70 % de las familias (según el censo de Estados Unidos del año 2000 y la revista *Time* del 26 de noviembre de 2007) pertenece a algún tipo de familia mixta, no tradicional (hijos que no viven con el padre y la madre biológica), se aprecia que los estilos relacionales y el funcionamiento emocional se ven, con frecuencia, influidos por una madrastra o una madre adoptiva. La figura materna, sea biológica o no, tendrá un enorme efecto e influencia en la crianza de un niño. También es posible que más de una persona —una madre biológica y una madrastra— ejerzan una gran influencia en la vida de un niño y en la dirección que éste siga.

4. Verdadero. El hecho de no tener madre o mantener una relación difícil con ella no nos sentencia a repetir el pasado o perpetuar el legado negativo. Puedes introducir los cambios necesarios para llevar una vida y unas relaciones excelentes. Tu capacidad para comprender, en lugar de culpar, a tu madre es una de las claves del éxito personal y profesional, y la base para valorar el legado materno. Aunque la ira y el odio actúan como motivadores fuertes a corto plazo, estas dos emociones no pueden alimentar tus relaciones y tu trabajo y tampoco pueden satisfacer todas las exigencias necesarias para desarrollarte personal y profesionalmente.

5. Verdadero. Incluso después de muerta, tu madre seguirá influyendo en tus relaciones personales y en lo que elijas en la vida. No importa lo que los hijos digan a su madre en un ataque de rabia —por ejemplo, «Nunca seré como tú»— ni lo mucho que traten de distanciarse de ella de adultos; la sombra de la madre sigue presente. Resulta habitual que infravaloremos la influencia que la madre ha tenido en nuestra vida, hasta después de su muerte. Incluso entonces, muchos hombres y mujeres no ven cómo esa influencia se extiende, más allá de las características personales, a su vida y a sus decisiones de adulto. Los valores que aplicamos a la vida y a la manera en que tratamos a los demás se formaron, muchos años atrás, en el contexto y el ambiente de nuestra relación madre-hija o madre-hijo.

6. Falso. Todos los hijos aprenden un gran número de cosas de su

madre. Es posible dejar atrás, emocionalmente, la ira, la falta de respeto y el odio hacia la madre. El análisis de la relación madre-hijo puede aportar una información valiosa que nos ayudará a ser mejores como padres, como pareja, como supervisores, como amigos y como personas. Estos conocimientos pueden ayudarnos a introducir los cambios necesarios en nuestras relaciones personales y permitirnos pasar a la siguiente etapa de nuestra vida.

7. Falso. A veces, parece como si algunos chicos jóvenes no necesitaran a su madre, en especial después de un divorcio amargo o de un nuevo matrimonio inesperado. También algunas chicas pueden parecer tan independientes o estar tan unidas al padre que generan la ilusión de que la relación con su madre no tiene una trascendencia especial. En realidad, todos los hijos, chicos y chicas, buscan y necesitan tener relación con su madre. Es preciso reconocer y comprender el deseo natural de establecer un vínculo materno afectivo en tanto que necesidad normal entre madre e hijo. Negar este impulso natural crea un vacío, que aparecerá en diversos ámbitos de la vida adulta. Los que desdeñan este fenómeno emocional natural también pueden negar la necesidad de tejer relaciones fuertes con los parientes, la pareja, los amigos y los compañeros.

8. Falso. *Independientemente de nuestra edad, todos deseamos la aprobación de nuestra madre.* Esta aprobación es parte de nuestro condicionamiento psicológico y una dinámica natural entre madre e hijo. Por desgracia, tú, como muchos otros, quizá nunca recibieras esa aprobación/amor mientras crecías, o lo recibieras en raras ocasiones o de forma aleatoria. Crear tu propia aprobación, aceptación y amor hacia ti mismo es recrear el legado de la herencia materna. En cambio, muchas personas buscan estas cualidades en los compañeros del lugar de trabajo, en sus amigos o en otra figura materna. Muchas veces, buscan la aprobación y la aceptación maternas en un jefe o en una figura de autoridad, lo que, como veremos más adelante, puede crear todo tipo de problemas y malentendidos. Los problemas derivados de un vínculo afectivo materno desaparecido o ausente nunca se resolverán de forma adecuada en el lugar de trabajo o en el mundo

exterior. Estas cuestiones tienen que solucionarse en un plano personal, independientemente de su naturaleza o magnitud.

9. Falso. Crecer con una relación madre-hijo tensa y contradictoria no es razón para repetir los pecados del pasado o continuar castigándonos con malas elecciones vitales, conductas contraproducentes o pensamientos negativos. No hay que evitar a quienes nos ofrecen críticas constructivas ni recurrir a los débiles o incapaces, como medio para sentirse a salvo emocionalmente. Tampoco tenemos que tratar de manera insultante a quienes forman parte de nuestra vida como reacción a los maltratos y al abandono que sufrimos en nuestra niñez. Controlamos nuestra vida mediante una nueva percepción de la manera en que nos crió y nos educó nuestra madre, y que moldeó nuestra infancia.

10. Verdadero. Los hijos, tanto los chicos como las chicas, observan atentamente a su madre en lo que respecta a establecer relaciones y se fijan en cómo trata emocional/conductualmente a otros miembros de la familia. Muchos niños desarrollan la habilidad de observar esta capacidad interpersonal contemplando estas actitudes a distancia, sin que nadie se dé cuenta. Algunas personas afirman que, realmente, nunca prestaron mucha atención a estas cuestiones mientras crecían. Pero, por lo general, bloquearon lo que quizá fueran experiencias desagradables: papá y mamá chillándose porque no había dinero para pagar las cuentas o mamá quejándose de que nadie apreciaba lo mucho que trabajaba en casa. Nuestra manera de abordar la solución de los conflictos, las cuestiones que tienen una gran carga emocional, la comunicación y la ética personal proceden, muy probablemente, de nuestra observación de las opiniones, la actitud y la manera de actuar de nuestra madre en estos aspectos clave.

11. Falso. Por abominable que sea el maltrato físico, los insultos son igualmente destructivos y venenosos para las emociones, la mente y el espíritu de un hijo. Los niños cargan con esas palabras llenas de odio, ese sentimiento de miedo y esas acusacio-

nes en su corazón y su mente, en muchos casos durante toda la vida. Las palabras crueles, las riñas insistentes y mezquinas y las críticas constantes socavan el yo en desarrollo del niño y acarrearán futuros problemas en las relaciones, con la pareja y en la crianza de los propios hijos (a menos que se aborden y resuelvan estas cuestiones). Falta de confianza y una sensación de peligro es lo que el niño aprende a sentir mientras crece. Con frecuencia, los adultos que degradan y menosprecian a otros proceden de hogares donde la madre los insultaba y los agredía emocionalmente. Su conducta es una reacción a la relación madre-hijo que tuvieron. Tienen que menospreciar a los demás para sentirse bien consigo mismos en un ciclo de maltrato constante. Además, el maltrato verbal es invisible. A diferencia del maltrato físico, la niña que lo sufre crece convencida de que tuvo una relación madre-hija normal. Esta comprensible falta de conciencia hace que sea vulnerable a los efectos del mismo tipo de maltrato en sus relaciones personales y profesionales. Es frecuente que no busque ayuda profesional para el daño psicológico y emocional causado en su propia estima y nunca reconozca ni exprese lo mal que se siente respecto a la conducta de abuso de su madre, pasada y presente. Dada la inexistencia de pruebas físicas de los malos tratos (brazos rotos, morados, cara hinchada), tiende a minimizar los daños a largo plazo que ese maltrato verbal le ha causado. En consecuencia, lleva el dolor y el daño emocionales a su vida tanto personal como profesional.

12. Verdadero. Con frecuencia, las personas sometidas a situaciones o circunstancias de mucha presión han llegado a perfeccionar el arte de mostrarse tranquilas exteriormente, mientras que, en su interior, la presión se acumula. Esto puede provocar noches de insomnio, ataques de pánico, úlceras y una ansiedad crónica, así como problemas físicos que afectan negativamente a su capacidad para tomar decisiones o, peor aún, que les hacen dejar su trabajo. Una madre que quiere y apoya emocionalmente proporciona a su hijo los recursos internos necesarios para enfrentarse a

todo tipo de tensiones, incluyendo los problemas personales. Ayuda a su hijo a conseguir la autoestima y la capacidad necesarias para superar todo tipo de estrés, incluyendo los problemas personales. Algunos de estos niños pueden reaccionar al estrés con ira, depresión o irritación, pero en su interior son capaces de manejar ese estrés y continuar actuando con eficacia en el plano emocional y cognitivo.

Los hilos que llevan de vuelta a la madre

La mayoría de las personas que quiere cambiar de vida tiene muy claro *qué* es lo que no funciona. No obstante, cuando le preguntan *por qué* cree que tiene problemas en sus relaciones personales y profesionales, la mayor parte no puede dar una respuesta definitiva. Por lo general, la conversación lleva rápidamente a admitir la irritación causada por problemas insistentes y continuados, sin contar con ningún plan ni ningún medio de poner fin al dolor emocional.

De hecho, plantear a alguien la cuestión del legado materno suele crear más ansiedad que alivio o una visión clara de la situación. Puede resultar abrumador averiguar que hay ciertas conductas que podrían generar problemas en nuestra vida y que la solución a esas cuestiones existe y reside en nuestra relación madre-hijo. Todd, por ejemplo, nunca se había preguntado por qué seguía el patrón de salir siempre con mujeres que estaban emocionalmente fuera de su alcance o de las cuales tenía que cuidar. La idea de que, quizás, hubiera una conexión emocional entre su mala elección de pareja y su madre emocionalmente distante le pareció un planteamiento sumamente interesante. Todd se sorprendió ante la posibilidad de que hubiera una correlación directa, que se remontaba a su madre, en lo que parecía ser algo más que una selección aleatoria de relaciones sentimentales destinadas al fracaso durante un periodo de quince años. Empezó a comprender que sus problemas emocionales madre-hijo, no resueltos, lo mantenían en un ciclo repetitivo de dudas sobre sí mismo y de desesperación.

Lo siguiente puede ayudar a esclarecer algunas de las conexiones subyacentes entre tu funcionamiento emocional y el legado de tu madre. La idea es mostrar el fenómeno que se produce naturalmente entre una madre y su hija o hijo adultos. La primera parte de cada apartado describe algunas de las conductas y sentimientos comunes de los que nos han informado estos adultos, seguida de diferentes aspectos relacionados con el legado materno y su conexión con estas conductas, sentimientos y creencias.

Conductas positivas y conductas problemáticas de hijos
e hijas y su conexión con el legado materno

- Elegir inconscientemente parejas inasequibles: Incapacidad de la madre para mostrar a su hijo/hija un amor incondicional: evitaba el vínculo emocional.
- Incapacidad para entregarse a una relación amorosa: Conducta excesivamente controladora o protectora de la madre.
- Sabotear la propia carrera profesional y las metas personales: Constantes críticas y falta de aprobación de las elecciones y la conducta del hijo/hija por parte de la madre.
- Incapacidad de mostrarse seguro de sí mismo y expresar la propia opinión: Mala imagen de sí misma y miedo al fracaso de la madre.
- Incapacidad de confiar en los propios instintos y motivaciones: Mensaje de la madre repetido de forma crónica verbal y no verbal sobre cómo sentir, pensar y actuar. No se ha desarrollado una personalidad independiente de la madre.
- Sentirse abrumado por emociones, pensamientos y actos imprevisibles: A la madre le angustiaba la expresión de las emociones, tenía una mala capacidad de comunicación y una excesiva dependencia de las opiniones de los demás.
- Dificultad para mantener una relación adulta sentimental/sexual íntima: Existencia de aspectos sin solucionar de la madre respecto a la intimidad y sus propios problemas con la sexualidad.
- Sentirse confuso respecto a qué dirección o qué camino profesional seguir en la vida: Necesidad de la madre de mantener a su hija/hijo muy apegado emocionalmente a ella, debido a sus propios problemas de abandono.

- Ansiedad y culpa en las separaciones por tomar decisiones vitales que no incluyen a la madre: Desarrollo atrofiado de la propia madre en el proceso de convertirse en una persona adulta independiente.
- Fuerte propósito y confianza para correr riesgos: Orientación de la madre para ayudar a su hija/hijo a establecer metas en la vida.
- Comprensión compasiva de los demás y capacidad para conseguir autorrealizarse: Trabajo de la madre como mentora emocional y líder para que el hijo llegara a ser un adulto con un alto nivel funcional.
- Capacidad para tener fuertes conexiones emocionales sin perder la propia identidad: Capacidad de la madre para ayudar a su hijo a diferenciarse de la relación padres-hijos.
- Capacidad para forjar la propia vida y las propias opiniones: Madurez de la madre y tolerancia ante las diferencias.

En esta corta lista se puede ver que el legado materno es una fuerza muy activa y un componente en muchos de los planos de nuestra vida adulta. Es sólo una muestra de las múltiples conexiones e hilos del legado materno que forman parte del tejido de nuestras relaciones y nuestra vida diaria. Vamos a estudiar la amplitud y profundidad de nuestras relaciones y nuestra autoestima, así como nuestra percepción del yo y el contexto emocional de nuestra vida desde la perspectiva del legado materno, para comprender mejor nuestro legado y nuestro futuro. Es posible que sientas una gran sorpresa y alivio al saber que algunos de los problemas que has tenido toda la vida se pueden solucionar si comprendes mejor tu legado afectivo.

1
Tu primer amor
Las madres y el vínculo afectivo

Siempre me he preguntado si mi madre me aceptaba realmente. A mí y las cosas que me gustaban. Quería que me casara y tuviera hijos, igual que ella hizo a los veinticinco años. En cambio, yo me fui y viví en Europa siete años. Sin embargo, en lo más profundo de mi ser, sabía que mi madre me quería. Mi rebeldía no rompió nunca ese vínculo.

LISA, cuarenta y dos años, soltera

La única conexión que tengo con mi madre es la culpa. Si no la llamo, la veo o la escucho durante horas, estoy en un buen aprieto. Detesto la presión y la sensación de pánico que siento si no hago lo que ella quiere. Me aterra que las mujeres se enfurezcan. No puedo soportarlo.

EVAN, veintisiete años, soltero

De las declaraciones de Lisa y Evan se deduce claramente que, como adultos, tienen unos vínculos emocionales muy intensos con su madre, aunque cada testimonio contrasta fuertemente con el otro. Lisa mantiene un fuerte vínculo de amor con su madre, que le ha permitido experimentar diferentes opciones vitales y viajar por el mundo. Nunca ha temido perder el amor o el apoyo de su madre por el hecho de que en su vida eligiera un rumbo diferente al de ella. El vínculo afectivo de Evan se basaba/basa en ocuparse de las necesidades emocionales de su madre. Nunca ha sabido cuál era su propia opinión ni la ha valorado. Sabía, con total claridad, qué exigía su madre de él y de su vida. El miedo a decepcionarla o a hacer que se enfadara ha sido la principal fuerza impulsora de su vida cotidiana. Haría casi cualquier cosa para evitar su enfado. Estos dos ejemplos señalan el permanente poder del legado emocional de las madres y su efecto en sus hijos adultos, independientemente de su edad.

Si queremos comprender de verdad la profundidad y magnitud de nuestro apego emocional a nuestra madre, tenemos que ver cómo nos relacionamos con ella de niños. Es nuestro primer vínculo; por lo tanto, acarrea un poder extraordinario y una influencia duradera. Dado que nuestra vida está hecha de una serie de relaciones y la base de cualquier relación es el apego, entonces este vínculo es muy importante.[1] Como sugiere la palabra *apego*, entraña la manera en que nos relacionamos y establecimos el vínculo con nuestra madre mientras crecíamos. El diccionario define apego como «sentimiento que une una persona a otra; entrega, estima», lo que no es una mala definición sucinta de este concepto tan importante. Sin apego, no existirían relaciones significativas y todos nos sentiríamos muy aislados unos de otros.

Madres → Conexión → Permanente

Independientemente de la edad que tengamos, todos necesitamos, mantenemos y creamos apegos (que pueden ir desde el desapego a un apego fortísimo) hacia las personas y situaciones de nuestra vida. Nuestra relación con personas, objetos, lugares, hogares y experiencias forma parte de nuestro estilo de apego emocional. Por «estilo» quiero decir la manera en que estas cosas dan sentido, propósito y valor a nuestra vida. Esta última está compuesta por una amplia serie de apegos y vínculos emocionales diversos. No hay nada que valoremos y apreciemos en la vida (sea la familia, los hijos, nuestro trabajo, la salud, los amigos, las vacaciones, las fiestas, etc.) que no sea una forma o reflejo de nuestro estilo de apego y de establecer vínculos. Por ejemplo, algunas personas quizás afirmen que no tienen ningún apego ni lazos afectivos con relación a su casa, pero cuando un fuego la destruye, se sienten absolutamente perdidos y emocionalmente destrozados. ¿Por qué un suceso así es una pérdida tan emotiva?

Estas reacciones adultas ante ciertos acontecimientos que contienen un grado sorprendente de energía emocional tienen su origen en nuestra primera relación amorosa, y esa relación es con nuestra *madre*. La historia de nuestros apegos y de nuestra inteligencia emocional (la capacidad de comprender y responder a diferentes sentimientos e ideas) empezó en la relación madre-hijo. Entre la comunidad psicológica, se considera inevitable que la relación madre-hijo tenga el poder de dirigir, afectar y moldear toda la vida de una persona. Es un error muy común desechar y minimizar el poder de la relación madre-hijo/madre-hija. Alcanzar una comprensión más profunda de nuestro legado no significa culpar a nuestra madre por un apego o amor que no alcanza la perfección, sino comprender lo que hemos aprendido y experimentado, y lo que sabemos que tenemos que cambiar.

El pionero en las investigaciones académicas sobre la teoría del apego es el doctor John Bowlby, psiquiatra británico que estaba firmemente convencido de que ninguna experiencia tiene «unos efectos tan trascendentales en el desarrollo de la personalidad [...] como la vida

de un niño dentro de la familia».[2] Al establecer inicialmente el vínculo con la madre, empezamos a crear por primera vez nuestra conciencia de lo que somos, especialmente en las relaciones, y de cómo nos
sentimos con respecto a otras personas. Este proceso, que empezó en
el embarazo y siguió en el nacimiento, al sostenernos en los brazos,
mimarnos y alimentarnos, ofrece los factores fundamentales que hacen que un niño se sienta a salvo, seguro y cómodo en el mundo. El
impulso hacia el apego y la necesidad de él no disminuyen nunca a lo
largo de toda nuestra vida. Es posible que las personas y las cosas con
las que tenemos una conexión afectiva cambien, pero la necesidad
fundamental, afectiva, mental y psicológica de unos vínculos emocionalmente seguros nunca desaparece. Nuestra capacidad para formar y
mantener unos lazos y conexiones significativos es el barómetro que
mide nuestra salud mental y emocional en general.

Si pedimos a cien mujeres que han sido madres recientemente que
describan su experiencia de «apego» con sus hijos recién nacidos, es
probable que recojamos cien respuestas diferentes. Una de esas madres, Betty, que tiene treinta y ocho años, afirmaba: «Me quedé completamente abrumada cuando tuve a mi hijo en los brazos por primera vez». Kerri, de veintisiete años, confesó: «De inmediato sentí el
vínculo y la conexión con Sara, en cuanto la vi».

Independientemente de las diferentes reacciones que surjan al establecer vínculos con nuestra madre y ella con nosotros, en esa experiencia inicial averiguamos por primera vez quiénes somos, cómo
sentimos y cómo nos relacionamos con los demás, en nuestro mundo.
Por ejemplo, muchas personas dirán que nunca se sintieron emocionalmente unidas a su madre y que eso no es ningún problema en su
vida actual. No importa lo unidos o desapegados, emocionalmente,
que nos sintamos, o nos sintiéramos, con relación a nuestra madre,
cada experiencia es una forma de apego y vínculo emocional. El apego tiene muchos estilos y cada uno de ellos es un indicio de su influencia trascendental, como se demuestra en los patrones de conducta permanentes. La experiencia inicial de apego madre-hijo puede
ser uno de los indicadores más importantes de nuestra manera de actuar en el futuro, en las relaciones, en la elección de pareja, en el estilo

de educación de nuestros hijos, en cuanto a la satisfacción emocional y los logros que obtengamos en nuestra vida.

Ed y Denise. Aplicación al presente

Según Bowlby, esta relación madre-hijo crea el patrón, el modelo y el estilo al que recurriremos en todas nuestras relaciones posteriores.[3] Por ejemplo, Ed, de treinta y cuatro años, encuentra que todas las chicas con las que sale son distantes, manipuladoras, frías, «psicóticas» y desconocedoras de sus necesidades. Un examen más detallado del apego afectivo inicial de Ed con su madre revela que, mientras él era niño, ella se dedicaba intensamente a crear su bufete legal. No queremos decir que las madres no deberían tener una profesión ni un trabajo; muchos niños se desarrollan perfectamente en estas circunstancias. Ed pasaba la mayor parte del tiempo con canguros o parientes. Su madre era imprevisible en sus estallidos emocionales y creía que chillar era una forma de mostrar interés, según él. Lo que sucede en las relaciones sentimentales actuales de Ed es un reflejo de su primera experiencia al establecer vínculos con su madre, no de su incapacidad para encontrar una buena pareja. Su estilo de vinculación a su madre fue distante y superficial. Cuando su madre le chillaba, lo asustaba profundamente. Ed nunca imaginó que esas primeras experiencias emocionales con su madre pudieran dejar una impresión y tener unos efectos tan duraderos en sus actuales modelos de relación.

Nuestra primera percepción, ya sea consciente o inconsciente, de nuestra relación madre-hijo afecta a la manera en que experimentaremos el mundo el resto de nuestra vida. Es una gran verdad y quizá sea uno de los principales obstáculos para maximizar nuestro potencial en todos los ámbitos de nuestra vida. Estas tempranas percepciones son muy evidentes e influyen en cómo actuamos, en cómo nos relacionamos y en cómo comunicamos en nuestras relaciones más estrechas. Esta cuestión posee una importancia primordial pero, por desgracia, algunas personas la desechan como «psicopalabrería». Si Ed no conecta su actual conducta con su temprana experiencia de vinculación, perderá la información clave que necesita para mejorar su vida. Cambiar le resultará muy difícil, por no decir imposible.

La actual experiencia de Ed, caracterizada por una frustración continuada en sus relaciones íntimas, tiene sus raíces en su legado materno. Cuando se le explicó esta dinámica, empezó a ver cómo repetía continuamente su frustración/privación emocional en su vida amorosa. Empezó a preguntarse por qué le atraían mujeres que no eran asequibles emocionalmente o que se mostraban psicológicamente inestables. A continuación, empezó a trabajar en su repetida privación afectiva (no creía que sus necesidades emocionales pudieran verse satisfechas nunca). Estaba cansado de su continua frustración, basada en unas elecciones que creaban un vacío emocional. Cuando comprendió el funcionamiento de este modelo, aplicó un planteamiento diferente en cuanto al tipo de mujer con la que salía y que encontraba atractiva. Buscó mujeres que tenían el mismo deseo de involucrarse emocionalmente. Descubrió que la verdad era que no disfrutaba del dramatismo emocional que siempre creaba en el pasado; un drama que era un reflejo del patrón familiar de su relación madre-hijo. Ed descubrió la conexión directa que había entre su conducta emocional actual y su legado afectivo, una conexión que le abría la puerta para cambiar un modelo de relación penoso presente durante toda su vida.

Denise, de cuarenta y dos años, representa otro tipo de vínculo madre-hija. Se quejaba continuamente de que no encontraba el hombre adecuado para casarse y tener hijos. Se casó con su novio de la universidad a los veintiséis años. Su matrimonio duró seis años. En lugar de empezar a formar una familia, Denise se concentró en su carrera dentro del mundo de la financiación empresarial. Se divorció de Bruce, su marido, porque él quería tener hijos. El dinero no era un problema; los dos estaban seguros económicamente en su profesión. Denise no creía que llegara a tener nunca hijos con Bruce, a menos que fuera cuando a él le conviniera, que no coincidía con cuando le convenía a ella; por eso decidió acabar con su matrimonio.

Poco después del divorcio, Denise empezó a salir con padres divorciados, porque creyó que querrían tener hijos con ella cuando estuviera preparada. Conoció a George, un padre divorciado de treinta y cinco años de edad con dos hijos, de ocho y once años. Vivieron juntos cinco años. Al final, Denise rompió con George cuando éste se negó a casarse y tener un hijo con ella.

El proceso de vinculación/apego de Denise con su madre fue muy difícil durante su infancia. La madre estuvo ausente desde los cuatro a los siete años de Denise, debido a un problema mental. Denise apenas recuerda haber estado cerca de su madre o haber tenido una idea firme de quién y qué era. Siempre ansiaba tener el amor y el tiempo de su madre. Creía que ésta la quería, pero no que se sintiera unida a ella emocionalmente durante su infancia. De adulta, al centrarse en este problema, Denise empezó a comprender que su insistencia y ambivalencia crónicas respecto a tener o no tener hijos eran, realmente, un reflejo de sus propios y conflictivos sentimientos respecto a la relación madre-hija. Había reprimido y desplazado la pérdida de su madre y el estilo de relación distante y de evitación centrándose exclusivamente en su profesión. Su evitación, consciente e inconsciente, de su doloroso legado afectivo la llevó a crear la misma situación que quería evitar: ser soltera y sin hijos.

Denise enterró así su dolor emocional y su miedo a la intimidad (estilo de vinculación caracterizado por la evitación) y se centró exclusivamente en su carrera. Pronto comprendió que, para que los negocios tuvieran éxito, se necesitaba, finalmente, una relación con el cliente, quien es más que un objeto y puede ser una persona con emociones, y que los negocios son algo más que ganar dinero y cerrar tratos. Denise empezó a darse cuenta de que el pánico que sentía a tener hijos tenía que ver realmente con su pérdida y su miedo a que su dolorosa relación madre-hija no cicatrizara nunca. Denise comprendió que se relacionaba con los demás de la misma manera en que su madre se había relacionado con ella: a distancia. Sus parejas y sus compañeros le dijeron repetidas veces que era fría, indiferente, emocionalmente distante y muy tímida. Sus emociones y sus relaciones eran un reflejo directo de su estilo de apego: distante o de evitación.

Finalmente, admitió que, en realidad, no quería tener hijos. Se había convencido a sí misma de que la única manera de reconciliarse con su traumática infancia y de ser una mujer mejor que su madre era tener hijos. Sentía que hacer lo que su madre no hizo era el único camino para cicatrizar las heridas de su infancia. Cuando lo comprendió, dejó de salir con hombres con hijos y decidió que era ella quien tenía que decidir si quería crear su propia familia o no. Encontró la intimidad que ansiaba una vez que hizo la conexión consciente con su pasado/legado. Ya no tenía que evitar el dolor o el temor a estar sola, como si continuara siendo una niña. Hasta el momento, no ha tenido hijos, pero sigue abierta a la posibilidad de tenerlos.

Ed y Denise empezaron a darse cuenta de que su estilo actual de apego y el patrón de sus relaciones íntimas tenían sus raíces en su relación madre-hijo. Los dos sentían que esta conexión duradera con su pasado era muy poderosa y sobrecogedora, motivación más que suficiente como para efectuar un cambio inmediato. Ninguno de los dos carece de inteligencia, sentido común o responsabilidad personal, y ambos tienen una percepción y una madurez psicológicas enormes. Aunque lo que a ellos les costó tanto ver pueda resultar obvio para otros, deberíamos ser conscientes de que todos tenemos nuestras propias cegueras. Saber que todos poseemos un legado afectivo de nuestra madre y tratar de comprenderlo podría ser parte de la solución a los problemas que experimentamos, actualmente, con nuestras relaciones íntimas. Esto resulta aplicable a todos nosotros, independientemente de nuestra situación (casados, divorciados, solteros, viudos, gays, heterosexuales, etc.) y de nuestra traumática historia relacional. *No son las cuestiones de las que somos conscientes las que nos causan todo ese dolor personal, sino las que quedan justo fuera de nuestro campo de visión y nuestro alcance consciente.* Consideremos las siguientes ideas sobre nuestro estilo de apego, nuestros patrones emocionales, nuestras necesidades psicológicas, nuestros deseos íntimos y nuestros miedos ocultos. Consideremos qué partes de nosotros mismos están heridas y permanecen ocultas bajo años de dolorosa frustración. Hace falta valor para abordar estos aspectos tan dolorosos, pero es preciso comprender que lo contrario no da resultado. La antigua manera de manejar nuestro legado mediante la evitación, la negación, el miedo o la falta de percepción ya no es una opción para enfrentarnos a los problemas relacionados con el apego y la intimidad. El cambio reside en la nueva manera de abordar los viejos problemas. Veamos la historia de nuestras relaciones desde nuevas perspectivas.

El regreso a los aspectos relacionados con el apego/vinculación

Es muy posible que tuvieras una relación muy segura con tu madre, de la que tu vida personal se haya beneficiado enormemente. Si es así, estás entre un selecto 10 % de los estilos de apego madre-hijo. Esta cifra se sustenta en mis casi veinte años de práctica profesional, que demuestran que una gran mayoría de hombres y mujeres a quienes he orientado desea un tipo diferente de relación del que tuvo con su madre. Es más probable que tus relaciones con tu madre se sitúen en algún punto del amplio espectro de estilos de apego. Ese espectro va desde un apego seguro, en un extremo, hasta un apego deprimido, en el otro, pasando por el apego intermitente y de evitación. Es importante comprender los diversos grados que existen desde un apego estrecho y seguro hasta otro muy distante y deprimido. Cada uno de los cuatro estilos tiene su propio conjunto de características, virtudes, defectos, efectos secundarios e influencias a largo plazo. Has experimentado los cinco tipos en el contexto de tus relaciones más amplias (personales, profesionales, familiares, madre-hijo, sociales) a lo largo de tu vida. También tú tienes un estilo predominante que tiende a guiar y dirigir la mayoría de tus interacciones diarias con los demás. Ese estilo afecta a los diferentes planos en que te relacionas. Antes de seguir leyendo, ¿cuál crees que es tu estilo de relación? Si no lo tienes claro, pregúntale a tu pareja o a un amigo o amiga íntimo qué opina al respecto. Su respuesta podría ser toda una sorpresa y hacer que empezaras a ver tu vida desde otra perspectiva.

La gran y sensacional noticia es que, independientemente del tipo de relación que tuvieras con tu madre, *puedes superar sus efectos*

negativos y cambiar la manera en que te relacionas y estableces víncu-
los con otras personas. El primer paso para cambiar tu apego afectivo
con los demás es comprender cómo estableces un vínculo con tus
amigos íntimos. Es en estas relaciones estrechas donde nuestros conflictos personales quedan expuestos, se resuelven y pueden repetirse
continuamente. Como ya he dicho, la mayoría de nuestros problemas
personales en las relaciones (confianza, miedo, celos, sentimiento de
abandono, privación afectiva, etc.) tiene su origen en nuestra relación
madre-hijo. Todos nuestros defectos y virtudes empezaron en ese
proceso de vinculación de fundamental importancia.

La siguiente lista de afirmaciones tiene como objeto ofrecerte nuevas ideas, perspectiva y una percepción de tu vida emocional interior.
El apego es una cuestión muy íntima, el centro de todos los contactos
y relaciones significativos de nuestra vida. La lista está dividida en
dos partes: problemas de apego/vinculación y problemas de vinculación a la madre. Cuando la leas, sé consciente de que una conducta,
un sentimiento o un pensamiento dado se merece que lo señales si
representa un tema recurrente o un patrón de conducta que tiene una
gran fuerza emocional en tu vida actual. No es necesario que mues-
tres todo el tiempo la conducta de apego o conflicto materno descritos para que se merezca que la marques. La primera reacción ante una
cuestión suele ser la respuesta más sincera y acertada.

Aspectos relacionados con el apego/vinculación. Lista de control

— Tienes dificultades para iniciar y mantener relaciones estrechas, íntimas.
— Tiendes a evitar las relaciones emocionales estrechas con compañeros, vecinos y amigos.
— Prefieres guardarte para ti los problemas, los conflictos y las
  preocupaciones de tu vida personal.
— Disfrutas cuanto tienes la ocasión de compartir lo que sientes y
  piensas con un amigo íntimo.
— Tienes o has tenido una pareja con la que compartes pensamientos íntimos sobre tu vida.
— Te consideras una «persona a la que le gusta la gente».

— Experimentas dificultades personales para cultivar y mantener relaciones positivas personal y profesionalmente.

— Tienes muchas dificultades con el final de las relaciones personales, profesionales e íntimas.

— Los cambios en tu trabajo, tu familia o tus relaciones íntimas te causan mucho estrés/miedo.

— En las relaciones íntimas, tu patrón es sufrir una exagerada sensación de abandono (es decir, siempre percibes que los demás te dejan).

— Evitas deliberadamente, siempre que es posible, los choques o los intercambios emocionales con los demás.

— Te sientes inseguro sobre tu lugar en la vida (es decir, en relación con tu trabajo, tus relaciones, tus amigos, tu familia y tu pareja).

— Tiendes a aferrarte emocionalmente o a mostrarte agresivo cuando estás sometido a estrés.

— Cuando alguien expresa sus emociones o muestra unos sentimientos fuertes, de inmediato te sientes incómodo.

— Prefieres evitar mostrar sentimientos intensos respecto/hacia las personas de tu vida que te importan y a las que amas.

— Te sientes más cómodo expresando enfado/rabia que otras emociones.

— Sufres periodos en los que te sientes solo y aislado. Estos episodios emocionales de tristeza llevan muchos años produciéndose.

Aspectos relacionados con la vinculación materna. Lista de control

— Sientes que tu madre conoce tu «auténtico» yo.

— Tu relación madre-hijo adulto se basa en el respeto y la comprensión mutuos.

— Puedes expresar una diferencia de opinión a tu madre.

— Tu madre estaba muy cerca de ti emocionalmente cuando eras niño.

— Ya te sentías responsable de los sentimientos y de la vida de tu madre mientras crecías.

— Te has separado emocionalmente de tu madre.

— Tu madre solía expresar sólo enfado y frustración cuando se disgustaba.

— Tu madre te expresaba sus emociones, tanto positivas como negativas, de una manera equilibrada.

— No temías los cambios de humor de tu madre (ahora y en el pasado).

— Te sentías seguro con tu madre, mientras crecías.

— Te cuesta confiar en las mujeres.

— Cuando eras niño, tu madre estaba activamente involucrada en tu vida.

— Tu madre expresa muy poco interés por tu vida como adulto.

— Hablas con tu madre sólo cuando tú la llamas o te pones en contacto con ella.

— Tu madre está furiosa o decepcionada por cómo ha resultado tu vida.

— Hablas con tu madre menos de una vez al mes.

— Tu madre estaba deprimida o era desdichada cuando tú eras niño.

— No recuerdas muchas cosas positivas sobre la relación madre-hijo que tuviste mientras crecías.

— Tu madre te controlaba emocionalmente mientras crecías y sigue haciéndolo ahora.

— Ahora tu madre depende mucho de ti emocionalmente.

— Tu madre depende de ti para su felicidad y apoyo afectivo.

— Tu madre y tú tenéis una tensión emocional continuada en vuestra relación adulta.

— Vives con tu madre pese a tu necesidad de ser independiente, porque ella lo prefiere.

— Te cuesta mucho decir «no» a tu madre.

— Te molesta la manera en que, ya de adulto, te trata tu madre.

— A tu madre no le gusta tu cónyuge/pareja íntima.

— Tu pareja/marido/esposa se queja de que tu madre sigue teniendo demasiado control emocional sobre tu vida y tus decisiones de adulto.

— Cuando hablas con tu madre, la conversación siempre acaba tratando de ella.

— Desearías que tu madre y tú estuvierais más cerca emocionalmente, fuerais mejores amigos.

Descubrirás que estas dos listas empiezan a darte una nueva perspectiva de tu relación madre-hija/madre-hijo. Si no has señalado nada o has señalado menos de tres entradas, tienes que volver a leer la lista y dejar de censurar tus respuestas. La lista fue especialmente elaborada para incluir un espectro muy amplio de estilos y combinaciones de apego en las relaciones madre-hijo. Es importante mencionar que muchas veces los hombres, más que las mujeres, descartan o ignoran el efecto que su madre ha tenido en su desarrollo emocional y en sus modelos de relación. Esta ceguera, que he observado en mi vida profesional, es un terreno muy problemático que a la mayoría de los hombres le cuesta mucho ver y abordar. Las mujeres, debido a la identificación con su mismo sexo, tienden a ser más conscientes de este efecto y vínculo permanentes. Tanto los hombres como las mujeres que han tenido una relación conflictiva, traumática, turbulenta y dolorosa con su madre son muy conscientes de la influencia y de los efectos residuales de esa relación. Para estas personas, muchas de las cuales han reprimido su dolor, es un problema mirar a su madre sin sentirse presa de la ira o la depresión.

Si descubres que sólo has señalado los comentarios negativos sobre el apego y las ideas negativas sobre la relación madre-niño/madre-adulto, deberías aprovechar este momento para iniciar el proceso de cambio. Piensa en por qué has señalado esas frases y qué significan para ti ahora.

La mayoría de nosotros no pensamos en cómo nos vinculamos y relacionamos con nuestra pareja, nuestros hijos, la familia, los compañeros de trabajo, los clientes o los amigos porque simplemente es algo que llevamos haciendo toda la vida. El apego es como respirar, es automático y te permite tener una vida. Si dejas de respirar, estás muerto. Si dejas de entablar relaciones, quedas aislado de tu mundo y de ti mismo, lo que es la muerte emocional. Cambiar la manera en que respiras puede parecer algo muy difícil. Pero si esa manera de respirar te llevara a perder el conocimiento y morir, entonces sería necesario pensar en cambiarla. Se puede usar la misma analogía para el apego: si tu manera de relacionarte te causa un terrible dolor emocional, repetidos fracasos, rechazos, cólera, múltiples divorcios y el fracaso laboral, entonces valdría la pena revisar cómo reaccionas ante esta necesidad humana y esta experiencia universal fundamentales. *El apego es el aliento de tu vida emocional*. Pregúntate: ¿cómo es mi vida emocional? ¿Algo de lo que hemos comentado en este capítulo te resulta familiar? Cada ámbito de tu vida es una forma de apego o está relacionado con el vínculo emocional. ¡Absolutamente todo! Tu estilo de apego impulsa, dirige e influye en tu vida entera. Tu vida es una amalgama de diversos tipos de relación. El pegamento de todas las relaciones es el apego. ¿De qué manera tu estilo de apego sostiene, vincula y crea unas relaciones significativas para ti?

No desesperes si crees que tu manera de abordar las relaciones está equivocada, es disfuncional o necesita una revisión a fondo. Es crucial que, cuando empieces a cambiar tu manera de abordar la vida, independientemente de tu historia anterior, recuerdes que *tu vida está delante de ti, no detrás*. Lo primero que has de hacer es centrarte en lo que puedes cambiar, mejorar y desarrollar en el futuro. Si descubres que te obsesionas con tu madre y con la situación que viviste con ella en el pasado, entonces deberías leer primero el capítulo 12, para solucionar tu resentimiento. Recuerda que aferrarte a ese resentimiento es como cavar dos tumbas: una para la persona contra la que estás resentido y otra para ti.

Por fortuna, hay un número ilimitado de cosas que puedes hacer para reorientar tu vida y tus relaciones. No dejes que te convenza lo irremediable del fracaso de tus relaciones anteriores ni tu crítica voz interior que te impedirá probar cosas nuevas y relacionarte con tu mundo de la manera que siempre has deseado. La mayoría de los cambios se basa en tu capacidad para apartarte de lo que conoces y probar algo totalmente diferente. No es un planteamiento de autoayuda; por el contrario, es un planteamiento vital diferente. Necesitas crear una manera de pensar distinta, para crear nuevas conductas. Para ayudarte a hacerlo, definamos tu particular estilo de apego, basándonos en los cuatro estilos siguientes: *intermitente, de evitación, deprimido y seguro*. Cada estilo tiene sus propias características y enfoque, que son una consecuencia de tu desarrollo en la infancia y que impregnan tu actividad como adulto.

Estilo de apego intermitente

Como indica su nombre, el estilo de relación intermitente es una combinación de una conexión emocional sin peligro, una vinculación segura, con poca o ninguna vinculación emocional, o un fallo emocional completo. Este estilo de apego/relación es imprevisible, irregular y errático. Son estas conexiones y fallos emocionales contradictorios e imprevisibles los que crean problemas a los hijos sometidos a este estilo de apego materno. Más adelante, estos niños tendrán problemas para establecer vínculos en sus relaciones adultas. Las continuadas conexiones y fallos emocionales causan un profundo daño psicológico en los niños, que llevan su dolor hasta la vida adulta. Mientras crecían, sus principales necesidades emocionales (amor, apoyo, interés, empatía), sus necesidades físicas (contacto visual, contacto físico, comunicación) se veían satisfechas. Luego, sin ninguna razón aparente, descubrieron que su madre no cuidaba ni satisfacía sus necesidades emocionales, físicas o mentales. Son estos fallos en la vida de un niño, desde el nacimiento hasta los diez años, los que moldean y forman la visión del mundo que tiene una persona joven, y los que se convierten en un problema duradero. Tu visión adulta de las relaciones puede continuar siendo tu visión infantil, sólo que con el añadido de treinta años más de frustración y privaciones. Cognitivamente, sabías que tu madre te quería, pero ¿por qué no era consciente de tus experiencias, de tus decepciones, de tus logros, de tus pérdidas y de tus aprendizajes vitales cotidianos? La experiencia emocional que tienes de tu madre no ha sido una experiencia constante de amor o seguridad, sino de continuas decepciones y frustración.

Si volvías de casa de tu mejor amiga con lágrimas en los ojos o de la escuela con una cinta azul por haber ganado el torneo de béisbol de cuarto curso, tu madre se unía a ti en tu estado emocional de desesperación o de entusiasmo. Adorabas esos momentos especiales cuando establecías lazos afectivos con ella y esperabas que no acabaran nunca. Luego, en las tres semanas siguientes, tu madre parecía totalmente indiferente, distraída y sin ningún interés por tus actividades. Era como una persona diferente que no sabía nada de ti ni de lo que pasaba en tu vida. Luego, el cuarto martes del mes (totalmente al azar), tu madre reaccionaba ante el estado de ánimo decaído, triste o entusiasta con que llegabas de la escuela con empatía, compasión o alegría, lo que fuera que exigiera la ocasión. El problema con una conducta tan errática es que el niño no puede contar nunca con que su madre se involucre o esté emocionalmente presente en su vida o le ayude a tomar decisiones, de forma regular.

Con el tiempo, este estilo de apego, lleno de incertidumbre e incoherencia materna, crea en el niño el miedo de que el mundo no es un lugar comprensivo, seguro o cariñoso. El niño espera que el mundo/la madre sean seguros y comprensivos todo el tiempo. La repetida falta de coherencia emocional crea en él un modelo de relación hecho de miedo, inseguridad y privación. La continuada falta de un apego constante en los diez primeros años de la vida de un niño crea una profunda desconfianza sobre si sus necesidades se verán satisfechas o reconocidas en cualquier relación. Con frecuencia, los adultos que se sienten emocionalmente necesitados, inseguros, sin importancia, tímidos, solos o no queridos tuvieron este estilo de apego en su historia madre-hijo. Estos sentimientos hunden sus raíces en la frustración de la primera infancia y su causa es el repetido fracaso emocional entre una madre y su hijo.

Las madres que muestran esta intermitencia afectiva en relación con su hijo por razones personales tales como el maltrato, un divorcio, los cambios de humor, la inmadurez, un embarazo no deseado, su propia privación materna y la falta de interés por su hijo no comprenden la magnitud del problema de su falta de coherencia. No forman con su hijo lazos afectivos que siguen un patrón o una lógica. Estas madres saben que quieren a su hijo, pero no tienen la capacidad emocional necesaria para mantener un apego o vínculo emocional constante. Estas madres quieren establecer vínculos afectivos con sus hijos, pero sólo puede hacerlo de forma infrecuente, y así sientan las bases de un modelo carente de coherencia. Estas madres muestran este modelo de vinculación independientemente de su edad, su experiencia vital, su educación, su posición social, su poder económico o su éxito profesional. Este modelo se encuentra presente en todas las familias, religiones, razas y culturas. Es muy problemático, porque acaba creando una profunda carencia en la vida del hijo. Estos hijos viven en un estado crónico, sea de decepción, sea de satisfacción emocional. No existe ningún término medio en esta relación madre-hija/madre-hijo. El niño se siente o bien amado o emocionalmente frustrado. En la adolescencia y hasta la primera parte de la veintena, estas personas se apresurarán a distanciarse emocionalmente, a separarse y crear su propia identidad-familia. Lo hacen para formar un vínculo emocional estable, constante y seguro en su propia vida y así compensar las privaciones emocionales de su niñez.

En el presente. Aspectos de la vinculación intermitente

Constantemente me preguntan qué hace que una persona sienta ansiedad. El estilo de vinculación intermitente es la base de una personalidad ansiosa, adictiva o de alguien que desconfía de las relaciones, del mundo y de los demás. Probablemente, casi todas estas conductas tienen su origen en la relación madre-hijo. Para compensar y superar la frustración emocional y llenar el vacío madre-hijo, estas personas recurren a otras fuentes. Muchos hombres que tienen una personalidad adictiva o ansiosa (adictos al trabajo, al juego, con problemas de ira, que beben en exceso, promiscuos sexualmente o mujeriegos, infieles crónicos, con subidones de adrenalina, etc.) sufrieron en su niñez la relación con una madre emocionalmente inconstante. Utilizan estas conductas llenas de ansiedad para disimular el dolor y la pérdida de una infancia marcada por la carencia afectiva. Ahora, ya hombres adultos, cada vez que se produce un sentimiento desagradable, su vida parece un tren fuera de control, lanzado cuesta abajo, sin ningún desvío a la vista. La angustia es tan grande que no son conscientes de que estos sentimientos o conductas están relacionados remotamente con su relación madre-hijo. Se trata de hombres que pueden ser muy carismáticos y, al mismo tiempo, incapaces de formar un vínculo emocional seguro, estable, sin dramatismo, con una mujer/novia/esposa. No es que no lo deseen, sino que la falta de percepción impide que los hombres/hijos que vivieron este estilo de vinculación creen las relaciones estables, emocionalmente seguras, que ansían. Es posible cambiar este modelo de relación y crear un vínculo seguro, tranquilo y de respaldo con las personas que te rodean. Pero el cambio sólo es posible si se comprende plenamente el estilo en que se establecieron los vínculos madre-hijo, junto con su poderoso efecto residual.

Las mujeres que experimentaron esta dinámica de vinculación madre-hija también acaban teniendo una personalidad ansiosa y conductas adictivas, como resultado de su privación emocional crónica. Muchas veces esta hija/mujer se convierte en compradora compulsiva, crónicamente endeudada, con una personalidad controladora en las relaciones, que se queja constantemente de su vida, que está deprimida, gorda, sexualmente irresponsable, que se aferra emocionalmente en las relaciones, incapaz de expresar sus sentimientos, extremadamente consciente de su cuerpo, excesivamente preocupada por hacer ejercicio, impulsada emocionalmente hacia cualquier interés o proyecto, que es presa de ataques de depresión, de soledad, de pánico y de sentimientos relacionados con la falta de valía. Todas estas conductas y sentimientos le sirven para compensar su decepción crónica y su profundamente arraigada frustración emocional.

La necesidad de un vínculo emocional íntimo es la cuestión no resuelta para estas mujeres. Todas y cada una de las conductas utilizadas para ocultar y compensar la falta de una relación emocional estrecha con la madre tendrán esta clase de impulso intensificado y naturaleza compulsiva. Tanto si eres un hombre como una mujer, la naturaleza compulsiva de las conductas anteriores es la «bandera roja» que advierte de la falta de apego-vínculo emocional, y tiene un efecto negativo en ti y en tu vida.

Vinculación intermitente. Lista de control

Contesta a las siguientes preguntas sobre si tu vida se ve afectada adversamente, y hasta qué punto, por el estilo de vinculación intermitente que experimentaste de niño. Es necesario mencionar que todos hemos vivido una combinación de los cuatro estilos de apego/vinculación emocional, pero que hay uno predominante que caracterizó tu relación madre-hijo.

Considera las siguientes preguntas:

— ¿Tienes dificultades para enfrentarte a situaciones de ansiedad emocional en tus relaciones personales?

— ¿Te resulta difícil expresar tus sentimientos de decepción sin ponerte agresivo o furioso?

— ¿Descartas la importancia de estar unido y abierto emocionalmente a tu pareja?

— ¿Prefieres estar solo, mostrarte retraído o emocionalmente distante en tu mundo social y profesional?

— ¿Tu mejor amigo/pareja/amante sabe cuándo estás disgustado, triste, deprimido o feliz?

— ¿Valoras tus sentimientos?

— ¿Crees que las relaciones son importantes y el oxígeno emocional de tu vida?

— Cuando estás disgustado, ¿prefieres estar solo o con un amigo?

— ¿Bebes o consumes drogas cuando estás solo o emocionalmente alterado?

Cuantas más respuestas afirmativas hayas dado, más probable es que tu estilo de apego en las relaciones esté influido por el modelo de vinculación inconstante que viviste de niño. La sabiduría y belleza de la percepción de este hecho reside en que crea la oportunidad de cambiar tus relaciones y vínculos emocionales del presente y cultivar un estilo más satisfactorio. Al final de este capítulo, hablaremos de algunos de los medios para cambiar y crear tu propio estilo para establecer vínculos y relaciones positivas con los demás en tu vida adulta.

Estilo de conexión de evitación

Este estilo es muy diferente del intermitente. Es el de la madre que no expresaba emociones de ningún tipo (amor, temor, ira, esperanza, etc.) ni tampoco mostraba sus sentimientos, sus pensamientos apasionados, su excitación o su entusiasmo por la vida. Este claro modelo de no expresar nada incitaría, posiblemente, una fuerte reacción positiva o negativa en cualquiera. La incapacidad para establecer vínculos —sea como resultado del miedo o de la renuencia— es la fuerza impulsora de esta relación madre-hijo. El estilo de evitación carece de expresión emocional, pasión o de cualquier tipo de acción o de conducta demostrativa. Hay poco o ningún contacto físico entre madre e hijo, como abrazarse, ni tampoco comunicación empática. Nada de abrazarse ni cogerse de la mano ni decir «te quiero» u otras palabras reconfortantes cuando el niño sale de casa el primer día de clase en segundo curso, en una nueva escuela, o cuando un niño de siete años se va a dormir por la noche.

El estilo de evitación significa mantener una distancia emocional adecuada de las situaciones y las personas, incluyendo los hijos. Para el hijo de este tipo de madre, las expresiones físicas de amor, interés y apoyo están ausentes de la relación. Un abrazo, un beso en la mejilla, un masaje en la espalda, una mirada de apoyo, una palabra de ánimo y otras conductas paternales no forman parte de este estilo. Los hijos adultos, cuando describen a una madre de este tipo, usarán términos como «fría», «distante», «desconectada emocionalmente», «incapaz de expresar amor».

El problema continuado en este tipo de relación es que el niño crece preguntándose si lo quieren o no. De adultos, estos niños dudan de si son dignos de cariño y merecen que alguien muestre afecto por ellos. Tanto los hijos como las hijas que han crecido con este estilo de relación se acostumbran a no recibir ninguna expresión de afecto y se sienten cómodos con esta situación.

Estos adultos no desarrollan ni usan el proceso natural de comunicación emocional que conduce al establecimiento de vínculos. Es corriente que estas personas se sientan solas y aisladas, porque no han experimentado las conexiones espirituales, físicas, mentales y emocionales que se dan en la mayoría de las relaciones. Muchas veces, cuando alguien muestra una fuerte reacción emocional o actúa apasionadamente, experimentan un pánico súbito. Los encuentros íntimos de cualquier tipo no forman parte de las relaciones de estos adultos ni de su estilo de relación con los demás. Hay una acción refleja automática para distanciarse, que hace que les resulte muy difícil formar vínculos afectuosos estrechos. La idea de compartir sentimientos, pensamientos y emociones y de tener una comunicación estrecha está en contradicción con la forma en que se desarrollaron en su relación madre-hijo y como individuos respecto al resto del mundo.

Historia auténtica. Cómo cambiar una relación de evitación

Tengo un paciente que sólo viene a verme durante las vacaciones. Este año ha sido especialmente diferente para Stan, que reconocía lo emocionalmente distante que tendía a ser en sus sentimientos y pensamientos. Cincuenta y siete años, divorciado, nunca les había dicho a sus tres hijos que los quería. Stan era hombre de pocas palabras y no le resultaba una conducta natural ni cómoda expresar emociones profundas. Sólo hablaba con sus hijos cuando era el momento de enviarles su cheque de regalo, libre de impuestos sucesorios. Stan no sentía la necesidad ni veía ninguna razón para expresar verbalmente emociones «blandengues» a sus hijos, a sus compañeros o a su novia. Nunca se reunía con sus hijos adultos ni con la familia de su novia durante las vacaciones, los cumpleaños o cualquier otro tipo de celebración. Para evitar estas ocasiones, hacía turnos extra en el hospital, como médico de urgencias. Esta Nochebuena, era el único médico de guardia en la sala de urgencias.

Una pareja joven acudió con su pequeño de cuatro meses, que tenía un resfriado y al que le costaba respirar. Stan reconoció al pequeño, pero su estado continuó empeorando. Me contó la siguiente historia:

La madre tiene la misma edad que mi hija, veintiséis años, y su marido se parecía a mi hijo mayor. Sentí un interés inmediato por ellos, como si fueran mis hijos y aquél fuera mi nieto. Nunca me siento así cuando trabajo o cuando opero. Me concentro siempre en el trabajo, el diagnóstico y el tratamiento. Ingresé enseguida al pequeño en la Unidad de Cuidados Intensivos, pero murió debido a complicaciones derivadas de la neumonía dos horas después. Cuando entré en la sala de espera para dar a aquella joven pareja las peores noticias que cualquier padre puede oír, no pude hablar. Estaba tan dominado por la emoción que los dos se me quedaron mirando, incrédulos. La madre gritó al verme: «Mi pequeño no».

Lo único que pude hacer fue mover la cabeza arriba y abajo. Ella se levantó y me sacudió por los hombros con mucha fuerza, sin dejar de gritar: «¡Mi pequeño no, mi pequeño no!». El padre enterró la cabeza entre las manos. Nunca había llorado en el trabajo ni me había sentido tan abrumado por la emoción. Los tres permanecimos de pie, en la sala de espera de urgencias, llorando. Soy cardiólogo y he visto y vivido miles de muertes. Pero la de este pequeño rompió algo en mi interior; no podía ocultarlo. Estaba inundado de tristeza y desesperanza por aquella pareja, por el pequeño y por mi vida. Al día siguiente, Navidad, fui a casa de mi hijo. Todos se me quedaron mirando estupefactos cuando aparecí sin avisar, porque no había pasado ninguna Navidad con ellos en quince años. Les conté la historia y todos lloramos. Mi hija Amanda, que se parecía a la madre del pequeño, me abrazó después de oír la historia. No recuerdo cuándo fue la última vez que había abrazado a mis hijos o que ellos me habían abrazado a mí. Ya no puedo seguir ocultándome de la vida.

Stan cambió de inmediato su estilo de relación y pasó de la evitación a la calidez y a mostrar más apego y ser más expresivo con sus pacientes, sus compañeros, sus hijos y su pareja. Stan había seguido una terapia de pareja con su novia por su distancia emocional y su falta de pasión, caracterizada por una personalidad fría y estéril. Decidió que, si seguía distanciado de sus sentimientos y de las personas que lo rodeaban, moriría solo y se perdería lo realmente importante: *las relaciones*. Stan y su novia se casaron en Nochevieja, al año siguiente.

La conducta y actitud de Stan son típicos de los hijos adultos que crecieron con una madre que tenía un estilo de evitación en sus relaciones. De adulto, Stan era considerado un extraño solitario, recluido y distante en el ambiente emocional de su práctica médica, su familia, su vida social y su relación sentimental. La falta de conexión emocional, mental y física era un perjuicio importante en todos los ámbitos y facetas de su vida. Es importante recordar que Stan experimentaba una amplia serie de emociones y sentimientos que nunca consideró valiosos ni que fuera necesario compartir. Como muchas personas,

Stan vivía la vida sólo en su cabeza, saltándose su parte emocional, sentimental y física. Con independencia de la edad, las personas que muestran una conducta de evitación quieren librarse de su camisa de fuerza y empezar a expresar su vida y todo lo que hay en ella.

Libera tus emociones. Lista de control

Considera las siguientes preguntas sobre tu conducta y estilo de vinculación de evitación con las personas que te rodean. Estas conductas evitativas automáticas tienen su origen en tu historia madre-hijo. Muchas veces, la evitación emocional es un mecanismo de supervivencia que un hijo o una hija desarrolla en una familia caótica o «demencial». Esta actitud no suele funcionar bien treinta y cinco años más tarde y se puede cambiar para ampliar la calidad y la esencia de tu vida. Las razones de su existencia son tan variadas como las personas que tienen un estilo de apego evitativo. Pregúntate:

— ¿Prefieres estar solo mejor que con tus amigos?
— ¿Te resulta difícil compartir tus sentimientos/problemas emocionales con tu pareja/amigos íntimos?
— ¿Cuándo te sientes comprometido emocional, mental y físicamente con otros?
— ¿Te considerarías una persona directa, no evitativa cuando se produce un conflicto?
— Cuando eres feliz, sientes excitación, apasionamiento o entusiasmo, ¿permites que los demás vean ese lado de tu personalidad?
— En tu vida actual, ¿quién está apegado emocionalmente a ti? ¿A quiénes estás emocionalmente apegado? ¿Lo saben?
— ¿Qué tema y estilo es común y continuo en tu comunicación emocional con tu pareja?
— Mientras crecías, ¿tu madre era distante o evitativa en su estilo de apego contigo?
— ¿Te considerarías, en general, una persona que evita las emociones?
— ¿Qué cosas de tu vida, en un plano personal, profesional y social, evitas?

— ¿Qué te gustaría dejar de evitar en tu vida?

— ¿La exhibición de emociones fuertes te hace sentir incómodo?

De nuevo, es importante comprender las preguntas a las que has contestado con un «sí» o con un «no». Estas preguntas están pensadas para que averigües si tienes un estilo de vinculación evitativa. La toma de conciencia, la percepción y la comprensión de tu apego son la manera más rápida de revolucionar tu vida en todos los ámbitos que desees. Cuando reconocemos nuestro modelo de evitación emocional, sentimos de inmediato un profundo alivio y empezamos a percibir las ilimitadas posibilidades de nuestro futuro. El apego emocional evitativo causa crisis internas tremendas en los adultos porque sienten la necesidad constante de mantener a todos los demás felices y contentos. La necesidad de evitar cualesquiera sentimientos incómodos (frustración, ira, rechazo, enfrentamiento, pánico, ansiedad y tristeza) se convierte en una ocupación a tiempo completo y nos devora. Cuando dejas de evitar tus sentimientos y los abrazas, es un momento que cambia tu vida.

Estilo de apego deprimido

Es posible que a tu madre no le hubieran diagnosticado una depresión, pero quizá le faltara la energía necesaria para desempeñar el papel de madre. Es posible que conectara y estableciera vínculos contigo a veces, pero parecía, generalmente, abrumada por la responsabilidad de que fueras su hijo. No había mucha felicidad ni entusiasmo que tu madre compartiera o experimentara contigo. Tu madre (casada, soltera, viuda o divorciada) tenía muy poca energía para dedicarla a actividades educativas o para crear un vínculo emocional con su hijo. El estilo de apego deprimido tiene una serie de características que lo diferencian de los otros tres estilos de relación: *cambios de humor imprevisibles, trastorno emocional, excesiva dependencia del hijo para satisfacer las necesidades emocionales de la madre, ignorancia de los actos y sentimientos de otras personas, poco interés por las necesidades y deseos del niño. Se trata de una madre temerosa, crónicamente que-*

josa, desdichada, carente de motivación, descuidada con el bienestar del niño, fácilmente abrumada, negativa, que recurre al consumo abusivo de sustancias y, a veces, con tendencias suicidas. No se trata de una lista completa, pero empieza a perfilar este tipo de vínculo emocional madre-hijo.

La hija o el hijo de una madre con un estilo de apego deprimido creció preguntándose si ella o él era la causa de la infelicidad profundamente arraigada de su madre. Lo más negativo de este estilo de apego es el exagerado sentido de responsabilidad que estos niños sienten hacia las personas que los rodean. De niño, lo único que sabías era que tu madre no parecía feliz contigo en casa. No estaba contenta con las cosas buenas que hacías o lograbas. Tu apego a tu madre se centraba en ella y en el estado de ánimo que tuviera en ese momento. Los hijos de madres con un estilo de apego deprimido llegan a ser muy conscientes del trabajo y el agotamiento que son necesarios para mantener una relación en marcha. Pese al enorme peso emocional con el que estos hijos cargan por su madre, consideran que es su tarea y su responsabilidad hacer que sea feliz. Es raro que estos niños/adultos crezcan considerando o conociendo sus propios sentimientos, pensamientos o emociones. Esto es especialmente cierto cuando se trata de establecer vínculos/apego con los amigos íntimos, los miembros de la familia y la pareja.

La depresión de tu madre puede haber sido desatada por tu padre, la pérdida de su trabajo, las preocupaciones por el dinero, una muerte en la familia, problemas de relación o un desequilibrio químico, pero la naturaleza depresiva de vuestra relación siempre estuvo presente. Tanto si el apego depresivo de tu madre fue causado por factores externos como si se produjo por una dolencia crónica preexistente, te transmitió una falta de interés en ti. Los hijos de una madre deprimida tienden a no saber qué sienten o qué quieren; incluso es posible que ni siquiera se les ocurra considerar estas cuestiones. Sin embargo, son excelentes percibiendo y satisfaciendo las necesidades de los demás y pensando en las ideas de los otros. Corrientemente, nos referimos a esta conducta como «codependencia» y es uno de los mayores secretos del apego de este estilo. La madre raramente se ocupa de las necesidades de desarrollo emocional, mental, físico y espiritual de su hijo. Estos niños crecen creyendo que la única manera de establecer un vínculo es ser el cuidador de la otra persona, sin tener en cuenta las consecuencias de sus actos.

Si tu madre tenía un estilo de apego deprimido, la fuerza impulsora, consciente o inconsciente, de tu vida fue y es hacer que las personas que te rodean sean felices. Si no lo haces, el amor y el respaldo emocional que necesitas de ellas desaparecerá o su potencial se perderá. Este convencimiento es ilógico, porque se basa en que des y nunca recibas lo que necesitas realmente. El resultado final del estilo de apego deprimido es que el niño (tú) ha aprendido que, en una relación, todo se refiere al otro (la madre). En esta relación, no tienes opinión ni derecho a elegir. Se trata de una conducta muy corriente, en mayor o menor grado, entre los adultos con este estilo de apego.

Este tipo de apego puede engendrar relaciones adultas de maltrato verbal, físico, emocional o sexual. La víctima siente que, en algún plano emocional, este maltrato es una forma de amor, interés y apego seguro. En el mundo del espectáculo, es corriente creer lo siguiente: *No existe una atención mala; toda atención es positiva, sea cual fuere su naturaleza.* El maltrato, independientemente del dolor que causa, es una conexión emocional. Puede ser cierto, pero es peligroso. La realidad es que una relación de maltrato es un apego hostil con efectos secundarios extremadamente negativos: la opresión de la víctima. La necesidad de ser querido, de sentirse querido y de que satisfagan esta necesidad es la fuerza natural que mueve a todos los humanos. Todos estamos genéticamente programados para ansiar el amor, el apego y la atención. El hijo adulto de una madre deprimida puede confundir el maltrato con una forma de amor y atención positiva. La confusión entre amor y maltrato quizá tenga sus raíces en la historia del apego madre-hijo. El maltrato en cualquier relación posee una gran carga emocional y devora a ambas partes. La energía emocional del maltrato es un fuerte apego y exige que ambas partes se concentren sólo en el maltratador. La distorsionada relación emocional permite que continúe el maltrato en sus diferentes grados. La idea de codependencia es que el niño/pareja/amigo/compañero es el único responsable de todo lo que sucede en la relación. Este modelo de apego es la única manera de que estas relaciones funcionen, sobrevivan y perpetúen la «locura» psicológica. Este modelo de conexión constituye un grave obstáculo que impide que el adulto codependiente tenga una relación sana. Es muy difícil que los hijos adultos de madres deprimidas vean la necesidad de cambiar sus modelos de relación porque han sido criados para cuidar de otros, sin tener en cuenta el coste personal ni las funestas consecuencias de esto para ellos mismos. La necesidad de cambiar estos tipos de apego contraproducentes es una cuestión vital. El primer paso es conectar con los demás sin tener que «componer», «cuidar» o «reparar» a las personas que nos rodean.[4]

Cortar de raíz el apego al maltrato. El nuevo estilo de Lynn

Lynn creció en Malibú, en una casa en la playa. Su madre se divorció de su padre cuando Lynn tenía cinco años. Por desgracia, un año después del divorcio, la niña fue separada de su madre para ir con su padre. Nunca volvió a vivir ni a pasar mucho tiempo con su madre mientras crecía. El padre de Lynn, Mike, era abogado criminalista y siempre había gente de dudosa reputación por la casa, clientes suyos. Lynn y su padre siempre trataban de ayudar —componer— a estas personas cuando tenían problemas con la ley. Mike no pudo «componer» a su esposa, la madre de Lynn. Lynn recuerda que sus padres estaban deprimidos cuando ella era niña, y se convirtió en la madre de los dos. La única diferencia entre su padre y su madre era que él podía trabajar y ganaba un montón de dinero.

De niña, Lynn se volvió responsable en extremo. Desde los quince años, estableció el modelo de salir siempre con hombres que necesitaban mucho apoyo, mucha ayuda y mucho cariño. Prolongó este modelo de cuidar de los hombres y lo aplicó a sus relaciones sentimentales adultas. Sentía que la única manera en que podía apegarse emocionalmente a alguien, en especial a un hombre, era ser una cuidadora experta. Se encontró, a los treinta y seis años, soltera, con el corazón roto, económicamente en la ruina y desesperada por no llegar a casarse nunca. Comprendió que había creado estas relaciones insatisfactorias debido a su estilo de apego. Explicaba, al respecto, lo siguiente:

Siempre me siento responsable de todo el mundo. La madre de Brad, mi último novio, me odiaba. Hice lo imposible para gustarle. Le permití que me insultara a la cara y nunca me defendí. Le dijo a su hijo —mi novio— delante de mí, en varias comidas familiares, que saliera con una mujer más madura. Yo, claro, invité a esta mujer horrible a almorzar, para explicarle mis buenas intenciones con su hijo. Era absurdo, la mujer me odiaba porque tenía miedo de compartir a su hijo conmigo. Nunca sentí que pudiera pedirle a Brad lo que yo deseaba de él; lo único que quería era que le dijera a su madre que parara de criticarme y me dejara en paz. En cambio, la invité a almorzar tres veces más, tratando de convencerla de que soy una gran esposa para su hijo. Cada almuerzo era más doloroso y humillante que el anterior. Esa mujer llamó a la última novia de Brad para ver si seguía interesada en su hijo. Después de ese incidente, supe que no podía seguir intentando agradar a todo el mundo, en especial a la furiosa madre de mi novio. Su rechazo me estaba matando, literalmente. Estuve enferma tres semanas seguidas, con algún tipo de gripe o sinusitis grave. Finalmente, tuve que romper con Brad porque quería que arreglara las cosas con su madre. No quería enfrentarse a la idea de tener que separarse de ella o marcarle límites. Yo sabía desde el principio que la relación no estaba bien, pero, una vez que me apegué emocionalmente a Brad, no podía detenerme.

La historia de Lynn es representativa de las experiencias de muchos de nosotros que hemos batallado contra un legado emocional de codependencia. Lynn sabía que no podía continuar relacionándose con los hombres de la manera en que lo había hecho en el pasado, porque experimentaba lo mismo cada vez: *desánimo emocional*. Los hombres y mujeres que tienen un estilo de apego deprimido luchan para que sus necesidades humanas naturales sean satisfechas, sin tener que soportar los horrores de ser codependientes en sus relaciones adultas. Lynn sabía que, si quería tener una relación amorosa satisfactoria, tendría que empezar por desarrollar un estilo de apego seguro.

Codependencia. Lista de control del estilo deprimido

Considera las siguientes preguntas. La codependencia puede ser una cuestión muy difícil de ver o de tratar en la vida. Si reconoces que tu estilo de apego madre-hijo es de naturaleza deprimida, piensa en estas preguntas como la clave para encontrar tus puntos débiles emocionales.

— ¿Alguna vez has prestado dinero a tu pareja, en contra de tu mejor criterio y en unos momentos en que no te lo podías permitir?
— ¿Alguna vez te han devuelto dinero que habías prestado a tu pareja, amigos, familia o asociados?
— ¿Has mantenido, tú sola, a la persona con quien salías?
— ¿Has tratado de «componer» la vida de tu pareja?
— ¿Te preocupas siempre por los pensamientos, sentimientos y emociones del otro?
— ¿Tienes un miedo tremendo al abandono en tus relaciones, independientemente de cómo sea la relación en realidad?
— ¿Piensas siempre en cómo reaccionará el otro a lo que le digas, antes de hacerlo?
— Ante cualquier cuestión, ¿siempre tienes en consideración la respuesta del otro, por encima de la tuya?
— ¿Te resulta mucho más fácil conocer los sentimientos, pensamientos y emociones del otro que los tuyos propios, respecto a cualquier cuestión?
— ¿Te deprimes emocionalmente cuando sientes que alguien está disgustado o enfadado contigo?
— ¿Evitas expresar tus propios pensamientos y sentimientos sobre algo, para no disgustar al otro?
— ¿Es más importante para ti mantener la paz que expresar tus verdaderas intenciones o sentimientos?

Éstos son algunos de los aspectos que rodean el estilo de apego deprimido y la conducta codependiente subyacente. Reconocer tu estilo de apego codependiente-deprimido puede ser como si te miraras la parte posterior de la cabeza. No se pueden ver estas cuestiones con la misma claridad que si fueran el patrón para establecer vínculos de otra persona. Si estas preguntas y la descripción del vínculo deprimido madre-hijo responden exactamente a tu estilo de relación, no te asustes. Las preguntas están pensadas para darte una idea de cómo el legado emocional de tu madre afecta a tus relaciones adultas y moldea tu comportamiento cotidiano.

Estilo de apego seguro. Lo que de verdad queremos de una relación

Éste es el estilo que quizás experimentó en su relación madre-hijo, mientras crecía, entre el 10 % y el 15 % de nosotros. El estilo de apego seguro es la experiencia emocional constante de tener satisfechas nuestras necesidades físicas, mentales y emocionales, de niños y mientras crecíamos. La repetición de esta conducta creó unos cimientos emocionales de confianza y reforzó el sentimiento de que el mundo es un lugar seguro. Todos, hombres y mujeres, podemos desarrollar un estilo de apego seguro en nuestra edad adulta y tener el tipo de relaciones íntimas que todos deseamos. Al leer este libro, es importante observar que tu legado materno es tuyo, para aprender sobre él, comprenderlo y modificarlo cuando lo desees. Nadie más lo hará por ti y nadie más tiene el poder de cambiarlo. Es tu legado ahora y es tuyo para usarlo con más eficacia. Todo esto no tiene nada que ver con cambiar o culpar a tu madre, sino con modificar tu propia vida emocional y la forma en que te relacionas con el mundo. Muchas veces, los hijos quedan atrapados al tratar de «componer» a su madre, algo que se convierte rápidamente en una batalla perdida y lleva a más frustración y rabia para todas las partes implicadas. Con independencia de lo que tu madre hizo o dejó de hacer, éste es tu viaje y tu camino hacia el cambio.

El sentimiento de impotencia respecto a cambiar viejas conductas es una creencia caduca. Aquí se trata de tus opciones y del potencial que tienes para recrear tu vida, independientemente de tu edad, de tu historia madre-hijo y de anteriores decepciones. Tu capacidad para desarrollar un apego emocional seguro con las personas y cosas que hay actualmente en tu vida es una señal de salud mental y crecimiento emocional. Hemos hablado largo y tendido de las trampas de los otros tres estilos de apego; ahora es el momento de centrarnos en el estilo emocional y el modelo de apego hacia el que estás empezando a moverte en tus relaciones adultas. El estilo de apego seguro es el único tipo de vínculo emocional que queremos formar con nuestro círculo íntimo, formado por la pareja, la familia y los amigos.

Este estilo se evidencia en la capacidad de la madre para escuchar, percibir emocionalmente y comprender las necesidades de su hijo conforme crece. Una madre con un vínculo emocionalmente seguro es capaz de prestar atención, mostrar interés y ofrecer gestos cariñosos a sus hijos. El pequeño se acostumbra a que sus necesidades de todo tipo sean conocidas y se satisfagan. La perspectiva que un niño tiene del mundo está moldeada y formada por el estilo de apego madre-hijo. Tu visión original del mundo se encontraba plenamente desarrollada a la edad de seis años, aproximadamente, y sigue influyendo en tu actual punto de vista.

Pregúntate:

- ¿Tu mundo emocional es seguro?
- ¿Crees que tus necesidades se ven comprendidas/satisfechas en tus relaciones?
- ¿Crees que tus necesidades emocionales son lo bastante valiosas como para hablar de ellas con otros?
- ¿Crees que la gente puede ser emocionalmente constante contigo?
- ¿Puedes ser emocionalmente constante con las personas importantes de tu vida?
- ¿Puedes confiar en que tus relaciones íntimas satisfarán tus necesidades (emocionales, mentales y físicas)?

Todas estas preguntas tienen su respuesta en la temprana historia de tu apego madre-hijo (anterior a los cinco años). Comprender tu visión global y personal de las relaciones es fundamental si vas a enmendar y cambiar tu legado emocional y tu estilo de apego. Recuerda que un apego seguro hace sentir al niño que su madre es consecuente y lo quiere. Un vínculo emocional estable, previsible y regular permite que el niño se desarrolle sin crisis emocionales significativas ni bloqueos en su potencial. El niño se siente querido al principio de su vida porque su madre hace que se sienta importante con su actitud coherente y apropiada. Sus actos (contacto visual, sosiego verbal, abrazos, escucha), repetidos a lo largo del tiempo, sientan unos cimientos emocionales sólidos en el niño, que le transmiten que es importante y valioso para el mundo. El vínculo emocional seguro genera y desarrolla en el niño el valor para convertirse en líder y asumir riesgos personales y profesionales, la capacidad para perseguir sus sueños, el deseo de convertirse en mentor y la confianza para cambiar el mundo. Nunca es demasiado tarde ni demasiado temprano para crear una base emocional segura y consistente. El pequeño sabe que su madre siempre actúa y habla por su bien y en su interés. Estos niños se convierten en adultos capaces de ser generosos y cariñosos y pueden mostrar preocupación por lo que los demás sienten y piensan.

Como resultado de este apego seguro, estos niños continúan creciendo hasta descollar, como individuos, en sus relaciones y en su profesión. Un apego emocional seguro permite que una hija cree vínculos con su grupo de edad, asuma riesgos sanos en la escuela, siga cursos exigentes, tenga citas, sea empática con los demás, confíe en sus amigos y tenga sentimientos de pertenencia con otras personas. Todos necesitamos desarrollar unas relaciones seguras y de confianza en nuestra vida adulta. El secreto del apego emocional es que todos compartimos las mismas necesidades humanas básicas, con independencia de cuál sea nuestra historia, nacionalidad, situación económica, raza y creencias espirituales. Las cinco necesidades básicas que has desarrollado partiendo de tu legado materno son: *confianza*, *sentido de pertenencia*, *interés/empatía*, *seguridad* y *amor*. Todas tus relaciones, independientemente de su naturaleza y función, están hechas de una combinación de estos cinco elementos. Todo lo que haces en la vida empieza en la relación contigo mismo y continúa con las diferentes relaciones con todas las personas, cosas y actividades que te rodean. El vínculo emocional seguro sienta una base de confianza que permite que una hija explore y experimente su mundo durante toda la vida.

Para los que no tuvieron una madre completa, nunca es demasiado tarde para crear y desarrollar una seguridad emocional y una confianza más fuertes y profundas. *Recuerda: en la vida todo gira alrededor de las relaciones.* Tu relación principal —el primer amor con tu madre— fue el inicio de tu legado emocional y relacional.

Más adelante hablaremos de cómo construir, ampliar y recrear el legado de la herencia materna, que está formada, en parte, por tu estilo de apego. Para ayudarte a calibrar lo seguro que fue tu estilo de apego madre-hijo, veamos cómo respondes a las siguientes preguntas sobre vuestra relación. Estas preguntas te darán una idea de lo mucho o lo poco que te apegas a las personas de tu alrededor de una forma segura y confiada. Utiliza una escala de apego del 0 % (ningún apego) al 100 % (absolutamente seguro).

- ¿Ofreces de forma constante apoyo/interés emocional a tus compañeros, en tu lugar de trabajo?
- ¿Crees que la mayoría de las personas confían en ti; están dispuestas a compartir contigo sus sentimientos, dificultades y éxitos?
- ¿Encuentras fuerza emocional en tus relaciones personales?
- ¿Te sentiste emocionalmente seguro con tu madre mientras crecías? ¿Por qué te sentiste así?
- ¿Formas apegos seguros en tu vida adulta, en todos los ámbitos?
- ¿Confías en el sexo opuesto?
- ¿Hasta qué punto la confianza es importante en tus relaciones?
- ¿Eres una persona digna de confianza?
- ¿Quién es la persona más importante de tu vida? ¿Esta persona conoce su valor/importancia para ti?

Es esencial que recuerdes que, incluso si la relación con tu madre fue dolorosa y estuvo llena de desilusiones, es posible conducir tu vida en una dirección positiva y solucionar estos problemas tempranos basados en tu legado materno. El sistema para crear un estilo de apego seguro se explica en la tercera parte del libro. En este momento, consideremos en qué sería diferente tu vida si te sintieras emocionalmente seguro y querido en tus relaciones.

2

Cómo puedes hacer que tu legado materno funcione

En tu vida adulta y en tus relaciones

Tenía unos veintiocho años cuando comprendí que mi madre nunca me escuchaba. Yo tengo la misma actitud de no escuchar a mis amigos o a mi novio. Ahora sé que mi madre nunca escuchaba a nadie de nuestra familia, verbal o emocionalmente. No le interesaba estar conectada emocionalmente con nosotros.

RACHEL, treinta y un años, soltera

Mi madre era el pegamento emocional que unía a nuestra familia. No había nada que no supiera, no le interesara o no sintiera. Mi madre lo sentía todo por la familia. Era nuestro modelo en cuestiones emocionales. Nos mantuvo unidos.

DUANE, cuarenta y nueve años, casado

Hasta ahora hemos hablado de que tu primer amor fue tu madre. Esa relación de amor empezó con tu vinculación y apego emocionales a ella en el útero. Esos primeros apegos, conexiones emocionales y sentimientos entre tú y tu madre fueron el principio de tu educación emocional. Has aprendido muchas cosas en la vida que van más allá de leer, escribir, saber matemáticas y razonar. Tu funcionamiento emocional es tu educación superior. Normalmente, el campo peor comprendido de tu formación oficial y de tu vida adulta es el componente emocional, que os involucra directamente a ti y a tu madre. Esta educación nunca acabó y aún sigues poniendo en práctica lo que aprendiste de tu madre sobre las relaciones, los sentimientos, la comunicación y la relación con los demás, por ejemplo. Tu plena comprensión del legado de la herencia materna es clave para tu futuro y para el rumbo que seguirá tu vida. Todos lo sabemos en un plano subconsciente, no expresado abiertamente. Son las cuestiones sin resolver, las que se encuentran bajo la superficie, las que hacen que este proceso sea difícil para todos nosotros. No hay nada en tu vida que, en la actualidad, no se vea tocado, influido y afectado por la influencia emocional de tu madre. A los que ponen en duda o discuten este punto, les planteo la siguiente cuestión: *dime cómo te sentiste en el funeral de tu madre. Si todavía vive, dime cómo te sentirías yendo al cementerio y viendo cómo bajan el féretro a su tumba.* Mujeres y hombres de todas las edades estimarán automáticamente las virtudes del legado materno después de haber visualizado o experimentado la muerte de su madre. La resistencia psicológica de una persona ante el concepto del legado materno puede resultar reveladora por sí misma. Puede ser la prueba emocional de su poder y naturaleza incomprendida. Los adultos tienden a resistirse sólo a las cosas que los asustan. Para muchos de nosotros, enfrentarnos al legado materno entra dentro de la categoría de lo sobrecogedor.

Las citas del principio de este capítulo muestran de nuevo el poder residual de la conexión madre-hijo. Es un vínculo eterno para mujeres y hombres. Mi experiencia profesional me ha demostrado repetidamente que el género no es el mejor indicador de la influencia de la madre, sino que lo que importa es el grado de percepción que cada persona tiene de esa relación. Los hombres y mujeres que comprenden el legado de su herencia materna son conscientes de las trampas comunes que caracterizan dicha relación. Son cuestiones que es preciso reconocer y, si es necesario, trabajar con ellas para eliminar los clásicos grilletes y cadenas que te impiden caminar. Cuanto mejor comprendas la relación con tu madre, más claramente la veas y más resuelto estés al respecto, más oportunidades tendrás de crear el tipo de vida que deseas. Comprender esta relación tan compleja te proporciona la libertad y las opciones necesarias para elegir cómo reaccionas en tu vida profesional, personal, amorosa, sexual y emocional (no hay límites en tu futuro).

Aplicación al momento actual: la influencia del legado materno

Los campos no explorados del legado materno son las únicas cuestiones que paralizarán tu vida. El techo de cristal, los bloqueos emocionales y los repetidos fracasos en tus relaciones tienen todos sus raíces en tu historia madre-hijo. Cuanto más desveles con el propósito de cambiar y crecer, más empezarán a desmoronarse y a desaparecer tus viejos impedimentos. Vale la pena examinar la conexión existente entre las siguientes conductas y estos aspectos, en apariencia no relacionados, de tu vida con el propósito de cambiar tu apego emocional y tu sistema de opiniones. No descartes la influencia actual que tiene una relación difícil madre-hijo que se produjo treinta años atrás o más.

- Reaccionas automáticamente con ira y rabia ante malentendidos sin importancia.
- Tienes estallidos incontrolables de ira en el trabajo y en casa con tus seres queridos. Asustas a los demás con tu cólera.

- Tienes sentimientos crónicos de fracaso, sea cual fuere el resultado.
- Batallas contra sentimientos de ansiedad/tienes un historial de ataques de pánico/temes no tener el control en cualquier circunstancia.
- Eres muy controlador de las personas, las situaciones, la pareja y el dinero.
- Tienes fobia al compromiso en las relaciones íntimas; no puedes salir con alguien después de un cierto periodo de tiempo (un modelo recurrente).
- Eres incapaz de confiar en la gente; la desconfianza y la paranoia son experiencias emocionales habituales para ti.
- Rompes tus relaciones íntimas repetidamente; eres incapaz de mantener una relación emocionalmente significativa de larga duración.
- Te peleas con tus hijos en relación con que te quieran/respeten, más allá de las típicas discusiones entre padres e hijos.
- Has abandonado emocional o físicamente a tus hijos, independientemente de si estás casado o no.
- Tienes problemas con la comida; obsesión por la imagen física.
- Eres incapaz de mantener una relación amorosa estable, sin dramatismo.
- Eres incapaz de comprometerte con una trayectoria laboral o dar los pasos necesarios para desarrollar tu potencial profesional.
- Tienes fuertes sentimientos personales de desdén (vergüenza) hacia ti mismo y te desagradan las circunstancias de tu vida; tienes sentimientos relacionados con la falta de valía.
- No tienes relaciones personales, profesionales, sociales y amorosas.
- Tu sexualidad es excesiva, pero evitas el contacto emocional en los encuentros personales.

¿Cuántas de estas actitudes te parecen ciertas en ti y en tus relaciones con tus amigos y con otras personas? Estas conductas adultas, opiniones personales y sentimientos respecto a tu vida, muy comunes, señalan con mucha fuerza que lo que dirige tu vida es el legado materno, no tú. Resulta esencial reconocer el valor que tiene comprender que gran parte de nuestra angustia de adultos se relaciona con nuestro legado y modelo de relación primordial.

Con independencia de tus circunstancias vitales, empezarás a ver que hay cambios positivos, legítimos y apropiados que puedes aplicar emocional, mental y psicológicamente para llevar tus relaciones al siguiente nivel. Tu vida es una amalgama de relaciones en casa, fuera de ella y en tu interior. Aunque los medios de comunicación, los programas de entrevistas, las escuelas y las instituciones culturales describen las interacciones madre-hijo, continúa siendo raro encontrar una valoración plena de esta dinámica. El legado materno no tiene nada que ver con culpar a la madre de tus actuales dificultades, sino todo lo contrario. Nuestro propósito aquí es comprender los problemas, identificarlos y considerar la posibilidad real de un cambio proactivo. Entonces verás el papel valiosísimo que el legado materno ha tenido o tiene en cuestiones personales y problemas relacionales que parecen no guardar ninguna relación entre sí. Una de nuestras metas es usar el legado materno como palanca para hacer que tu vida pasada supere tus puntos débiles y tus trampas particulares. Recuerda: nos pasamos la vida huyendo o evitando nuestros puntos débiles psicológicos y emocionales.

En los próximos cinco capítulos, vamos a hablar de los diversos estilos de crianza materna que todos experimentamos al crecer. Cada uno tiene virtudes y defectos que siguen influyendo en nosotros de adultos. Resulta crucial empezar a ver que hay numerosos hilos presentes en nuestras preocupaciones, luchas y virtudes cuyo origen se remonta hasta nuestra madre. Conectar emocional, mental y psicológicamente los sucesos de tu existencia actual con los temas recurrentes que han moldeado tu vida es el tema principal de este capítulo. Ya hemos examinado cómo tu apego emocional en los diferentes tipos de relación se debe mirar a la luz de tu legado materno. El objetivo principal es empezar a ver la conexión directa, causa y efecto, de muchos de tus bloqueos emocionales, tus opiniones negativas sobre ti mismo, tus éxitos y tus conflictos de relación desde el punto de vista de la influencia del legado materno. Muchos de tus problemas de relación, tus decepciones y tus problemas recurrentes encierran partes importantes de tu relación madre-hijo. Es algo que a un extraño que observe tu vida puede parecerle simple o evidente. La clave es que *tú* veas las conexiones, los hilos y los temas recurrentes que poseen un gran poder en este sentido.

Los cinco estilos de la crianza materna son: la madre perfeccionista, la madre imprevisible, la madre «yo primero», la madre mejor amiga y la madre completa. Cada uno tiene/tuvo una tremenda influencia al moldear tus patrones de relación, tu estilo de apego y tu funcionamiento emocional (es decir, la capacidad para tolerar y manejar la frustración y para experimentar alegría). Cada estilo tiene un aspecto particular o un efecto secundario negativo (excepto en la relación compasiva/de mentor) que es preciso comprender en el contexto de tu vida adulta actual. Explicamos este concepto con más detalle en el capítulo sobre el estilo materno completo.

El factor del dolor. ¿Cuánto más?

Vamos a analizar los cinco problemas emocionales y de relación más comunes a los que se enfrentan los adultos a diario. Puede parecer que esta lucha no guarda ninguna relación con el legado materno, pero, en realidad, sí la tiene, y muy estrecha. Tus conexiones emocionales, mentales, espirituales, conscientes e inconscientes con tu madre son muy profundas. Esta lucha suele manifestarse de diferentes formas: *conflictos de personalidad, ansiedad, envidia, ira, hostilidad, inmadurez emocional, vergüenza, culpa, depresión, soledad, problemas de intimidad, conductas adictivas, desórdenes de la alimentación, obsesión con la imagen física, fobia al compromiso, preocupación por la masculinidad/feminidad y persistentes dudas sobre uno mismo.* La manera más simple y práctica —no hay otro camino para llegar a la claridad y a la salud emocionales— de abordar estas difíciles cuestiones constituye el camino para llegar al cambio y a la determinación. Con independencia de que te sientas profundamente abrumado, presa del pánico, impotente y desesperado respecto a tus problemas personales, ninguno de ellos está fuera de tu alcance. Los fracasos del pasado tienen como propósito que aprendas lo que no funciona en tus relaciones. Utiliza lo que percibes como fracasos como punto de partida para tu transformación personal y emocional.

La lista anterior recoge una amplia serie de problemas importantes que quizá parezca, siendo realistas, que no están al alcance del cambio. Como psicólogo, en mi experiencia personal y profesional he visto repetidas veces que alrededor del 80 % de la solución a nuestros problemas con nuestras relaciones y en nuestro interior viene dado por el simple hecho de reconocer la existencia de esos problemas, mientras que el cambio proactivo real constituye el 20 % restante. Según suele decirse, un cambio repentino tarda quince años. La parte relacionada con el reconocimiento de nuestros problemas puede ser un proceso muy largo y doloroso, y puede que se necesiten muchos años y que entrañe importantes acontecimientos de esos que cambian la vida. Por desgracia, ese reconocimiento suele llegar por medio de un fuerte dolor emocional, como el de un divorcio, un aborto, la bancarrota económica, la muerte, la traición de un amigo, el arresto por un delito cometido, la pérdida de un miembro de la familia debido a una adicción, el rechazo familiar, batallas por la custodia de un hijo, etc. Las circunstancias y las personas involucradas en estos traumas son infinitas. *Sólo pensamos en el cambio cuando rebasamos nuestro umbral de sufrimiento.* Entonces, no hay otra alternativa que realizar los ajustes necesarios en relación con el legado materno. Nadie está libre del poder del dolor emocional como tremendo motivador para el cambio. Todos estamos programados psicológicamente para un cambio vital después de una experiencia dolorosa y aplastante. Es así como los humanos cambiamos. Todos tenemos un punto de ruptura mental, emocional y psicológico, que se convierte en una oportunidad para un cambio significativo. *El dolor emocional es uno de los motivadores más fuertes para el cambio personal.*

El dolor emocional derribará, siempre, todas las puertas de tu vida —te lo garantizo—, en particular las que preferirías mantener cerradas con cerrojo.[1] Tu dolor personal dejará al descubierto tus mecanismos de defensa y tus puntos débiles relacionales de una manera que exigirá tu atención inmediata. Es la resistencia emocional, debida a pasadas decepciones, lo que crea una conducta de evitación en estos momentos de cambio vital. Con el tiempo, la resistencia emocional, la negación y la evitación se convierten en el problema, ocultando así la raíz del auténtico conflicto. Estas actitudes defensivas son muy sofisticadas y pueden cortocircuitar cualquier posibilidad de cambio y satisfacción personal. Nuestro objetivo aquí es hacer que las creencias inconscientes que nos limitan y nos derrotan se vuelvan conscientes. Una vez las comprendamos, las dejemos al descubierto y las reconozcamos mejor, será fácil instaurar el cambio. La percepción lleva al cambio interior, personal y psicológico, y crea nuevas alternativas que antes no parecían posibles ni alcanzables. Es comprender y cambiar tu sistema interno de creencias lo que abre nuevas puertas en tu vida, unas puertas que conducen a posibilidades innovadoras y apasionantes. Si no consigues una nueva percepción de tu funcionamiento emocional en los ámbitos problemáticos de tu vida, tus impedimentos personales seguirán presentes y crearán futuros problemas. Con el tiempo, tu dolor emocional volverá como una riada y traerá consigo las mismas dificultades; será un día diferente, pero con los mismos problemas. Al final, habrá que enfrentarse a la metáfora de las puertas cerradas de tu vida —cuestiones sin resolver— para reducir tu sufrimiento emocional. La vida es muy hábil al señalar nuestros puntos débiles y, cuando los comprendamos, tendremos la responsabilidad de actuar según nuestra nueva percepción. Parte de ese 80 % de reconocimiento de los problemas es tu compromiso para dejar de crear tu propio dolor emocional y tus propias crisis personales. Cuando los adultos dejan de crear «dramas» relacionales, es posible solucionar de forma competente los problemas fundamentales.

Es posible que la idea de cambiar mediante la comprensión del legado de la herencia materna sea un concepto o una perspectiva nuevos. Estar abierto a cambiar nuestro legado emocional exige que seamos adaptables en nuestras relaciones, en las que es posible que el control esté en manos del legado materno. Es probable que el poder del legado materno se traduzca en tu estilo de apego, tu patrón relacional y tu inteligencia emocional, unos elementos clave que quizá necesites rediseñar a fin de conseguir el éxito personal en el futuro.

Para ser más competente en las cuestiones emocionales y comprender mejor las relaciones, será necesario que empieces a ver por debajo de la superficie de un problema en particular. Culpar a tu pareja o a los demás, acusar a todos los hombres de ser insensibles o a todas las mujeres de ser caprichosas no son excusas aceptables para justificar tus problemas de relación. Muchas veces, tu actitud crítica, tus juicios escépticos o tus constantes quejas se encuentran profundamente arraigados en tu pasado. Estos sentimientos no han sido identificados ni reconocidos nunca claramente como algo que limita tu vida. Entender mejor estas viejas opiniones, estos modelos de relación frustrantes y esta rabia —sin culpar a tu madre ni condenar la historia familiar— te llevará a un nuevo nivel de entendimiento, funcionamiento emocional y libertad personal. Estos cambios te proporcionarán las herramientas necesarias para transformar tus relaciones actuales y conducir tu futuro en la dirección que desees. También reducirán tu necesidad de crear situaciones, relaciones y argumentos en los que el dolor emocional será la principal fuente de motivación para el cambio.

El dolor emocional de Stacy y Mark. ¡Fin!

Una de las amigas de infancia de Stacy le recomendó que viniera a verme por sus «problemas de control» con los hombres. Stacy, de treinta y un años y prometida, creció en una relación madre-hija muy imprevisible y llena de cambios de humor. Sólo tenía cinco años cuando murió su padre, y recuerda esa muerte como si hubiera sucedido ayer. Después de aquel día, Stacy y su madre, Linda, nunca volvieron a hablar de la muerte del padre. Stacy me contó la siguiente historia:

Mi madre ha estado deprimida desde el día en que murió mi padre. Hasta hoy, nunca había hablado de la muerte de mi padre con nadie. Sólo he seguido adelante, sin prestar mucha atención a mis sentimientos. El problema es que ahora he empezado a sentir ataques graves de pánico. Me despierto angustiada y me voy a la cama angustiada. Mi prometido es tan pasivo que me frena, pero ya no puede aguantar mi estrés. Realmente, es como si mi madre fuera mi hija. La madre soy yo y lo he sido desde hace años. Mi madre no puede funcionar sin llamarme diez veces al día; es muy pesado. Sin embargo, las dos lo hacemos; estamos tan conectadas que, realmente, está mal. Me parece que llevo a mi madre en el bolsillo y que no puedo dejarla. Me siento horriblemente culpable porque voy a casarme, porque mi madre nunca se ha vuelto a casar. Sé que no es culpa mía, pero me siento responsable de todo lo que tiene que ver con ella.

Stacy reconocía que su ansiedad tiene que ver con su miedo al abandono y su sentimiento de culpa. Por vez primera, hablaba de la muerte de su padre, pero la cuestión subyacente era el miedo a perder a su madre. Stacy empezó a ver que su sentimiento de culpa —el sentirse deficiente— y su ansiedad eran una parte activa de su relación madre-hija. En los doce meses siguientes, empezó a cambiar su apego emocional hacia su madre y su prometido. Trabajó para comprender y solucionar sus sentimientos de abandono y su profunda y paralizadora vergüenza. Cambió activamente su relación emocional con su círculo íntimo de amigos. Una de sus nuevas actitudes era no tener que ser el «centro» del universo para su madre y su novio. Empezó a dejar que los planes, los detalles y las conversaciones se desarrollaran de forma natural, sin responsabilizarse siempre del resultado. Asimismo, averiguó que sus sentimientos de deficiencia no tenían nada que ver con ella, sino que eran el efecto residual de las crisis de su infancia. Stacy sentía que, de alguna manera, era responsable del bienestar de su madre y que no había podido solucionar nunca su pesar. El efecto a largo plazo fue que siempre sentía la necesidad de ser perfecta para que su madre «mejorara» y no estuviera tan triste. Se sentía deficiente porque su madre nunca funcionaba con todo su potencial. Una vez que consiguió comprender su papel y cambió su manera de actuar, desaparecieron sus ataques de pánico y su ansiedad disminuyó de forma espectacular.

Al despertar, una mañana de Halloween, Mark, de cincuenta y dos años, vio un sobre blanco encima de la almohada. Lo abrió y se encontró con una demanda de divorcio presentada por la mujer con la que llevaba veinticuatro años casado. Mark sabía que, en ocasiones, Brenda no era feliz, pero no tenía ni idea de que pensara en el divorcio. En tres ocasiones anteriores, su mujer le había dicho que se marchara de casa, porque era inaccesible «emocionalmente». Mark siempre sentía que no importaba lo que hiciera por su esposa, nada era lo bastante bueno, todo resultaba insuficiente o estaba mal. Cada vez recibía más gritos e insultos porque su esposa quería que tuviera ahorrados varios millones de dólares para la jubilación. Brenda siempre había tenido mucho miedo de morir sin un penique y acabar siendo una «vagabunda». Mark ha dedicado años a levantar una empresa de artes gráficas en Los Ángeles. Recientemente, su compañía ha triplicado sus beneficios mensuales. El mejor mes de la historia de la empresa acabó con la citación de divorcio de Brenda.

Mark vino a mi consulta y me contó la siguiente historia:

He intentado complacer a mi esposa desde que nos conocimos. La quiero y no quiero divorciarme de ella. Brenda cree que, haga lo que haga, no es suficiente ni lo bastante bueno para ella. Está convencida de que soy la causa de todos sus problemas y temores. Me he pasado más de veinte años tratando de complacer a esta mujer. He probado con todo lo que sé para calmar su miedo a acabar en la pobreza. Vivimos en una casa de 460 m^2 y no tenemos preocupaciones de dinero; ninguna. No hay nada que yo no hiciera por ella. Me siento como un absoluto perdedor. Comprendo muy bien lo que dicen esas canciones de amor; estoy hecho polvo. Le he entregado mi alma a Brenda todos los días de nuestro matrimonio. Le he sido fiel, nunca la he engañado ni he deseado hacerlo. No hay nada que yo pueda hacer para complacerla. Su rabia contra mí me confunde. Tengo ganas de volver a meterme en la cama; a lo mejor así esta pesadilla se acaba y se trata realmente de un mal sueño.

Mark continuó hablando conmigo varios meses y empezó a comprender que su relación matrimonial se basaba en su codependencia con respecto a su madre. Ésta, Mary Anne, era muy crítica con Mark y con el padre de éste. Mark recuerda que creció pensando que el trabajo artístico no era lo que su madre quería que hiciera. Se dio cuenta de que su necesidad de amor se basaba en su capacidad para ser el esposo, el padre y el hombre de negocios perfecto para Brenda. Nunca había fijado límites emocionales con Brenda en relación con el dinero, sus insultos o sus constantes quejas. Se dio cuenta de que había establecido su matrimonio basándose en su codependencia y su apego emocional deprimido en relación con las mujeres. Empezó a comprender conscientemente que muchos de sus problemas matrimoniales eran realmente los que había tenido con su madre, revividos en la actualidad. De niño, nunca se sintió querido ni cuidado por ella, a menos que hiciera exactamente lo que su madre quería y exigía.

Mark empezó a cambiar su estilo relacional y a fijar límites emocionales con su ex mujer respecto al dinero, a la manutención de los hijos y a sus quejas crónicas. Nunca antes le había dicho «no» a su madre ni a su esposa. Ya no sentía ningún tipo de pánico ni ansiedad cuando Brenda se ponía furiosa con él. Empezó a verse como una persona valiosa, sin necesidad de agradar o cuidar al otro. Dejó de preocuparse de lo que los demás pensarían si tomaba sus propias decisiones. Resultó ser un convencimiento y un acto muy liberadores para Mark.

Tanto Stacy como Mark efectuaron cambios significativos en sus relaciones al enfrentarse directamente con el legado materno. Stacy dejó de responsabilizarse de su madre y de su nuevo esposo. Mark empezó a darse cuenta de que sus sentimientos hacia sí mismo se basaban en la aprobación de su esposa. Estas historias tienen mucha fuerza porque señalan las conexiones infinitas que todos tenemos con nuestro primer amor: nuestra madre. Este vínculo moldea los sentimientos y emociones de nuestra actual vida adulta. Tanto Stacy como Mark son unos adultos muy perceptivos y psicológicamente complejos que estaban totalmente a oscuras en cuanto al hecho de que los problemas que experimentaban en sus relaciones íntimas y en su funcionamiento emocional tenían su origen en la dinámica madre-hijo.

Cinco impedimentos emocionales provocados por el legado materno

Una de las quejas más habituales sobre las relaciones, tanto por parte de hombres como de mujeres, madres y padres, hermanos, matrimonios, familias mixtas y personas solteras que salen con alguien, es que el problema es algo ajeno a ellos: «¡Yo no soy el problema; el problema es él/ella!». La idea de que «el problema es algo ajeno a mí, no es culpa mía, ellos la fastidiaron» es uno de los máximos disuasores del cambio. A todos nos resulta difícil vernos como parte del problema o conflicto. Muchas veces, somos quienes más contribuimos a él, aunque raramente vemos nuestro papel en ello. Reconocer ese papel y esa responsabilidad elimina o empieza a eliminar, inmediatamente, de nuestra vida los impedimentos emocionales surgidos del legado materno.

Se puede encontrar el origen de la mayoría de nuestros conflictos psicológicos en estas cinco cuestiones fundamentales: la *vergüenza*, la *privación emocional*, la *codependencia*, el *miedo al abandono y a la intimidad* y la *ira*. Estos sentimientos, emociones y actitudes, muy comunes, se encuentran en todos los ámbitos de la vida de una persona. Nadie es inmune a tener que librar, de vez en cuando, estas batallas en sus relaciones. El problema surge cuando no somos conscientes personalmente de cómo estos impedimentos actúan de forma continua en nuestra vida. Es la naturaleza repetitiva de estos asuntos pendientes lo que causa, a hombres y mujeres, una cantidad increíble de dolor y sufrimiento. Estas cinco actitudes adultas, muy extendidas, pueden crear unos problemas de relación devastadores (íntimos, profesionales y sociales) en la vida de una persona. De nuevo, la pregunta clave es: ¿puedes empezar a comprender y a reconocer tus propios impedimentos en el mundo de las relaciones?

Otro aspecto es no sólo el número de veces que experimentas estos sentimientos, sino lo graves que puedan llegar a ser. ¿Alguna de las anteriores emociones te hace sentir como si fueras un niño de cuatro años, dentro de un cuerpo de adulto? Si respondes que sí, entonces ya sabes lo problemáticos que pueden ser estos sentimientos en tus relaciones. Por ejemplo, las personas que luchan contra problemas de codependencia graves en sus relaciones saben que son la principal fuerza que les impulsa a conectar emocionalmente de la manera en que lo hacen, la forma en que establecen vínculos en sus relaciones. Otro ejemplo es que cuando tu socio comercial no te llama; supones inmediatamente que hay un problema grave y te sientes abrumado por un sentimiento de vergüenza. Este tipo de respuesta emocional automática extrema indica que los aspectos fundamentales del legado materno se han activado. ¿Cuál es el desencadenante, la actitud o la preocupación emocional que te causa un dolor, una ansiedad o un pánico tan tremendos?

La *vergüenza* es la emoción humana paralizante más poderosa. Con frecuencia, se trata de una reacción anormal ante un acontecimiento, situación o acción. Es importante recordar que la vergüenza no es igual a la culpa.[2] Es preciso no confundir las dos emociones. La culpa es una respuesta directa a un acto o conducta. Se puede usar como brújula moral para corregir o enmendar tu comportamiento. Un sentimiento de culpa puede proporcionarnos una valiosa información y percepción ética. La vergüenza no tiene valor ni propósito éticos. No la activa ningún acto; la puede provocar un pensamiento, un recuerdo doloroso de la infancia, un pensamiento sexual sobre un amigo, un violento intercambio verbal o una mirada a una mujer atractiva. La vergüenza no tiene utilidad moral ni beneficios psicológicos para sus víctimas. Por desgracia, es una experiencia diaria común a millones de personas: esposas, maridos, personas solteras, adultos con cualquier tipo de relación. Es el impedimento psicológico más mal entendido de los cinco y resulta extremadamente conflictivo. Se experimenta con un grado de gravedad que puede ser ligero, moderado, alto o extremo. ¿Qué grado de vergüenza has experimentado en los últimos seis meses? ¿Qué situación la provocó?

La vergüenza es el resultado de aunar sentimientos distorsionados, pensamientos irracionales y opiniones críticas fundamentales sobre ti mismo. Estos sentimientos se basan en tus propias opiniones fragmentadas de ti mismo, que hacen que te sientas constantemente deficiente. Puede que creas que eres un impostor, que no eres lo bastante bueno, o un fracaso, un ser estúpido, un adulto incompetente, un mal amante, un mal padre o una mala madre, un empleado inútil, un supervisor desastroso, una persona incapaz y un ser humano horrible. Ninguno de estos sentimientos tiene una base real. Todos son una distorsión de tu auténtico yo. Luchas contra sentimientos de falta de valía, te sientes como si fueras un fraude en tus relaciones, como si fueras una mercancía defectuosa, y piensas que nadie te querría si te conocieran de verdad. Temes que si tu pareja, tu cónyuge, tu empleador o un amigo íntimo te conocieran realmente, tu auténtico y horrible yo quedaría al descubierto. Las personas sumidas en la vergüenza viven todos los días pensando que son impostoras para todos los que aman en el mundo. La vergüenza hace que sus víctimas experimenten un miedo abrumador en todo lo que hacen, porque nunca es lo bastante bueno, sin importar que tenga resultados positivos.

Por mucho dinero que ganes, por muchas personas a las que sirvas, quieras, cures o salves, estos sentimientos emocionalmente debilitadores dejan a la víctima (tú) convertida en un caparazón vacío. Si se dan las circunstancias adecuadas, estos sentimientos de vergüenza te inundarán la mente y el corazón sin avisar. La cara se te pone roja, el estómago se te encoge y tu ritmo cardiaco aumenta. Pase lo que pase, reaccionas físicamente a estos sentimientos de vergüenza. Una de las claves para curar esos sentimientos es reconocer las circunstancias que los hacen surgir en tu interior. Son el resultado directo de tu relación madre-hijo. A todos nos resulta difícil aceptar que no son sentimientos naturales ni remotamente exactos respecto a nosotros mismos. Ninguna cantidad de elogios o logros personales puede compensar los sentimientos y pensamientos basados en la vergüenza. La vergüenza tiene que curarse de dentro hacia afuera. *La vergüenza es un «trabajo interno»; no está fuera de ti.*

Es fundamental recordar que la vergüenza no tiene ningún objeto ni utilidad en una relación. Experimentar vergüenza es como verter ácido en un rosal y luego preguntarse por qué se muere al momento. La vergüenza puede tener y tendrá el mismo efecto en cualquier tipo de relación y vínculo emocional; es decir, si no se hace nada por controlarla. Desde cualquier punto de vista del ámbito de la salud mental, las investigaciones psicológicas o la teoría familiar, la vergüenza destruye las relaciones y a todas las personas involucradas.[3]

En la sección dedicada a los estilos de la crianza materna hablaremos de cómo creamos, aprendemos y llevamos la vergüenza a la edad adulta y a todas las relaciones. Se puede entender como un «cáncer emocional». Si no se comprenden y solucionan las raíces de la vergüenza en la relación madre-hijo, su poder y toxicidad continuarán aumentando en la vida de una persona, hasta el punto de que llegarán a controlarla por completo. Señala con una cruz las siguientes preguntas si se pueden aplicar a tu vida, a tus relaciones o a lo que sientes sobre ti mismo.

Lista de control de la vergüenza

— ¿A veces te sientes inferior a tu pareja, a tus amigos y compañeros, sin ninguna razón aparente o causa externa?

— ¿Te sientes mucho menos competente y capaz de lo que le pareces al mundo exterior?

— ¿Te sientes como una «mercancía defectuosa» e indigno de una gran relación?

— ¿Te parece que eres un farsante, que falseas y ocultas tu verdadero ser a tus relaciones?

— ¿Le has hablado, revelado o contado a alguien tus sentimientos de deficiencia?

— ¿Crees que tu trabajo sería diferente si solucionaras tus opiniones, heridas y sentimientos más vergonzosos?

— ¿Cómo de importante es el papel que desempeña la vergüenza en tus relaciones personales?

— ¿Cómo sería tu vida si no te vieras frenado constantemente por tus sentimientos de vergüenza e impotencia?

— ¿Qué emoción desencadena en ti un ataque de vergüenza y temor?

— ¿Te llamas «perdedor» regularmente?

— ¿Quién te hacía sentir vergüenza cuando crecías?

— ¿Quién y qué te avergüenza hoy?

— ¿Crees que avergonzarás a alguien cuando te sientes vulnerable y asustado?

— ¿De qué cosa te sientes más avergonzado? (Puede ser algo que nunca le hayas revelado a nadie, ni siquiera a ti mismo.)

— ¿Tu relación madre-hijo contiene vergüenza emocional?

Considera seriamente la lista de control y la pertinencia de estas preguntas y respuestas para analizar tus relaciones actuales y tus sentimientos hacia tu madre. Si has contestado afirmativamente a las preguntas, considera la posibilidad de que parte de tus frustraciones relacionales, tu pobre autoestima y tu frustración crónica en relación con las personas con quienes mantienes una relación más estrecha incluya un factor de vergüenza no tratado.

La *privación emocional* es un primo hermano dentro de la familia de la vergüenza. Es el resultado directo de la relación madre-hijo. Es la experiencia vital repetida de no ver tus necesidades primarias, emocionales, físicas y mentales satisfechas, comprendidas y valoradas. Este tipo de carencia es el resultado de un proceso de apego interrumpido e inconstante entre la madre y el hijo y del estilo de crianza materna emocionalmente ausente. Estas tempranas decepciones te enseñan que tus necesidades y deseos no serán satisfechos ni encarados. La privación emocional es el resultado de muchos desencuentros emocionales entre la madre y el hijo que crece. Es el subproducto del estilo de educación materna y del estilo de apego. Estos fallos crónicos generan en el niño el convencimiento, basado en su experiencia vital, de que sus necesidades fundamentales no son importantes para el mundo ni sus habitantes. La privación emocional es el daño colateral de un repetido patrón psicológico de negligencia entre una madre y su hijo.

Para el niño, la relación con la madre se convierte en un lugar en el que sus sentimientos, necesidades y desarrollo emocional no encuentran satisfacción, ni comprensión ni estímulo. Muchas veces, los niños que sufren abandono emocional parecen y actúan como si fueran huérfanos, aunque tienen un hogar y una familia, al parecer afectuosa. Estos niños crecen sintiéndose muy solos e incapaces de conectar emocionalmente con sus seres queridos. Es una experiencia de profundo abandono demasiado corriente, que crea privación y soledad, y no se limita a una única cultura, comunidad ni grupo económico. Se encuentra tan extendida como los resfriados en invierno. Es un error total creer que estas situaciones guardan relación con la riqueza o la pobreza. La privación emocional no tiene límites y es una fuerza poderosa en muchas relaciones adultas.

El persistente sentimiento de abandono en las relaciones íntimas es uno de los secretos mejor guardados en la vida de una persona. Nadie quiere sentirse necesitado ni inseguro, sea en una relación o en su lugar en el mundo. La privación emocional tiene que sanarse y solucionarse de dentro hacia afuera. No hay suficientes halagos, abrazos ni amigos para eliminar el profundo sentimiento de que carecemos de importancia y de que nos han abandonado emocionalmente. Cuando estos sentimientos convergen, la víctima puede caer en hábitos adictivos para adormecer el dolor. Uno de los componentes psicológicos de las adicciones es el profundo sentimiento de privación emocional. Es muy difícil que un adulto con carencias afectivas sea paciente o conserve la calma cuando se siente abandonado o carente de importancia. Todas las conductas adictivas (al sexo, al juego, a la bebida, al consumo de drogas, al ejercicio excesivo, a comer en exceso) tienen su raíz en unos sentimientos de privación y abandono. Es un ciclo emocional muy potente que cuesta mucho romper. Esta herida empezó a abrirse contigo y con tu madre. Se trata de una dinámica muy poderosa porque, si tu madre no valoraba tu vida emocional, ¿quién lo hará?

En una relación adulta, la privación emocional adopta, con frecuencia, la forma del hombre o la mujer «necesitados», «aferrados», «hambrientos de atención», «solitarios», «desesperados por encontrar pareja» y «demasiado apegados». Todas estas conductas tienen su génesis en la privación emocional. Crees que lo que realmente deseas en la vida, en una relación, en tu trabajo y para ti mismo no lo conseguirás. Hay un vacío emocional constante en tu vida y no parece que nada pueda llenarlo o eliminarlo: es la privación emocional en acción. La privación es el resultado de una larga negligencia, desatención y descuido por parte de la madre. A veces, resulta difícil no culpar a nuestras madres de nuestro dolor y nuestra lucha emocionales. Es muy importante no seguir el camino de la ira y la culpa. Se trata de un callejón sin salida, que sólo frenará tu crecimiento y progreso emocionales.

Lista de control de la privación emocional

— En tus relaciones hay un aspecto recurrente de insatisfacción de tus necesidades.

— Estás convencido de que todas las cosas que deseas no sucederán nunca.

— Tienes problemas con el control de tus impulsos.

— ¿Te sientes inseguro con tus amistades?

— ¿Te sientes solo o aislado?

— Detestas estar solo o no tener planes para las noches del viernes y el sábado.

— Te sientes como si hubiera un vacío enorme en tu vida emocional, que nunca desaparece ni se llena.

— Cuando sientes privación, tiendes a abusar del alcohol, de las drogas, de la comida o a comprar compulsivamente para aliviar el dolor.

— El concepto de «gratificación pospuesta» no es una de tus virtudes.

— Tienes hábitos adictivos cuando sientes ansiedad o preocupación. Consideras que esos hábitos son una diversión adulta, aunque influyen negativamente en tu vida.

— Con frecuencia sufres oleadas emocionales de inseguridad y vacío.

— Te cuesta expresar tus necesidades emocionales en tus relaciones.

— No valoras tus necesidades y las descartas como innecesarias.

— Raramente te sientes querido, cuidado o comprendido en tus relaciones adultas.

— No expresas tus verdaderos sentimientos o necesidades en tus relaciones íntimas.

— Tiendes a obsesionarte con la limpieza y las tareas de la casa.

— Los demás te describirían como obsesivo en tus relaciones íntimas.

Una vez más, considera estas cuestiones como algo para reflexionar y analizar; deberían ofrecerte una nueva perspectiva sobre la raíz de tu ansiedad, tu conducta obsesiva y tus sentimientos de abandono y soledad. Puede parecer exagerado relacionar tus sentimientos de «no tener nunca bastante», soledad, abandono y falta de amor con la privación afectiva en la infancia, pero hay un vínculo. Procura confiar en este proceso, porque tu legado emocional de abandono se puede cambiar por un legado de realización, satisfacción emocional y confianza en ti mismo. Es importante comprender la extensión, la profundidad y la amplitud de tus propios impedimentos emocionales. Por muy abrumado que te sientas, crear una nueva oportunidad para cambiar el rumbo de tu vida no es algo que se encuentre fuera de tu alcance.

La *codependencia* es, hasta cierto punto, un vínculo natural entre madre e hijo. Si los otros dos impedimentos mencionados constituyen un veneno, entonces éste es el «asesino silencioso» de las relaciones adultas. La codependencia es uno de los aspectos más subestimados en todo tipo de relaciones y crea unos problemas enormes para todas las partes involucradas. De niño aprendiste que la única manera de que satisficieran tus necesidades emocionales era dar todo lo que tenías a la otra persona. La relación madre-hijo se convirtió en una situación en la que aprendiste a ocuparte de las necesidades emocionales de tu madre a una edad muy temprana. Esta función nutricia pasó de ella a ti antes de que supieras leer. Te convertiste psicológicamente en el adulto; tu madre te necesitaba; necesitaba tu ayuda psicológica en su vida. Ocuparte emocionalmente de tu madre fue una experiencia que te cambió la vida. Hoy, el modelo de tus relaciones adultas refleja claramente tu temprana desesperanza al ser el cuidador, el «progenitor», en lugar del hijo. Sería interesante saber cuántos niños de cinco años se dieron cuenta en su día de que eran los principales cuidadores afectivos de su familia. Que un niño tenga que desempeñar este poderoso papel familiar es muy perjudicial para su desarrollo emocional y psicológico naturales. Cuando existe una relación codependiente madre-hijo, se malogran las etapas naturales de la infancia. La hija no tiene ninguna posibilidad de ser «una niña». Por el contrario, crece preocupándose de su familia y de su madre. Es muy difícil ser niño cuando te sientes siempre responsable de todos y de todo en la familia, en especial en lo que concierne a tu madre. Se dice que estos niños asumen el papel de padres de familia. Se convierten en padres de los padres y en sus cuidadores afectivos. Es algo muy corriente en los divorcios, cuando el padre/la madre usa al niño como apoyo afectivo y lo convierte en su amigo íntimo. Este niño, con independencia de la edad que tenga, soporta la carga de ser el hijo y el padre o la madre. Si esto te suena familiar, es que actuabas como un adulto a una edad muy temprana, cuidando del bienestar afectivo de tu madre y de su salud mental. Fueron esas primeras lecciones que aprendiste al ocuparte de tu madre las que te prepararon para hacer automáticamente lo mismo en todas tus relaciones adultas. Esto se convierte en una conducta autodestructiva y conduce a un adulto codependiente a tomar malas decisiones para salvar una relación que no funciona. El problema empieza cuando te parece que la única manera de que puedas funcionar emocional y mentalmente es contar con el permiso del otro. Sentirte querido, aceptado, pertenecer y unirte a la vida de otra persona se convierte en un problema de codependencia cuando tú realizas, automáticamente, todo el esfuerzo nutricio y afectivo. Inconscientemente, estableces tus relaciones con otras personas para ocuparte totalmente de cuidarlas, nutrirlas y amarlas. Es este planteamiento desequilibrado lo que crea unas relaciones codependientes. Los mayores problemas de un estilo codependiente de enfrentarte al mundo es la falta de estabilidad y de equilibrio emocionales y la inexistencia de un yo valioso.

A los adultos que tienen problemas de codependencia les resultará muy difícil fijar límites emocionales con los demás. Si éste es tu caso, hablarás y pensarás por tu pareja; te preocuparás por los problemas de los demás; te responsabilizarás de cosas que no te incumben y siempre estarás preocupado por el bienestar del otro. No te conoces fuera del contexto de ser el «rescatador», «sanador» y cuidador de otros. Tanto hombres como mujeres se involucrarán profesional, social y amorosamente en relaciones que se basan en que sean ellos quienes ayuden y cuiden de los demás.

La codependencia es como llevar una bola de acero de cincuenta kilos sujeta al tobillo con una cadena y preguntarte por qué tienes problemas para caminar. Esa codependencia no permite el fluir natural de dar y recibir en una relación que funciona perfectamente. Uno de los dos tiene que ser el dador y el otro el receptor. No cabe la posibilidad de que uno satisfaga las necesidades del otro y viceversa. La relación se basa en que tú te cuides de todo, te preocupes de todo y lo soluciones todo. Cuando los adultos se vuelven codependientes en sus relaciones íntimas, esas relaciones muestran una profunda carencia de equidad y equilibrio; en ellas no se comparte nada. Se considera que uno de los dos es más importante que el otro. El adulto codependiente no considera, ni siquiera piensa, en sus propias necesidades o emociones y no puede tomar decisiones que le fortalecerían. Si éste es tu caso, tu vida se basa en la felicidad del otro y en que te acepte.

Lista de control de la codependencia

— Te preocupas en exceso por los problemas, dificultades y relaciones de los demás.
— Tiendes a involucrarte en los asuntos de los demás, incluso cuando no te atañen.
— Cuando tu pareja está disgustada, tienes que encontrar la solución para él o ella.
— No confías en que tus amigos más íntimos comprendan o se ocupen emocionalmente de tus necesidades personales.
— Fuiste el cuidador afectivo de tu madre, mientras crecías.
— Tu principal modelo de relación es encontrar amigos, parejas y compañeros a quienes puedas «componer».
— Tus relaciones, tus amigos, tu vida social y tu trabajo consisten en personas que dependen de ti para componer o solucionar sus problemas personales.
— Nunca pones en duda la utilidad de tu papel de «cuidador» en las relaciones.
— Tu vida familiar se centra en que seas la principal persona afectiva y solucionadora de problemas.
— No dices o no puedes decir que «no» a nadie.
— Tus dificultades personales tienen que ver con la enorme carga que llevas por otros.

— Te sientes cómodo al máximo en una relación si eres el cuidador o el «salvador».

— En tu relación íntima, siempre asumes la plena responsabilidad
por cualquier cuestión, problema o preocupación.

— Nunca has considerado la posibilidad de no ser el principal cuidador en tu mundo personal, profesional y privado.

Hemos realizado un examen muy exhaustivo de la profunda atrac-
ción que tiene una relación emocional codependiente en adultos inteligentes y afectuosos. Resulta difícil darse cuenta de que, quizá, tu
manera de relacionarte con los demás sea la razón y el origen de tu profunda frustración, tu insatisfacción con tus relaciones y tu dolor. Es
difícil percibir que quizá seas tú, no las personas con las que sales o
tus amigos, quien más contribuye a tu dolor emocional. Hay muchas
otras maneras de relacionarte con personas que te brindarán el amor,
el sentido de pertenencia y el apoyo que deseas.

El *miedo al abandono y* el *miedo a la intimidad* están entre los
sentimientos más mal entendidos por los adultos de todas las edades.
En una relación, la sensación de que te han abandonado es el resultado directo del temprano vínculo de apego madre-hijo y del estilo de la
crianza materna. Quizá vivieras con tu madre y la vieras todos los
días, pero algo no iba bien. Ahora te encuentras con esos insistentes
temores respecto a las relaciones. ¿Dónde se originaron? Los dos sentimientos —miedo al abandono y miedo a la intimidad— constituyen
las dos caras de una misma moneda. Si eres reacio a involucrarte
amorosa, social o profesionalmente, esto tiene que ver con tu terror
emocional. Ese terror, profundamente arraigado, es la respuesta emocional, mental y física que te permite mantenerte distante de la gente
y de su contacto afectivo. Es una respuesta automática, resultado de
un temprano trauma infantil entre tu madre y tú. Experimentaste una
pérdida afectiva que tuvo un fuerte impacto en tu joven mente y que
impide que te sientas reconfortado psicológicamente al estar unido a
alguien. Evitas, a toda costa, ser vulnerable emocionalmente y abrirte
a los demás. No es algo natural en ti. Tu terror no solucionado ni analizado, un pavor enterrado, genera relaciones que te dejarán en paz y

a salvo del peligro. Sientes que el aislamiento, la distancia emocional y el retraimiento son las únicas opciones que existen para tus relaciones adultas.

Los traumas de la infancia cuyo resultado es este problema varían de persona a persona. Pero emergen algunos patrones típicos, como mostrarse distante emocionalmente, salir con personas casadas o inasequibles afectivamente, no tener nunca una relación íntima, no tener amigos íntimos, vivir aislado y ser incapaz de comprometerse en una relación personal íntima. En muchas ocasiones, hubo una muerte en la familia, que rompió el vínculo madre-hijo, o se produjo un suceso significativo, lo que se sumó a un estilo de crianza materna distante, inestable o imprevisible. Muchos hombres tienen dificultades para comprometerse en el matrimonio o en una relación exclusiva. Esa dificultad no se debe a que no quieran a su pareja, sino a que sienten terror a volver a vivir el horror de su infancia. Hombres y mujeres por igual harán lo que sea para evitar la posibilidad de sumergirse, de nuevo, en su imprevisible niñez. Muchos de estos adultos tuvieron una madre asfixiante, maltratadora, alcohólica, psicológicamente inestable o irresponsable con las emociones de su hijo.

Por ejemplo, una madre irresponsable es incapaz de comprender que sus actos y decisiones no benefician a su hijo o hija, sino a ella misma. Estos niños crecen sin sentir nunca seguridad ni tener la sensación de que su madre los quiere y los cuida. En su experiencia, el mundo es un lugar duro y frío, sin amor. Estos adultos sobreviven a su infancia, pero con frecuencia siguen estando muy asustados y no están dispuestos a abrir su corazón y sus emociones, de nuevo, a ese dolor y a ese maltrato. La cuestión fundamental en la que se sustentan estos bloqueos clásicos en una relación es el miedo a volver a experimentar aquel temprano terror de la infancia. Se trata de miedos profundamente arraigados en el caos aterrador que definió su relación madre-hijo. Son innumerables las historias de terror a las que los niños consiguieron sobrevivir y superar.

De adultos, descubrirán nuevos medios para desarrollar apegos emocionales distantes, mientras mantienen su seguridad a salvo. La necesidad de protegerse emocionalmente es la principal meta que hay que alcanzar para no volver a sentirse aterrorizados nunca más. Es este intenso deseo de no volver a sentir, de nuevo, el terror de la pérdida, el maltrato y la impotencia lo que impide que los adultos lleguen a tener relaciones afectuosas. Estos asuntos pendientes generan en el niño la necesidad de sobrevivir y la decisión de no colocarse nunca en situación de sentir dolor emocional. De adultos, diseñan sus relaciones en todos los planos —social, profesional y personal— para no ser vulnerables ante nadie, nunca más. Su intenso miedo a las relaciones ha ayudado a generar en el niño/adulto la motivación consciente e inconsciente necesaria para no volver a sentir nunca el terror de su infancia.

El problema de estos mecanismos de defensa contra la intimidad y el abandono es que la vida no siempre coopera cuando se producen estos bloqueos. De hecho, tiene la costumbre de obligarnos a hacer frente a estos miedos persistentes y puede contribuir a que liberemos nuestras emociones de un legado traumático. Los adultos de todas las clases sociales se enfrentan continuamente a estos conflictos hasta que los resuelven; de lo contrario, seguirán emocionalmente paralizados en su dinámica madre-infancia. Para alguien que no vivió una niñez traumática, resulta imposible comprender estos problemas ni la razón que se esconde tras estas conductas de evitación. Con frecuencia, hay personas que se casan o tienen una relación íntima con alguien cuyo legado materno fue totalmente diferente. Consciente o inconscientemente, eligen a esta pareja bien equilibrada con el propósito de estar seguros y a salvo con el ser querido. Este tipo de matrimonio o relación es una ocasión excelente para resolver el trauma y el terror infantil en un ambiente de cariño.

Con independencia de tus traumas pasados, es posible efectuar cambios importantes en tus relaciones y acercarte a los demás sin pánico ni terror. Todos ansiamos el amor y la atención que se derivan de abrirnos y de ser nuestro auténtico yo en una relación. Es la búsqueda perpetua de todas las épocas y continúa siendo la máxima prioridad en la nuestra. Por mucha terapia, consultas o investigaciones en Internet que se hagan, no sustituirán la fuerza de vivir una relación personal, social o profesional que nos ofrezca apoyo y cariño. Se trata de una necesidad y un impulso humanos básicos que todos tenemos que encarar y satisfacer en la vida.

Lista de control del miedo al abandono y a la intimidad

— No permites que las personas que te rodean vean, conozcan o estén dentro de una cierta distancia emocional.
— Tienes dificultades para buscar y mantener relaciones emocionales estrechas en cualquier ámbito de tu vida.
— Crees que el mundo es cruel y mezquino contigo.
— Temes que te abandonen más que otras personas.
— Evitas a las personas que comparten experiencias o expresiones emocionales intensas.
— No te gusta que te abracen o te toquen.
— Las relaciones no son algo en lo que seas bueno o con lo que te sientas cómodo.
— Rompes/dejas una relación íntima antes de que te dejen o abandonen.
— La idea de que te «abandonen emocionalmente» te resulta aterradora.
— Tu infancia te produce demasiado miedo o dolor incluso para explicarla o compartirla con otras personas.
— Tienes miedo de tener hijos propios.
— Las mujeres te asustan.
— Los hombres te asustan.
— Tu mejor amigo es un animal, una mascota.
— No ves qué valor o propósito tiene expresar emociones, pensamientos o tener gestos afectuosos con las personas que te rodean.
— Evitas expresar emociones y a las personas que las expresan.
— En una relación, necesitas tener siempre el control.
— Prefieres dejar una relación que tratar de solucionar los problemas que hay en ella.
— Te resulta muy difícil asumir compromisos íntimos duraderos.
— En tus relaciones, acostumbras a engañar a tu pareja o a cometer adulterio.

El miedo al abandono y a la intimidad son impedimentos muy reales contra los que luchamos todos los días en nuestras relaciones. Los adultos toman algunas de las decisiones más importantes de su vida con el fin de evitar estos dos temores. En última instancia, todos tenemos que tomar la resolución de buscar un lugar sin peligro, seguro y positivo emocionalmente para conectar con los demás. Esta tarea quizá requiera varios matrimonios, numerosos cambios profesionales y toda una vida de búsqueda, pero el resultado bien vale el esfuerzo. Estos dos miedos, por sí mismos, no son una excusa para que alguien lleve una vida aislada y apartada de su potencial. *Nadie muere por sentirse abandonado, pero sí que muere emocional, mental, espiritual y físicamente por evitarlo.*

La *ira* es lo que más fácil y rápidamente rompe el acuerdo en cualquier tipo de relación. La ira no resuelta resulta tóxica tanto para quien la expresa como para quien la recibe. En ningún tipo de relación adulta, parental, íntima o profesional se puede tolerar que haya una reacción colérica. El carácter explosivo de un estallido de furia y cólera resulta muy desorientador para todos los que lo experimentan. La estabilidad y el equilibrio emocionales de la relación, con independencia del contexto —profesional, deportivo, amoroso—, se ven afectados negativamente. Experimentar toda la fuerza de un chaparrón de ira que les cae encima es algo abrumador para hombres y mujeres de todas las edades. Muchas personas sufren fracasos en sus relaciones personales, profesionales e íntimas porque no son capaces de manejar y controlar su ira. No hay ningún ámbito que no se vea afectado negativamente por un caso de ira no resuelta. La dificultad para el adulto con un problema de este tipo es averiguar cuál es su origen. El camino que lleva a ese descubrimiento pasa, siempre, por un análisis de la relación madre-hijo.

No nos equivoquemos, no estamos hablando de la reacción apropiada de frustración e irritación ante una situación particular. Esas reacciones no se pueden comparar con la cólera no resuelta y su uso inapropiado. Una reacción natural de enfado tiene como único propósito alertarnos psicológicamente de que están forzando nuestros límites emocionales. Los sentimientos, límites y creencias fundamentales que tenemos sobre nuestro mundo están defendidos por un muro emocional. Cuando alguien rompe ese muro, lo derriba o lo profana, se dispara nuestra alarma interna, y respondemos con ira. Esta reacción natural es nuestra condición «humana» en acción, con el objeto de asegurarnos la supervivencia. Nuestra reacción ante el derribo de nuestro muro emocional no exige que utilicemos una fuerza emocional letal para protegerla. Lo que resulta muy problemático es el uso habitual, automático y reactivo de la cólera, la violencia y la fuerza emocional letal en circunstancias cotidianas. Este tipo de reacciones no dan resultado en el mundo, en el trabajo o en el ámbito familiar de nadie.

Si sientes que pierdes totalmente el control de tus emociones cuando estás furioso, entonces ésa es tu principal defensa para no sentirte vulnerable. El tipo de ira al que me refiero se manifiesta de forma explosiva y emocional, y tiene como resultado expresiones perniciosas, injurias y maltrato verbal y físico. Éstos son los daños colaterales en los que se incurre cuando los adultos no han sanado sus heridas emocionales.

Nadie defiende que la ira en la carretera, los insultos o la violencia doméstica sean tolerables ni remotamente aceptables. Todas estas manifestaciones de ira sin resolver suelen guardar conexión con el legado materno. Muchas veces, los hombres que pegan a sus esposas, a sus novias o a otras mujeres fueron golpeados de niños. Estos hombres adultos no pueden comprender por qué su madre nunca dejó de pegarles ni impidió nunca que su padre les pegara. El grado, la gravedad e intensidad de estos episodios de ira empezaron en la infancia de ese hombre y han ganado impulso con los años. Nada en la vida de esa persona puede explicar ese nivel de rabia —la cólera provocada, por ejemplo, por un mal conductor, la pérdida de la conexión a Internet, la falta de puntualidad de una cita o que un hijo esté de mal humor—. Las señales más reveladoras de que se trata de un tipo de ira no resuelta, de un dolor emocional oculto, son las reacciones exageradas ante sucesos normales de la vida. La clave reside en comprender que la ira actúa como una tapadera para esas heridas emocionales, críticas, que no han sido entendidas, resueltas o enmendadas. Comprenderlo puede poner en marcha el proceso curativo. Nadie quiere ser un «adicto a la ira» ni un maltratador. Lo que perpetúa el ciclo de la cólera es la falta de percepción emocional, la ausencia de conocimientos sobre el pasado afectivo y la falta de valentía. Este tipo de ira que algunas personas llevan en el alma no debe confundirse con resentimiento, ni con sentimientos heridos, ni es producto de malentendidos; se remonta a la relación madre-hijo. Muchas veces, la ira esconde unas heridas tan dolorosas que esa persona no las puede manifestar con palabras ni expresar lo profundas que son.

Lista de control de la ira

— ¿Crees que, con el paso de los años, cada vez te pones como un basilisco con más frecuencia?

— ¿Tienes cada vez menos aguante en tus relaciones personales?

— ¿Cosas sencillas desatan tu furia?

— Cuando te enfadas, ¿sientes que, a veces, pierdes el control?

— Cuando te sientes vulnerable emocionalmente, ¿cuál es tu primera reacción?

— Cuando alguien te culpa por algo, ¿qué es lo primero que piensas o haces automáticamente?

— ¿Alguna vez te ha dicho tu pareja, un amigo íntimo o tu jefe que tienes problemas con «el control de la ira»?

— ¿Qué desencadena tu ira?

— ¿Quién, en tu pasado, podía tocar la tecla adecuada para desatar tu ira?

— ¿Te ponías furioso de niño?

— ¿Tu madre era una mujer iracunda en tu infancia?

— ¿Qué modelos de comportamiento observaste para mostrar enfado de una manera apropiada?

— ¿Experimentas la diferencia entre un enfado sano y otro que no lo es?

— ¿Quiénes, en tu vida actual, desatan tu ira? ¿Lo saben?

— ¿Alguna vez te has puesto físicamente violento cuando estabas furioso o colérico?

— ¿Alguna vez has golpeado a tu pareja durante una pelea verbal?

— ¿Te consideras una persona iracunda?

— ¿Qué es algo que siempre te altera?

— ¿Te pegaron de niño?

— ¿Te atraen las «personas iracundas»? ¿Sales con hombres iracundos?

— ¿Cuántas veces tu ira guarda relación con tu actividad sexual?

— ¿Aterras a tus hijos con tu cólera?

Esta lista de control de la ira puede ser sumamente útil como punto de partida para ayudarte a mejorar. Este apartado podría denomi-
narse, sin problemas, el «factor de la ira». Todos hemos perdido la
compostura y actuado de forma diferente a como lo haría nuestro yo
habitual y previsible. Aquí no hablamos de esos momentos, sino de
algo más importante y profundo. Los hombres saben cuándo tienen
problemas de ira e intentarán reprimirlos u ocultarlos. Las mujeres
tienen dificultades para usar su ira de una forma productiva sin que
las etiqueten de «zorras» o «brujas». Si puedes añadir otras preguntas
a la lista, entonces conoces tu problema. Recuerda que la ira, la rabia
y la hostilidad agresiva proceden, todas, de la misma fuente: tu dolor
emocional. Tu sufrimiento es el combustible que puede destrozarte
la vida o el ímpetu que necesitas para cambiar. *Para terminar, recuerda que la ira no es un problema de género, sino un asunto pendiente madre-hijo.*

Resumen de impedimentos

Las cinco listas de control anteriores llevan una gran carga emocional
y psicológica y están destinadas a ser usadas para la motivación y el
cambio personal. Los cinco impedimentos emocionales de los que
hemos hablado tenían como objeto poner de relieve algunos de los
puntos débiles que nos dominan a muchos de nosotros en momentos
de estrés. Estos aspectos relacionados con el legado materno surgen de
forma corriente y en ocasiones concretas en nuestras relaciones. ¿Sabes cuáles son tus momentos de «crisis» después de leer estas cinco
listas? Es importante conocer y recordar las situaciones graves, el ni-

vel de confusión y el deterioro de las relaciones, a largo plazo, que estos impedimentos han causado. Las decepciones repetidas y los bloqueos emocionales nos causan a todos problemas diarios y
frustraciones sin fin. Piensa en cuál es tu problema más perturbador.
Probablemente sea uno de los cinco impedimentos que hemos descrito o esté relacionado con él. Estas listas están pensadas para dejar al
descubierto y cambiar el aspecto recurrente y el ciclo de frustración.
Vuelve a leerlas y observa con cuál te sientes más identificado. Si una
de las cinco secciones te parece muy familiar, ése es tu punto de partida para volver a examinar tu relación madre-hijo.

Si ninguna de estas cinco listas es aplicable a ti, habla con tu corazón u observa más de cerca algunos de tus problemas personales o
relacionales y echa luego otra ojeada a las listas. No te permitas esca-
patorias ni excusas para no realizar los cambios emocionales y de relación fundamentales que deseas para ti. Todos encontramos escollos
con relación al legado materno en ciertos momentos de nuestra vida.
No conocer las zonas problemáticas (negación) es una señal muy significativa, que indica tu miedo a abrir campos inexplorados de tu
vida. Te sugiero que eches otra mirada con compasión, respeto y empatía y abras esa puerta cerrada con llave que hay en tu vida. Es mejor
que seas tú quien la abra a que lo haga tu pareja o las circunstancias de
la vida. El dolor emocional, por desgracia, tiene la habilidad fundamental de poner al descubierto violentamente todos y cada uno de los
problemas que tratamos de ocultar o ignorar. En la siguiente sección
analizaremos los cinco estilos más corrientes de crianza materna que
componen el legado materno.

II
Cinco estilos
de crianza materna

3
La madre perfeccionista
El impulso sin fin hacia la perfección y el amor

Siempre recuerdo que mi madre estaba más preocupada por lo que los vecinos o los parientes pensaran que por lo que nosotros hacíamos o decíamos. Mi madre vivía buscando la perfección y yo siempre fui gorda y fea. Cuando mi madre murió, adelgacé veinte kilos. Detestaba la presión de tener un aspecto perfecto.

PAULA, cuarenta y un años, soltera

Mi madre me prefería a mi hermana. Yo era el primer hijo varón y eso hacía que mis abuelos tuvieran buena opinión de mi madre. Fui un absoluto desastre hasta los veintiocho años, pero siempre parecía bueno y me portaba perfectamente ante el mundo; mi madre siempre me dejaba en paz porque, en apariencia, era bueno.

JOHN, treinta y tres años, soltero

Introducción a los estilos de crianza materna

En los cinco capítulos siguientes vamos a describir con todo detalle los estilos más corrientes de crianza materna que hijos e hijas conocieron durante su infancia. Cada estilo, aunque parezca independiente e individual, en realidad tiene elementos comunes con los otros. Las dos citas anteriores son típicas de la superposición entre estilos de crianza materna. Paula y John son muy conscientes de la actitud perfeccionista y de la manera superficial de abordar la vida de su madre. No te preocupes si tu madre mostraba algún rasgo de los cinco estilos; está claro que tenía su propio estilo y una determinada conexión emocional contigo. Cada relación madre-hijo viene marcada por diversos aspectos: ciertos patrones de comunicación, reglas explícitas e implícitas, expectativas —declaradas y silenciadas—, inteligencia emocional, modelos de comportamiento, estilos de personalidad y una manera particular de abordar las relaciones. Todas estas características se han ido mezclando, todos los días de tu vida, mientras tu madre y tú interactuabais y evolucionabais hasta alcanzar un estilo particular. El legado emocional dominante en tus relaciones y en tu vida es el resultado final del estilo de tu madre, que asentó los cimientos de tu legado materno. Consideremos esos cimientos.

Todos estos elementos y muchísimos otros de tus propios problemas personales formaron la esencia y el núcleo de tu legado materno. El estilo de crianza de tu madre ha sido una parte esencial en la formación de tu legado emocional, la situación de tus relaciones actuales y tu funcionamiento psicológico. Un ejemplo clásico del legado materno en acción es *la pareja íntima que elegiste. La manera en que actúas dentro de esa relación es un reflejo directo y una aplicación adulta del legado de la herencia materna.* Las relaciones son la fuerza motriz de nuestra experiencia, nuestra existencia y nuestra realización como seres humanos. No hay nada de lo que tú o yo hagamos privada, personal, social o profesionalmente que no afecte a nuestra capacidad para forjar relaciones y mantenerlas. Por ejemplo, conforme lees este libro, yo estoy forjando una relación contigo. Nuestra relación personal crece mientras vas leyendo y experimentas el poder de tu legado materno. ¡Las relaciones importan! Tu madre es el arquitecto y el equipo de construcción de tu dinámica relacional. En tu edad adulta, tu estilo en las relaciones y tu funcionamiento emocional se convierten en el poder, el alimento y la esencia de tu vida.

Con independencia de las circunstancias que os rodean a tu madre y ti (divorcio, muerte, ira, preocupación, confusión emocional, maltrato, ansiedad, alejamiento y amor), los ladrillos usados en la temprana relación de tu madre contigo han asentado los cimientos sobre los que has levantado tu vida adulta. Esto incluye todos los aspectos relacionados con el funcionamiento emocional, las relaciones, tu profesión o tu interacción familiar. Las influencias son diferentes para cada niño y para cada progenitor. Tu experiencia con tu madre será muy diferente de la que tuviste con tu padre. Aquí nos centraremos en tu madre y tú. Eso no tiene otro propósito que aclarar el poder de cada progenitor. Muchas veces, las madres quedan en un segundo plano porque el papel que tienen en la vida del hijo es tan enorme que nadie capta realmente la magnitud del legado materno.

En esta sección del libro nos sumergiremos directamente en algunos de tus tesoros más ricos, crearemos nuevas percepciones y desvelaremos algunos de tus lazos emocionales ocultos. Uno de los principales propósitos de comprender qué estilo de crianza materna viviste es mostrarte cómo se diseñaron y ensamblaron las piezas emocionales de tu vida. Penetrar hasta el centro de tu relación madre-hijo puede ser todo un reto y resultar, a veces, abrumador. Algunos de tus puntos débiles o inconscientes pueden estar cargados de inesperadas «minas emocionales» que nunca han sido desactivadas ni desconectadas. Ahora es un buen momento para que lo hagas, porque no te habrías sentido atraído por este libro ni te habrías interesado en este tema en particular si no quisieras mejorar tu calidad de vida.

Todos hemos experimentado un poco de cada estilo de crianza materna en nuestra relación madre-hijo. El objetivo es centrarnos en el estilo primordial que caracterizó tu relación con tu madre y en el efecto que tuvo en tu legado emocional, tus relaciones adultas y tu funcionamiento psicológico actual. Como comentario al margen, algunas personas podrían preguntarse por qué *El legado de las madres* no incluye un capítulo aparte dedicado a las madres solteras que crían a sus hijos. Creo, y lo he experimentado profesionalmente, que las madres solteras incorporan los cinco estilos de crianza materna. De hecho, muchas veces son la base en la que otras madres se apoyan o buscan sostén emocional o materno. Las madres solteras están presentes en cada parte de este libro y son igual de valiosas que las madres casadas. Todas las combinaciones posibles de madres comparten los cinco estilos de crianza, con independencia de cuáles sean su familia, su relación y sus circunstancias matrimoniales. En resumen, si eres madre, tienes un estilo de crianza materna particular. Dado que todos los hijos e hijas tienen madre, es importante saber quién es, quién era y quién continuará siendo en nuestra vida adulta. Los cinco estilos que vamos a analizar más a fondo son los que ya hemos descrito antes:

1. La madre perfeccionista
2. La madre imprevisible
3. La madre «yo primero»
4. La madre mejor amiga
5. La madre completa

Mientras escribía este libro he descubierto que todo el mundo quiere contarme su historia con su madre. Normalmente, me dicen: «Oh, Dios mío. Tengo una historia para ti» o «Tienes que entrevistarme, tengo toneladas de material para tu libro, mi madre era una pesadilla» o «¿Puedo ser un caso práctico? Mi madre vive conmigo». Su tono insinúa que su historia es «increíble» y que su relación madrehijo fue/es muy difícil y única. También sugiere que siguen albergando muchos sentimientos contradictorios y emociones no resueltas respecto a su madre. Mi experiencia profesional y personal es que las chicas y las mujeres, con independencia de su edad (a partir de los nueve años), son muy comunicativas respecto a la relación madre-hija, tanto si fue positiva como si no lo fue. En cambio, los hombres suelen mirarte como si el tema de su madre fuera un asunto intocable, fuera de lugar e inapropiado. Muchos de mis pacientes, amigos y compañeros no saben cómo hablar de su madre de una manera objetiva, neutral y sin juzgarla. Esto es siempre señal de que el tema madre-hijo está maduro para adoptar un nuevo enfoque y perspectiva y proponer una solución. Hombres y mujeres de todas las edades quieren expresar y contar la historia de su madre. Les entusiasma que alguien les ofrezca, por fin, una plataforma para explorar este tema sin límites. Todos sus relatos empiezan con su primer amor y con la manera en que esa relación se ha ido desarrollando a lo largo de su vida. El problema reside en cómo explicarla sin sentirte abrumado o caer en la tentación de evitar los problemas y el dolor subyacente. Considera el siguiente ejercicio como el principio de algo nuevo y creativo en tu vida y en tus relaciones adultas. Recuerda que si puedes hablar de tu madre de una manera clara y perspicaz, también podrás hacerlo de todas tus relaciones.

El discurso materno

Ésta es una gran oportunidad para empezar a vivir el legado materno desde un punto de vista diferente. Visualízate pronunciando un discurso sobre el tema de tu madre y de tu relación con ella. Si tuvieras que dar una charla improvisada sobre tu legado materno, delante de tus mejores amigos, ¿qué dirías? ¿Qué información, anécdotas y sentimientos querrías que todos conocieran sobre ella y sobre ti? ¿Qué asuntos, sucesos y revelaciones personales relativas a vuestra relación madre-hijo comentarías? ¿Contarías sólo las anécdotas fáciles, divertidas y positivas? ¿Describirías las luchas que te parecen más sombrías y opresivas? ¿Qué aspectos querrías que tus oyentes conocieran sobre tu madre y sobre ti? ¿Tu charla sería diferente si tu madre estuviera presente en la sala? Si has hablado o tuvieras que hablar en su funeral, ¿qué dirías sobre ella? Piensa en este ejercicio antes de seguir adelante. Podrías quedar muy sorprendido por lo que quizá dijeras hoy y no habrías dicho ni pensado hace seis meses. Expresar verbalmente nuestros sentimientos es uno de los medios más rápidos para sortear nuestros mecanismos de defensa. Nuestros pensamientos y emociones más íntimos tienden a salir a la superficie sólo cuando hablamos de nuestro dolor. Pensar y hablar son dos procesos psicológicos muy diferentes, que tienen acceso a partes distintas de nuestras emociones y sentimientos reprimidos. Sólo hay una manera de quitártela de la cabeza: *empieza a contar la historia no censurada de tu madre y de ti mismo.*

Si sigues sintiéndote atascado y furioso y no se te ocurre nada positivo que decir, prueba esto: *imagina a tu madre hablando en tu funeral.* ¿Qué diría de ti, de vuestra relación, de lo que lamenta? ¿Qué sentirías al saber que tu madre llora por ti y por vuestra relación? No te dejes engañar por tu rabia o negación. Todos los progenitores (madres, padres... todos lo hacemos) lamentan no ser un padre o una madre mejores y quieren que su hijo o hija lo sepa. Piensa en tu actitud, en lo que sientes y piensas al tratar de visualizar esta imagen tan poderosa de las revelaciones de tu madre. A la inversa, hablar sobre tu madre en un ambiente formal (a un grupo) siempre genera nuevas percepciones y nueva información personal que puedes usar.

La madre perfeccionista

La madre perfeccionista ha sido retratada en un sinfín de películas, novelas, obras de teatro y en todos los programas diurnos de entrevistas. Típicamente, es una mujer excesivamente controladora, aprensiva y llena de ansiedad. Para estas madres, todo gira en torno a las apariencias y la perfección. Son mujeres impulsadas emocionalmente por la necesidad de mostrarse bien ante los demás y de tener el control definitivo del aspecto que tienen las cosas de su mundo (y tú eres parte de él). En la superficie, esta madre parece y actúa como si fuera el centro del universo, como si no tuviera ninguna preocupación visible. Un centímetro por debajo de la superficie, sin embargo, corre un río impetuoso de aprensión, ansiedad y pánico de que su vida empiece a girar descontroladamente. Si las cosas no suceden según lo planeado, y es algo que pasa todos los días, esta madre trata de manejar su ansiedad centrándose exageradamente en las apariencias y en cuestiones superficiales. Esta conducta controladora obsesiva deja una huella muy profunda en un hijo o en una hija pequeños. La niña aprende a una edad muy temprana que, para los demás, su aspecto es mucho más importante que lo que siente o piensa. El erróneo sistema que valora más las apariencias que aceptar a todo el mundo tal como es crea una visión irracional de la vida y de las relaciones. En realidad, estos intentos incesantes por alcanzar la perfección tanto física como de conducta encubren un problema de ansiedad no tratada.

Si tu madre insistía en el atractivo físico y en la perfección en tu conducta y en tus logros, tu infancia estuvo caracterizada por una serie de decepciones emocionales. Recibiste el mensaje repetitivo de que tu aspecto exterior era mucho más importante que lo que sentías o sabías emocional, psicológica o mentalmente. Esta actitud de centrarse exageradamente en las cosas, los sucesos, las notas, los deportes, los amigos populares, la ropa, el dinero, la riqueza, las posesiones, las imagen física y la apariencia externa sentó las bases para unos sentimientos basados en la vergüenza. Esa sensación de no ser nunca «perfecto», «lo bastante bueno» o «no lo suficiente...» acabó convirtiéndose en una personalidad movida por la vergüenza y en un estilo relacional inseguro. Este sesgado modelo de relación con los demás fue el único medio legítimo de que disponías para conseguir la aprobación y el amor de tu madre. Todos los hijos quieren, naturalmente, complacer a su madre. Harán cualquier cosa para ganarse el valiosísimo amor y la aceptación maternos. El estilo perfeccionista de tu crianza materna se convirtió en el patrón que aplicarías luego a tus relaciones futuras. Este modelo de perfección alimentado por la ansiedad acabó siendo tu manera de verte a ti mismo y de ver tus capacidades y tu importancia en el mundo.

Este vínculo madre-hijo giraba en torno a las cosas superficiales de la vida. La única seguridad emocional que sentías se veía constantemente reforzada por la opinión de tu madre de que las apariencias importan más que lo que piensas y sientes y que tus aspiraciones a la hora de asumir riesgos (tener tu propio negocio, jugar con los Dodgers, estudiar en otros países). Tu vida fue moldeada por la necesidad crónica de dar una buena imagen en todos tus empeños y actos. El resultado de una madre perfeccionista es tu arraigado rechazo a aceptarte y a quererte, y a tu singularidad... lo que te hace especial. Esta relación fundamental y estas cualidades emocionales han sido sustituidas por el desprecio hacia ti mismo y, en casos graves de búsqueda de la perfección, por el odio hacia ti mismo. La perfección y la necesidad emocional constante de ser perfecto es una forma de autorrechazo. Desde el punto de vista de la salud mental, no hay ningún valor positivo en ser hipercrítico contigo mismo y con tu imperfección. La madre perfecta intenta crear un «hijo/hija perfecto». Este estilo materno puede ser una receta infalible para originar una tragedia personal y a un hijo o una hija muy autodestructivo. Este niño nunca aprende a alimentar sus impulsos internos ni sus deseos de infancia. La falta de aceptación acompañada de la falta de afecto es el lado oscuro de este estilo de madre, que, en última instancia, con quien más crítica se muestra es consigo misma.

El lema emocional constante de la madre perfeccionista es que las opiniones de los demás son más importantes que las propias. De niño, cultivaste el sentimiento de que el mundo entero te miraba cuando fracasabas, la fastidiabas o hacías algo que no le gustaba a tu madre. Esta presión materna para que alcanzaras la perfección te hizo evitar, saltarte o no atreverte a afrontar los retos naturales de la infancia. La resistencia del niño (tú) empezó al no querer trepar por los columpios y toboganes del parque, a no actuar en la obra de teatro de la escuela, a negarse a aprender, a no participar en los deportes de equipo y a evitar las relaciones de grupo con los compañeros. El fracaso no se aceptaba, no se alentaba ni se toleraba. Aprendiste emocionalmente que el fracaso era algo insoportable y que no se podía explorar una conducta de riesgo no perfecta. Esta presión para alcanzar la perfección iba envuelta en miedo y angustia.

La ansiedad interna de dar siempre una buena imagen se convirtió en el barómetro de tu autovalía, en lugar de tus propias ideas, tu corazón y tus sentimientos personales. Entre los diversos eslabones de desarrollo emocional perdidos en esta relación madre-hijo, se encuentran la falta de confianza interna (sentirse bien), de seguridad (ausencia de ansiedad y miedo) y de autoaceptación (gustarse a uno mismo). Todos los niños deben contar con estos ingredientes emocionales básicos para sus relaciones, tanto en la infancia como en la edad adulta. Alrededor de los siete años, empezaste a sentir el doloroso «agujero» o sensación constante de vacío emocional en el corazón. Estos sentimientos de deficiencia crecieron con intensidad o disminuyeron en tu corazón. El mensaje de perfección del legado materno y tener que «dar una buena imagen» crearon un incómodo sentimiento de inseguridad respecto a tu lugar en el mundo y en las relaciones.

El doloroso proceso emocional madre-hijo fue el caldo de cultivo donde aprendiste a sentirte avergonzado de tu «naturaleza humana» —tu capacidad para aceptar tus «imperfecciones» naturales (es decir, tu peso, tu aspecto, tu acné, tu estatura y tu color de piel, tu nacionalidad, tu orientación sexual, tu inteligencia, etc.)—. Tu madre rechazaba estas «imperfecciones», las encontraba inaceptables e intolerables. En su visión del mundo, no había cabida psicológica para unas imperfecciones, aparentemente naturales, ni para los errores corrientes que todos los niños necesitan cometer. Cuando una madre está crónicamente angustiada, no dispone de espacio ni de capacidad para tolerar o aceptar cualquier diferencia en su hijo. Todos los niños necesitan el permiso de su madre para aceptar sus propias imperfecciones naturales y sus errores infantiles. El rechazo de estas condiciones humanas naturales y estas conductas típicas de la infancia crea un profundo sentido de deficiencia que acaba formando parte de todas las relaciones que el niño pueda llegar a tener. La seguridad interna de sentirse competente, digno de inspirar cariño y de ser «lo bastante bueno» es insuficiente, está subdesarrollada o, en el peor de los casos, no existe en el niño. La madre no fue capaz de enseñar a su hijo el poder personal que tiene aceptarse a sí mismo y respetar/amar sus imperfecciones naturales. Estos deberes de cuidado de la madre, en apariencia obvios, de hacer que el niño alcance un alto nivel funcional no forman parte ni se consideran valiosos en este estilo de crianza.

Muchas personas creen que la definición de perfección es que, si presentas una buena imagen externa, el resto vendrá solo. No obstante, en el contexto del estilo materno perfeccionista, la definición es exactamente la contraria. Las hijas que se recuperan del sentimiento de no ser dignas de cariño aprenden que, si se sienten bien con ellas mismas, en su interior, lo demás vendrá dado por añadidura. La apariencia externa es una mentira que deja al niño emocionalmente desesperado y vulnerable ante muchas alternativas que constituyen una grave amenaza para su vida: adicción a las drogas de diseño, desórdenes de la alimentación, trastornos de personalidad, ideas de suicidio, enfermedades importantes, sensación de soledad o incapacidad para forjar relaciones y mantenerlas. Aprender que tu norte en la vida tiene que empezar en ti mismo y, a continuación, avanzar hacia el resto del mundo supone un cambio absoluto de paradigma y una revisión completa de las relaciones personales.

Las intenciones de este tipo de madres son buenas. Las madres quieren hacer lo mejor por sus hijos. Las madres perfeccionistas conocen el valor de ser responsable y de actuar adecuadamente. El problema reside en dónde se detiene el amor y la comprensión para el hijo. Este niño se verá psicológicamente muy limitado por esa actitud tan estrecha con relación a la vida, las emociones y el ser «humano». La gente no encaja en unas categorías pulcras y bien delimitadas o en un cierto aspecto. A estos niños, su madre no les enseña ni les muestra la importancia de ser «perfectamente imperfectos», un concepto que resulta clave para desbloquear y formar a niños y adultos de todas las edades libres de vergüenza. Más adelante hablaremos de cómo incorporar este concepto liberador a tu opinión crítica sobre ti mismo y sobre tu mundo. Lo que impulsa todos los desórdenes de la alimentación, el consumo de drogas destructivas, el alcoholismo, los hábitos perjudiciales para ti mismo, los intentos de suicidio y los problemas con la propia imagen es tu rechazo de ti mismo y de tu valor intrínseco. Todas las conductas de autoaversión se alimentan del rechazo hacia ti mismo y de la incapacidad para aprender a aceptarte y gustarte. Una autoestima baja, creer que eres deficiente, incompetente y que, en general, careces de valía son sentimientos profundamente arraigados en este estilo de crianza materna. Con independencia de la crítica relación madre-hijo que tuvieras, es posible solucionarlo y dejar de odiarte y de rechazar tu potencial. Considera la lista siguiente para definir tu síndrome de hijo o hija «perfectos» y observa qué afirmaciones te suenan como verdaderas.

Aversión hacia ti mismo. Lista de control del perfeccionismo

— Diariamente sientes que te detestas. Estos sentimientos no se basan en ningún suceso o circunstancia particulares.
— Te parece que todos los demás son mejores, más guapos, más listos... No crees ser lo bastante bueno.
— Tienes muchas dificultades para aceptar las críticas o las opiniones de los demás sobre ti (temes no ser perfecto).
— Uno de tus temores más profundos es que descubrirán que eres deficiente e indigno de cariño.
— Te cuesta aceptar actos de cariño por parte de tu pareja, la persona con quien sales o tus amigos íntimos.
— Temes no parecer lo bastante bueno en tus relaciones o situaciones públicas.
— Te han dicho que tienes una personalidad «narcisista».
— Tiendes a juzgar a los demás exclusivamente por su apariencia, sus logros y su nivel económico, sin tener en cuenta su «naturaleza humana».
— En realidad, no te importas a ti mismo y tiendes a ser imprudente con tu vida y tu salud.
— Cuando alguien te insulta, te sientes cómodo, y te parece algo familiar.
— Cuando sientes que no vales nada, piensas o sueñas despierto con el suicidio.
— Tu pareja, tus amigos íntimos o tus compañeros te han dicho que eres un «perfeccionista».
— Has tenido o tienes un desorden de la alimentación.
— No crees ni puedes aceptar que eres «perfectamente imperfecto».

Es posible que sea difícil aceptar esta implacable lista del perfeccionista. Si te reconoces en algunos de estos rasgos, puedes suponer acertadamente que tu legado materno está teniendo un efecto negativo en tu vida y en tus relaciones. La voz de tu legado materno, en el interior de tu cabeza, moldea tus sentimientos particulares de estar bien en el mundo. Esa voz, que todos tenemos, es la suma de años de actividad de tu estilo materno, que tú has incorporado y que han orientado tu vida desde la más tierna infancia. Por desgracia, lo atroz de este estilo materno es el sentimiento constante de que el niño (tú) nunca ha sido «lo bastante bueno» ni «perfecto». Este tipo de madre puede mostrarse excepcionalmente crítica y verbalmente mezquina, cuando cree que sus hijos desprecian o desobedecen la necesidad de guardar las apariencias.

El sistema de convicciones de este estilo materno deja poco o ningún espacio para que un niño descubra sus sueños más sinceros, sus deseos personales o sus anhelos íntimos. El conflicto interno que se crea en una hija que no actúa según las opiniones de su madre genera una ansiedad virulenta o, en casos más graves, ataques de pánico. La capacidad para crear su propio legado no surgirá hasta más adelante en la (tu) vida, cuando la carga de ser «la hija perfecta» llegue a hacerse insoportable. Una vez que resuelvas que no eres perfecto, podrás empezar a averiguar qué quieres hacer con tu vida y tus relaciones. Nunca es tarde para descubrir qué harás cuando seas mayor, incluso si ya tienes cincuenta y dos años. La edad no tiene nada que ver con crear y proyectar tu propio legado vital. Lo que hagamos cuando seamos cuarentones o cincuentones es tan fundamental como lo que hicimos cuando éramos adolescentes o veinteañeros. Tu legado siempre se puede actualizar y adaptar para que encaje en tu vida y en tus necesidades.

La conducta perfectamente controladora de la madre. ¿Por qué?

Repetidamente, hombres y mujeres me han preguntado por qué sus madres eran/son tan críticas o tan perfeccionistas. La respuesta es que tu madre te está transmitiendo la relación que seguramente tuvo con su propia madre, tu abuela. Es importante recordar que es probable que tu abuela enseñara a tu madre a concentrarse exclusivamente en los aspectos superficiales de la vida y a dejar de lado uno de los elementos más importantes de una persona: *un corazón afectuoso y compasivo.* Aunque nunca llegaras a conocer a tu abuela, si murió antes de que tú nacieras, lo cierto es que tuvo un profundo efecto en tu relación madre-hijo. No quites importancia a ese efecto sólo porque las circunstancias no te permitieran conocerla personalmente. Si creciste con tu abuela activamente presente en tu infancia, entonces tendría que estar muy claro para ti que sus actitudes y opiniones en lo relativo a la «perfección», la «apariencia» y «no ser nunca lo bastante bueno» eran muy rígidas. No puedes comprender ni valorar acertadamente la lucha de tu madre sin mirar tu árbol genealógico y el legado de la herencia materna a lo largo de los últimos setenta años.

No resulta exagerado suponer que es muy probable que tu madre creciera con una madre crítica, que sólo le ofrecía cariño cuando alcanzaba ciertos logros externos. Las convicciones fundamentales, la ansiedad subyacente y los valores superficiales de este estilo de crianza materna son inmunes al cambio. La ansiedad que rodea la apariencia de «perfección» es como un muro de piedra; nada lo cambiará. *No puedes cambiar a tu madre, a menos que ella misma quiera cambiar.* Además, cambiarla no es tarea tuya. No obstante, sí que puedes cambiar lo que *tú* haces, a partir de ahora, con tus emociones, tus opiniones y la manera de relacionarte.

La relación perfeccionista madre-hijo tiende a transmitirse a través del tiempo, la cultura o la historia familiar. Tu relación madre-hijo es un producto directo de la última generación y de varias generaciones anteriores de mujeres que te moldean. El comportamiento, las actitudes, los estilos de crianza materna, la conducta nutricia y los vínculos emocionales fuertemente arraigados son el reflejo de anteriores generaciones de madres dentro de tu familia. Tu abuela es una fuente sin explotar de información y conocimiento que puedes usar para tu legado relacional y emocional. Puedes recoger esa valiosa información de tus parientes a través de los mitos familiares que rodean a tu abuela. Ella es una influencia importante en tu vida actual. Es preciso que decidas qué tipo de influencia ejercerá en tu futuro. Vale la pena que hagas el esfuerzo de comprender tu historia, para que las posibilidades de repetir tu modelo sean remotas.

El dolor emocional, la frustración y los problemas de relación que surgen de este tipo de relación, remontándose incluso a dos generaciones atrás, siguen vivos en tu vida actual. Muchas veces, a tu abuela no se le reconoce el mérito ni recibe la comprensión que merece por su contribución a tu legado. Tu abuela, viva o muerta, ha desempeñado un papel de extraordinaria importancia en tu relación madre-hijo. Transmitió a tu madre el legado de la herencia materna de su propia madre. Como ves, vale la pena comprender este modelo emocional generacional porque tú eres el producto de varias generaciones de madres.

Piensa en por qué tu abuela crearía y criaría a una hija perfecta. Conoces de primera mano los dolorosos efectos secundarios de la «perfección»: ansiedad, desprecio de ti mismo, baja autoestima y sentimientos de vergüenza. Las investigaciones psicológicas han demostrado, una y otra vez, que la necesidad constante de «perfección» en un mundo imperfecto siempre es una receta infalible para crear un trastorno de ansiedad crónica en los hijos. Tu madre aprendió que su valía no dependía de ella, que se basaba en su apariencia, sus logros, su riqueza y en la manera en que su familia se mostrara y actuara. Estas convicciones las aprendió, en mayor o menor grado, de tu abuela. Nunca supongas que tu madre actúa de forma independiente en lo relativo a la «perfección» y a la necesidad de validación externa. Tu madre o tu abuela no comprendían, realmente, el efecto de largo alcance que el estilo perfeccionista de crianza tendría en ti. Tu madre está reaccionando según el modelo de tu abuela, basándose en sus propias necesidades emocionales, su nivel de autoaceptación, sus imperfecciones y su ansiedad.

Cuanto mejor comprendas el desarrollo emocional de tu madre, mejor entenderás tu propia vida. El objetivo es alcanzar un mayor equilibrio entre ser perfecto y ser perfectamente imperfecto en tus relaciones, empezando por la que mantienes con tu madre. Las dos historias que siguen servirán para ilustrar la necesidad de solucionar, cambiar y manejar el estilo perfeccionista de crianza materna.

Historia de Heather

Heather, una mujer entre treinta y cuarenta años, soltera, es agente inmobiliaria de zonas residenciales, con un título universitario. Tiene problemas de imagen y no está contenta con el rumbo que sigue su vida. Es muy delgada y alta y parece muy nerviosa cuando habla. A primera vista, se diría que Heather tiene el mundo en sus manos. En su empresa, es una vendedora de primera y una mujer de negocios muy popular en la comunidad. Pero también ha tenido una serie de relaciones amorosas fracasadas, las tres últimas rotas justo antes de prometerse. Estas tres últimas rupturas resultaron especialmente decepcionantes, porque Heather creía que se iba a casar con cada uno de aquellos hombres. También discutía constantemente con su madre, Diane, sobre la vida que llevaba. Heather quería contar con el apoyo y los conocimientos de un profesional para comprender las razones subyacentes a su última ruptura y a la constante tensión con su madre. En aquellos momentos no se hablaba con ella, porque ésta había tomado partido por sus ex novios en las rupturas. Heather me comentó también que tenía una sensación visceral «insistente» de que, hiciera lo que hiciese, nada sería lo bastante bueno. No importaba lo que fuera, nunca se sentía relajada ni en paz con su trabajo, su vida y sus relaciones. Me contó la siguiente historia:

> Siempre he sido el orgullo y la alegría de mi madre. Siempre me ha tratado como a una reina. Sólo debía tener el aspecto que ella quería y actuar como ella quería. Empecé a rebelarme en décimo curso y a fumar hierba. Seguía teniendo notas altas, siendo delgada y representando el papel de buena chica. Me acostaba con mi novio todo el tiempo, pero mi madre nunca lo supo. Fui a la Universidad en San Diego y me fue muy bien, lejos de mi madre. Ella y yo siempre hemos tenido una reacción de tira y afloja. Mi madre es un *bulldozer* y muy controladora. Mi padre no ha tenido ni una idea independiente desde que se casaron. Cuando acabó el instituto, mi hermano mayor se fue a la otra punta del país, y no ha vuelto ni de visita. Yo empecé como agente inmobiliaria porque mi madre quería que lo hiciera. Ella trabaja en esto desde hace

muchos años. Constantemente, andamos a la greña por todo. Me doy cuenta de que actúo como una adolescente y luego me pongo furiosa conmigo misma por discutir con ella. Quiero a mi madre, pero seguimos estando demasiado unidas. La culpo de que todos los hombres me dejen, porque todos han dicho que mi madre sigue controlándome a mí y controlando mi vida. No querían que controlara mi matrimonio. Cuando me paro a pensarlo, tienen razón. Nunca he aceptado mi papel en nuestra relación. He sufrido trastornos de la alimentación desde el instituto. Me dicen que mis problemas con la comida están relacionados con mi madre. Me parece que toda mi vida está conectada a ella.

Heather empezó a venir a terapia para abordar los problemas relacionados con su legado materno y su perfeccionismo al abordar la vida. Cuando empezó a aceptar el concepto de ser «perfectamente imperfecta», su obsesión con la comida y sus eternas disputas con su madre desaparecieron de inmediato. Empezó a imaginar y a rediseñar su legado materno en sus relaciones profesionales, personales e íntimas. El primer paso fue darse cuenta de que la opinión de su madre se había convertido en la suya propia. Heather y su madre eran una sola voz en su cabeza. Heather nunca había considerado ni alimentado sus opiniones ni objetivos personales fuera del ámbito de aprobación de su madre. Aprendió a tolerar el desagrado, la decepción y el enfado de ésta por sus decisiones. Aceptó su imagen corporal imperfecta, su aspecto natural y su interés profesional como «lo bastante buenos».

Estos importantes cambios le permitieron recuperarse por completo de su desorden alimenticio, dejar de sufrir ataques de pánico y tener una relación amorosa fuera de la esfera de control e influencia de su madre. También aceptó que ésta no iba a cambiar. La nueva actitud de Heather modificó por completo su manera de abordar el trabajo y su relación con los hombres. Se casó trece meses después de nuestro primer encuentro, cambió de profesión y se trasladó al sudoeste de Estados Unidos. Antes, ni siquiera había tomado en consideración sus propias elecciones, emociones, sentimientos, sueños y relaciones. Había supuesto naturalmente que su madre sabía más de la vida que ella. Había consumido su vida agradando siempre a su madre y mostrándose «perfecta». Una vez que dejó de obsesionarse por la opinión de ésta, su energía se concentró en la dirección acertada: *su propia vida*.

Historia de Richard

El 19 de julio de 1979, a las dos y media de la madrugada, Richard, de diecisiete años, volvía a casa, acompañado de su mejor amigo; venían de una fiesta de la cerveza con los compañeros del instituto. Los dos estaban borrachos y tuvieron un grave accidente de automóvil. Richard era el pasajero y sobrevivió al accidente. Su amigo murió al instante. Como resultado, Richard empezó a beber cada vez más, tratando de hacer frente a su tragedia personal. Bebía en exceso todo el tiempo que estuvo en la universidad y hasta después de cumplir los treinta años. Entonces, Richard tuvo un despertar emocional con su novia de aquel momento. Ella le preguntó por qué odiaba tanto su vida. Dejó de beber unas semanas más tarde, porque sabía que no podía controlarlo y tenía que dejar de castigarse por la muerte de su amigo. Cuando vino a verme, fue para hablar de su relación amorosa más reciente y del punto muerto en que se encontraba su carrera:

Siempre me había sentido un fracasado, mucho antes del accidente. Hasta hoy, mi propia madre sigue sin querer hablar conmigo de él. Siempre nos gritaba a mí y a mi hermana por cómo estaba nuestra habitación, por las notas, por nuestros amigos y por el aspecto que teníamos. Estoy a mitad de la cuarentena y todavía oigo su voz en mi cabeza «quejándose» de mí, por una cosa o por otra. No me he casado, porque no quiero que nadie me controle. Mi madre cree que no trabajo lo bastante como abogado. Me va bien, pero siempre hay algo que no hago correctamente. Me cuesta mucho seguir sin beber, porque me anestesiaba e impedía mi ira. Ahora uso el ejercicio para liberar mi rabia, mi ansiedad y mi depresión. Corro y hago gimnasia seis días a la semana. Físicamente, estoy estupendamente, pero no puedo mantener una relación amorosa. Tiendo a salir con chicas que necesitan ayuda o apoyo.

Otros terapeutas me han dicho que soy codependiente y vivo partiendo de un sistema de creencias personales basado en la vergüenza. Creo que tienen razón, porque no tengo amigos de verdad, sólo un montón de conocidos. Todas mis amigas son un absoluto desastre. Me siento fatal por las cosas que he hecho. La bebida y salir con tantas mujeres cuando tenía veinte y treinta años; era algo fuera de control. Mi madre tiene más de ochenta años y todavía tiene el poder de alterarme y de obligarme a hacer lo que ella quiere.

Richard comprendió por primera vez en su vida adulta que tenía el poder de cambiar el legado materno de «perfección» y vergüenza aceptándose a sí mismo y siendo «perfectamente imperfecto». Estas opciones emocionales, alternativas psicológicas y elecciones eran las claves que Richard no sabía que se encontraban a su disposición. Esta nueva toma de conciencia y sinceridad emocional empezó a contrarrestar sus sentimientos e impulsos de vergüenza. Richard empezó a aplicar nuevas opciones emocionales y perspectivas cognitivas a sus relaciones. Por ejemplo, se impedía pensar que era un «perdedor» cuando una mujer declinaba su invitación a salir. Pensaba que quizá no fueran una buena pareja, algo que probablemente sabía antes de pedirle que salieran. La invitación era otra oportunidad para castigarse emocional y mentalmente. Dejó de ponerse en situaciones que lo llevarían al fracaso, el rechazo y la vergüenza. Por el contrario, empezó a asumir toda la responsabilidad de sus decisiones y dejó de culpar a los demás por los resultados negativos. Luego descubrió que él mismo era el origen y la causa de atraer las relaciones «equivocadas» a su vida. Acabó comprendiendo que actuaba dominado por sus sentimientos de vergüenza, y entendió que éstos eran el problema, no las personas que lo rodeaban.

Finalmente, dejó de otorgar, a la opinión, la voz y la rabia de su madre, el dominio total de su vida. Empezó a contrarrestar la voz interior de su madre con sus propias ideas, sentimientos y deseos. Dejó de disculparse ante las mujeres, los clientes, los compañeros y los amigos por ser alguien a quien le ha costado madurar, y empezó a aceptar y a valorar la historia de su vida. También comprendió que muchos de sus compañeros lo consideraban un abogado excelente, una mente legal sólida y un brillante especialista en litigios. Aunque le iba bien en su profesión, comprendió que era él quien ponía las trabas que le impedían avanzar en su carrera y que nunca antes había visto ni entendido su papel en ella. Fue un cambio de paradigma muy poderoso para Richard, en sus relaciones y en su trabajo. Empezó a verse como un hombre valioso, agradable y «lo bastante bueno». Adoptó una actitud conductual y un sistema de convicciones completamente nuevo, y una manera positiva de relacionarse con todo su mundo. Lo más chocante fue que descubrió que su madre estaba muy orgullosa de su nueva independencia y poder personal. Richard sabía que, si no tomaba medidas con su legado madre-hijo, el dolor emocional de su vida lo ahogaría y, finalmente, lo conduciría a una muerte física y emocional prematura. Cuando lo conocí, la vida le parecía sombría, inhóspita y desesperada. No podía seguir funcionando bajo el síndrome del «hijo perfecto» y tuvo el valor de dar los pasos necesarios para forjar un nuevo legado.

Volverse desvergonzado: «Estás estupendo»

Éste es un capítulo muy emotivo para los hijos e hijas de un estilo de crianza materna perfeccionista. Podría haber añadido otras diez historias, más dolorosas y trágicas que la última. Este estilo de crianza materna es un «asesino silencioso» del apoderamiento personal, del aceptarse y quererse a sí mismo que todos los niños necesitan para la edad adulta. Es casi imposible entrar en el mundo del trabajo, el matrimonio, la paternidad y las situaciones sociales con confianza y valor si, en tu interior, crees que eres «deficiente» o un «producto con tara». Es una fuerza muy poderosa la que hay que vencer cuando tu peor crítico está dentro de tu cabeza y sustentado por tu primer amor: tu madre. Dedicas la mayor parte de tu energía mental y emocional a tratar de sentirte lo bastante bueno para las situaciones, las relaciones y las profesiones que sientes que no merecen tu amor ni tu tiempo. Tu vida se ha desarrollado tratando de contrarrestar la vergüenza que experimentas de forma regular. El único camino para salir del valle de desesperación y pánico en el que te encuentras es tu nueva aceptación emocional de nueva información positiva sobre ti mismo.

Tu crecimiento personal y tu nuevo legado materno tienen que ver con que interiorices una visión espiritual, mental y emocional equilibrada de ti mismo como alguien «perfectamente imperfecto». Aceptar tu historia genética y familiar como un don y una parte de tu personalidad constituye una nueva fórmula para tu éxito y realización inmediatos. Que comprendas y creas que eres «estupendo» y «aceptable» tal como eres es fundamental para todas tus relaciones. Ésta es una gran verdad que la mayoría de las personas raramente, si acaso, descubre o considera como una opción. No estarías leyendo este libro si no hubieras iniciado el camino hacia tu potencial en todos los ámbitos de tu vida.

Una de las claves para reducir el poder que tiene en tu vida el estilo perfeccionista de crianza materna es disponer de la imperfecta habilidad de cambiarlo. Tú eres la solución a tus relaciones de aversión, a tu falta de aceptación de ti mismo y a tus elecciones vitales destructivas. Tienes que dejar de poner obstáculos a tu propia vida y permitir que tu lado positivo, de autoaceptación, y tu imperfección crezcan en tu corazón, en tu mente y en tus relaciones. *Hoy, en tu vida, nadie tiene más poder que tú mismo.* Pon a prueba este sentimiento. Lo repito: nadie tiene más poder, influencia o efecto en tu vida que tú. La gente me mira como si tuviera tres cabezas y llevara un hacha en el bolsillo trasero cuando les digo esta verdad eterna sobre su propio legado. Ahora te toca a ti y es tu derecho personal seleccionar las relaciones y apegos emocionales que quieres, pero que siempre has temido que no podías tener. Ya no vives bajo el espejismo psicológico del «perfeccionismo». ¡Eres tú quien mueve los hilos! Eres el único y poderoso agente de tu «imperfección» y de tu salud emocional. Nadie es inmune a la presión del perfeccionismo en nuestra cultura, pero tú recibiste cantidades enormes de ese interminable ciclo mental de vergüenza, duda y aversión hacia ti mismo, depresión, ansiedad y miedo al rechazo. Los derechos del resto de la historia son de tu propiedad. Nadie tiene el derecho o el permiso para escribirla por ti, sólo tú.

Para alcanzar una actitud más equilibrada y de aceptación de ti mismo, es preciso que empieces comprendiendo el estilo de tu legado materno. Seguramente, tu madre hacía lo que le habían hecho a ella cuando trataba de conquistar el amor y la aceptación de su propia madre. Es muy probable que nunca cuestionara esa situación. Tendemos a desechar el dolor emocional y el trauma mental que produce el síndrome de los «hijos perfectos», porque no hay huellas físicas ni huesos rotos. Esos niños (como tú) crecieron convencidos de que, a menos que se mostraran perfectos o superiores, nadie los querría. Es un grave error desechar o descartar el poder que tiene el «perfeccionismo», «parecer siempre bueno» y «no tener nunca bastante» en las creencias emocionales y el amor materno. Esos niños crecen conociendo sólo la mitad de la historia acerca de su valor en las relaciones y su propósito en la vida. La otra parte de la historia es que tú tienes ahora todo el poder, el control, la dirección, la comprensión y la sabiduría necesarios para cultivar y ser partícipe de las relaciones que anhelas.

Cómo ser «perfectamente imperfecto»

Los siguientes pasos están pensados para todos nosotros y, en especial, para los hijos del estilo perfeccionista de crianza materna. No he conocido nunca, personal o profesionalmente, a nadie con un problema psicológico, una herida emocional o un trauma mental que no tuviera un historial de «perfeccionismo». Hay una verdad no expresada entre los adultos que sienten vergüenza: el miedo a que, en cualquier momento, los que los rodean descubran su deficiencia. Los pasos, ideas y consejos que se incluyen a continuación tienen como objeto llevar a cabo una importante operación quirúrgica reconstructora emocional de tu visión de ti mismo, de tus relaciones y de tu papel en la vida. Esto no es un pulcro resumen del capítulo, sino una introducción a tu futuro. Tú decidirás cuándo, dónde y con quién realizarás estos cambios en tus convicciones internas fundamentales y cómo los aplicarás a tu mundo. *Lo esencial es que tu vida está bajo tu absoluto control, no el de tu madre.*

Paso uno: Echa una segunda mirada a tu crítica voz interior. Puede parecer demasiado simple y evidente, pero no lo es. Para ti, los pensamientos vergonzosos, los sentimientos de aversión hacia ti mismo y las conductas de sutil autodestrucción son como respirar. Es preciso poner freno a estos sentimientos automáticos que aparecen en tu cabeza sin que los cuestiones ni refutes. Es preciso que empieces a reconocer estas ideas, creencias y elecciones emocionalmente debilitadoras. Piensa de dónde vienen y por qué. No te permitas una escapatoria fácil, asumiendo que son normales y naturales. La vergüenza y la aversión hacia ti mismo no son apropiadas en ningún momento de tu vida. Anota tus sentimientos en tu nuevo diario (necesitarás uno) y de dónde crees que proceden. Procura encontrar un patrón y las conexiones emocionales subyacentes que hay entre ellos y tu imagen fundamental de ti mismo. A continuación, trata de diferenciar la voz de tu madre de la tuya. Muchos de nosotros hemos incorporado la voz de nuestra madre como si fuera la nuestra, sin ponerlo en duda ni vacilar.

Piensa en las cosas que te gustan y te desagradan de tus propias opiniones, en tanto que diferentes de las de tu madre. Piensa en cómo actuarías en una situación dada si no temieras las críticas, la opinión o el rechazo de tu madre. Finalmente, piensa de nuevo en la voz de ésta y no la minimices, aunque ella ya haya muerto o no tengáis una relación estrecha. Tu madre, con independencia de tus circunstancias actuales, sigue vivita y coleando en tu cabeza, tu corazón y tus emociones. Revisa la definición de «vergüenza» y considera cómo actúa en todas tus relaciones, tu conducta y tus sentimientos fundamentales.

Paso dos: Acepta la verdad de que eres la persona con más poder que hay en tu vida hoy. Esta aceptación y aprobación de ti mismo es la manera más rápida de dejar de actuar de una manera que minimice tus sueños y tu potencial. Como ya hemos dicho, eres la persona con más poder que hay en tu vida, a todos los niveles. Nadie más que tú controla ni es responsable de tu vida. Éste es el primer paso para entrar en la edad adulta y convertirte en el hombre o en la mujer que siempre has querido ser. Este cambio afectará a tu vida y a tus relaciones afectivas de maneras que te sorprenderán. Tu opinión de ti mismo tiene una importancia primordial y crítica en el camino que seguirán tus relaciones en tu vida adulta. Piensa en cómo cedes tu opinión, tu poder y tus elecciones a tu madre. Tu aversión hacia ti mismo es un efecto secundario de no hacer, pensar ni creer en tus sueños, impulsos y deseos internos. Piensa en tres cosas que siempre hayas temido, evitado y querido en tu vida. Anótalas en tu diario y considera la posibilidad de alcanzarlas.

Paso tres: Acepta ser «perfectamente imperfecto» en todas las relaciones de tu vida. Date permiso para experimentar el placer y la libertad de no estar sometido a ningún tipo de viejo contrato para ser «perfecto». Puede parecer tonto, pero considera el poder de perdonarte por ser «imperfecto». Cuando los adultos se perdonan por no estar a la altura de un estándar invisible de perfección o por creer que son «malos» o «no lo bastante buenos», la vida se hace mucho más fácil. Este cambio desde la aversión a la aceptación de ti mismo permitirá, finalmente, que tu vida emocional tenga una oportunidad para ensancharse y crecer. Muy pocos adultos se conceden la posibilidad de salir de debajo de su crítica voz interior. La mayoría de los hijos de madres «perfectas» sigue atrapada en el ciclo interminable de la «perfección».

Es preciso tener valor y paciencia para sentarse y poner por escrito los problemas que te diagnosticas a ti mismo. La escritura es un medio muy poderoso de ver, expuestos concretamente, tus pensamientos internos. Anota en tu diario cinco cosas sobre ti mismo, tu historia y tus relaciones que son menos que perfectas (por ejemplo, un divorcio, problemas de peso o de dinero, adicciones, problemas sexuales, etc.). No seas ni demasiado educado ni demasiado crítico; date permiso para librar a tu vida de estas creencias y conductas preestablecidas, que afectan negativamente a todas las relaciones que tienes en la actualidad. Al final, empezarás a disfrutar sinceramente de tu propia compañía. Este tipo de giros emocionales te permitirá dejar de tener tantos muros emocionales en tus relaciones.

Paso cuatro: Crea un mantra, un lema o un dicho que te recuerde tu aceptabilidad y tus nuevos sentimientos y pensamientos positivos fundamentales. Se trata de mucho más que de pegar alguna frase bonita y pegadiza en el espejo del baño y repetirla cada mañana. Se trata de poner fin a tu programación emocional, profundamente arraigada, de perfección, aversión hacia ti mismo y vergüenza. No subestimes el poder de estas tempranas convicciones emocionales y de sus conexiones con tu madre. Sé creativo en tu mantra, porque pronto sustituirá esa voz y esos sentimientos críticos que hay en tu cabeza y en tu corazón. Estos mantras son un recordatorio deliberado y consciente de un proceso muy poderoso e inconsciente de aversión hacia ti mismo, un proceso que nunca has puesto en tela de juicio. Tu vida es mucho más que un estándar de apariencias o de ser «perfecto». Tu vida es tuya, igual que las relaciones que forjes en ella.

Paso cinco: No dudes del poder que tiene aceptarte y aprobarte a ti mismo para cambiar tu vida de dentro hacia afuera. No hay ninguna cuestión psicológica o emocional en tu vida que no esté relacionada con tu aversión hacia ti mismo, tu «perfeccionismo» y tu vergüenza. Estos cinco pasos para interiorizar la idea de ti mismo como «perfectamente imperfecto» lo revolucionarán todo en tu vida. Tienes el poder de cambiar tus sentimientos fundamentales, tus relaciones y tus conexiones emocionales contigo mismo y con la madre que hay dentro de tu cabeza y de tu corazón. Piensa en el poder personal que tendrás cuando dejes de gastar tu energía en lo que los demás o tu madre dicen o piensan sobre ti. Los hombres y mujeres que hacen esto descubren que su vida y sus relaciones son mucho más plenas y satisfactorias.

Apunta, hoy, en tu diario, cuántas veces has dejado de buscar la aprobación o aceptación de alguien. Anota cuándo has cedido tu poder personal y cuándo no. Hay un patrón en estas conductas. Averigua por qué tienes esos patrones emocionales.

Resumen

No te dejes dominar por el pánico ni sientas más vergüenza si no puedes comprender y aplicar *de inmediato* a tu vida y a tus relaciones íntimas la idea de «perfectamente imperfecto» y los cinco pasos. No hay un camino acertado o equivocado para llegar a un desarrollo y crecimiento continuados. *Ya eres perfectamente imperfecto, sólo que toda-vía no lo sabes.* Vas a dejar atrás ese limitado guión de ser perfecto y vas a llegar a ser el hombre o la mujer que siempre has soñado y que-rido ser. Considera y acepta el hecho de que cada vez eres más cons-ciente de tu potencial oculto y de un sentimiento ilimitado de seguri-dad emocional. No hay barreras en tu vida cuando te sientes seguro, querido y aceptado según tus propios estándares. Ya no tienes que vivir una «vida perfecta» para saber que eres valioso, que mereces la pena y que eres digno de ser querido. Estás «perfectamente» prepara-do para hacer las cosas que no te atrevías a hacer hasta que las cir-cunstancias fueran perfectas. Alcanzar la perfección es como prome-ter enviar un cheque y no hacerlo: el cheque no llega y no es posible alcanzar la perfección. Puedes liberar tu vida de su «camisa de fuerza» emocionalmente perfecta y empezar a ensancharla para poder de-sarrollar tu potencial en todas tus relaciones. A veces, este camino que conduce fuera del valle de la vergüenza y el miedo es lento, pero siempre resulta beneficioso y productivo. Tus continuados esfuerzos, tus nuevas perspectivas y tu manera personal de sentir, creer y actuar de una manera «perfectamente imperfecta» te devolverán, multiplica-do por diez, lo que hayas invertido en ellos.

4
La madre imprevisible
Cómo vencer la depresión y la ansiedad

Nunca olvidaré que llegaba a casa, en verano, y me quedaba jugando en la calle, mientras mi madre estaba sentada a oscuras viendo la tele. No había ninguna expresión en su cara y nunca se daba cuenta de cuándo entraba en casa. Siempre parecía estar en alguna otra parte, excepto con nosotros. Siempre me preguntaba adónde iba mi madre mentalmente cuando se quedaba con la mirada clavada en la tele durante horas. Creo que era el único momento en que parecía feliz.

DEBBIE, cincuenta y dos años

Cuando yo era niña, mi madre era muy desdichada y estaba muy deprimida. Mi padre siempre nos advertía de que no la molestáramos y de que nos portáramos bien. Mi padre viajaba cuatro noches a la semana y mi hermana y yo teníamos que capear los cambios de humor de mi madre y sus continuas amenazas de matarse, cuando se disgustaba o se enfadaba de verdad. Cuando se enfurecía, nos aterrorizaba, de verdad, a mi hermana pequeña y a mí.

LINDA, veintisiete años

Las madres deprimidas, con cambios de humor, angustiadas, iracundas, excesivamente emocionales y mentalmente inestables han sido un tema presente en la psicología durante muchos años. Este *collage* de conductas aleatorias y caóticas crea el estilo imprevisible de crianza materna en la vida de un niño pequeño. Estas madres parecen «misteriosas» por su manera de establecer conexiones emocionales inconsistentes y por criar a sus hijos siguiendo puramente su estado de ánimo. Siempre hay una nube de conflicto, fatalidad inminente y errores de juicio en torno a estas madres. Crean «crisis» en su cabeza, a través de sus emociones y relaciones y las transmiten a sus hijos. Hacer frente a la vida con una imprevisibilidad constante es, irónicamente, un medio para que sientan que dominan la situación. Muchas de ellas pasan por varios matrimonios y tienen hijos con cada nuevo marido. Otras permanecen infelizmente casadas o se quedan solteras como parte de su continuado drama vital. Aman a sus hijos, pero son incapaces de mantener un estilo de crianza estable y un modelo de relación seguro, consistente y fiable en su interior o con sus hijos. Los debates públicos que tratan de explicar a estas mujeres y su conducta aleatoria tienden a ser tendenciosos e insensibles, dirigidos a asignar culpas y a señalar con el dedo. Una imagen más completa de este estilo materno contempla los problemas emocionales personales y silenciosos que aterran a estas mujeres y a sus hijos. Es espantoso y emocionalmente abrumador sentir que has perdido el control y que no conoces la razón ni el origen del problema. Cuando estas madres consiguen verbalizar sus pensamientos internos, no les gusta ni quieren ser la madre problema ni el desastre emocional del vecindario. Quieren, genuinamente, crear unas relaciones estables y seguras, pero no tienen la capacidad emocional para hacerlo.

El estilo imprevisible de crianza materna es muy problemático para todos los miembros de la familia. Los hijos o las hijas pequeños moldearán su capacidad de relación para tratar de evitar el terror que crea la conexión inestable madre-hijo. Estos niños encontrarán la manera de minimizar el miedo que les crean los estallidos verbales diarios y las constantes y excesivas crisis emocionales de su madre. Por ejemplo, Linda, como demuestra la cita anterior, se pasó la mayor parte de su infancia tratando de complacer a su madre y capear sus cambios de humor y su conducta irregular. Linda me explicó que, una vez, su madre se puso tan furiosa con su padre que cogió todos sus trajes, los sacó al jardín y les prendió fuego. A la mañana siguiente, no se acordaba de sus gritos, de que hubiera quemado la ropa ni de sus razones para hacerlo. No estaba bebida, sino dominada por la ira a causa de algo que Linda no comprendía ni controlaba. Linda recordaba que, a la edad de siete años, se quedaba en casa, sin ir a la escuela, cuando su madre tenía un «mal día» y necesitaba su apoyo.

Este tipo de conductas nutricias por parte de hijos e hijas es muy típico, normal, habitual y necesario para la supervivencia emocional de sus madres. Linda y Debbie (véase la primera cita del capítulo) siempre estaban preocupadas por el bienestar de sus madres. Su preocupación se convirtió en un aprendizaje psicológico a una edad muy temprana. Aprendieron a ser la «madre» que querían y no tenían. Los hijos de este estilo de crianza materna adquieren un don de gentes y una inteligencia emocional (capacidad de comprender a las personas y sus sentimientos) tremendos antes del primer curso escolar. Saben que son responsables de cosas, situaciones y problemas que quedan claramente fuera del ámbito de una relación «normal» madre-hijo.

Imprevisible y excesiva emocionalmente. Nunca se acaba

Este estilo de crianza materna no sólo afecta negativamente a las mujeres, sino también a los hombres. Es algo que parecería obvio, pero a los hombres se les da poco crédito cuando hablan de sus madres imprevisibles. Por otro lado, las hijas son, en general, más conscientes de la conducta de su madre y es más probable que hablen de ello. Los hombres tienden a quitarle importancia y a evitar volver sobre su infancia caótica e inestable. Los hombres que conozco profesional, personal y socialmente se muestran, por lo general, ambivalentes con respecto al efecto a largo plazo de su relación madre-hijo. Los mismos hombres se quejan de que todas las mujeres son «imprevisibles» y de que sólo conocen mujeres «chifladas». También creen que una relación íntima equitativa, estable y tranquila es un mito.

El legado materno que conecta el drama presente y el pasado terror emocional se escapa a la mayoría de estos hombres. Por desgracia, los adultos, tanto hombres como mujeres y de todas las edades, se debaten con su imprevisible legado emocional y con el hecho de revivir aquellos terribles recuerdos. Aunque las mujeres tienden a ser más francas sobre sus problemas madre-hija que los hombres, a todos los adultos que experimentaron este estilo de crianza materna les conviene ser sinceros y estar abiertos a las posibilidades de cambiar su legado y sus modelos de relación. Sin embargo, todos los adultos criados siguiendo este estilo acaban comprendiendo —los hombres más tarde que las mujeres— la enorme carga emocional y los dolorosos problemas que han soportado.

Conocí a un joven que ejemplificaba la lucha que tanto hijos como hijas libran con este tipo de madre y su «demencial» manera de hacer frente a la vida. Josh, ingeniero de sistemas informáticos, de veintiséis años, vino a verme por el miedo, emocionalmente paralizador, que tenía a la intimidad. Describió esa «horrible sensación visceral» que sentía siempre que iniciaba cualquier tipo de conexión emocional en una relación (profesional, de negocios, social y familiar) con una mujer. Reconoció que, cuando empezaba a sentirse cercano emocionalmente a una mujer, o comprendido por ella, de inmediato comenzaba a dominarlo una sensación terrible de catástrofe inminente y de miedo. Estos sentimientos llegaban a ser tan abrumadores que tenía que dejar de ver a la mujer o resignarse a quedar paralizado emocionalmente. Cuando esto le ocurría en el trabajo, pedía a su compañero que se ocupara de la cliente o las clientes en cuestión. Josh sólo salía con mujeres que necesitaran que las «rescataran» o que las «compusieran». Al principio, no se daba cuenta conscientemente de las necesidades emocionales de esas mujeres, pero siempre aparecían los mismos conflictos en sus relaciones amorosas. Josh comentaba al respecto: «La misma chica siempre, sólo que con un nombre diferente y la misma historia». Este tipo de relaciones unidimensionales de dar sin nunca recibir ha sido su único modelo y estilo de relación. Evitaba en todo lo posible la interacción emocional con mujeres, tanto en el trabajo como socialmente. Josh estaba metido en un ciclo crónico de conflicto interno porque anhelaba una relación íntima segura con una mujer, pero le parecía imposible. Este patrón también le impedía tomar decisiones de negocios más contundentes debido a su temor a las mujeres y a su enfado.

Cuando empezamos a analizar su relación madre-hijo, Josh me contó lo siguiente:

> Steve, no tienes ni idea de cómo rescato a las mujeres. Es un acto automático y tengo la impresión de que es mi deber. No tengo problemas para ligar con alguien, pero es difícil no verse envuelto en un drama en curso. Parece que siempre cargo con el problema de la mujer y lo hago mío. Luego me siento responsable de solucionarlo y asegurarme de que no se ponga furiosa conmigo mientras tanto. Siempre temo disgustar o decepcionar a mi ligue o a mi pareja. Automáticamente, doy por sentado que es mi deber ser el rescatador, mostrarme cariñoso y darle todo mi apoyo. Cada vez que empiezo a conocer a una mujer, me siento como si me acabara de atropellar un camión. Siento esa presión que nubla mi buen juicio y empaña mis relaciones con las mujeres.

Le pregunté qué tipo de relación madre-hijo tuvo de niño. Josh me respondió:

> Siempre tenía miedo de mi madre. Todavía hoy, me llama a diario para decirme qué piensa. Nunca para; todo es una crisis y tengo que actuar en consecuencia. Si siguiera sus consejos, estaría desempleado y viviría en su casa, con ella. Siempre he pensado que

no importa lo que haga, nunca será suficiente para ella ni para ninguna mujer. Me asusta mucho el enfado y la decepción de cualquier mujer. Mi madre siempre estaba de mal humor y se ponía a insultarme y a maltratarme. De niño, siempre andaba como pisando huevos para no disgustarla ni hacer que se pusiera furiosa. Mi madre tiraba cosas, me pegaba y chillaba durante horas. No podía hacer nada para que parara o para que se calmara. Estaba absolutamente fuera de control.

La historia de Josh no es inusual si consideramos el drama infantil de un estilo imprevisible de crianza materna. Este tipo de madre adopta el más caótico de los cinco estilos clásicos. Crea unos determinados problemas, motivos de enfrentamiento e impedimentos a la relación emocional que pueden emerger en la vida del hijo veinte años después del incidente. Las circunstancias, los hechos y los estallidos de violencia son casi imposibles de creer para los adultos que no han pasado por este tipo de comportamiento volátil marcado por la cólera. A los adultos que no están familiarizados con este tipo de deterioro emocional materno les resulta difícil comprender el grado de temor que se crea. Sin embargo, una gran mayoría de las relaciones conflictivas madre-hijo tuvo, probablemente, sus principios en este estilo materno. Son los numerosos conflictos emocionales sin resolver, probablemente procedentes de la generación anterior —tu abuela—, los que ayudaron a crear una base emocional muy inestable en la vida de tu madre. El resultado es un legado caótico transmitido de generación en generación. Muchas hijas que se convierten a su vez en madres no se dan cuenta conscientemente de la profundidad de su propio dolor emocional; su propio legado de dificultades o temores respecto a las relaciones. Cuando se enfrentan a estas cuestiones, muchas hijas e hijos deciden ignorar su caos interno hasta que el dolor sobrepasa los límites de lo que pueden soportar.

Inestabilidad → Imprevisibilidad → Crisis → Afectan a tu vida

Los niños como Josh y Linda crearán, automáticamente, maneras de confortar, cuidar y proteger a su madre cuando perciben su estado de necesidad emocional. Esta madre es incapaz de manejar, comprender o soportar sus propios problemas emocionales y psicológicos. Hay una falta de información psicológica, mental o emocional sobre el legado con el que carga, de forma que sus dificultades siguen sin resolverse. La vida cotidiana es, para muchas de estas madres, sencillamente demasiado abrumadora y difícil. Necesitan ser independientes psicológicamente para ocuparse de sus propias necesidades emocionales y ser conscientes del efecto que tiene su conducta inestable de «crianza materna». Por añadidura, estas madres no son capaces de establecer unos límites emocionales claros entre ellas y sus hijos. Los hijos se convierten en «padres», emocional y psicológicamente. Se transforman en contenedores emocionales de los problemas psicológicos de la madre. Estos niños pequeños adoptan una conducta extremadamente madura porque saben que su vida corre peligro si su madre se desmorona. Se pondrán, figuradamente, delante de un tren o harán casi cualquier cosa para protegerla, porque ella es su fuente de vida. Los hijos desean que su madre sea estable y previsible. Es un rasgo genético natural querer lograr una relación y un vínculo emocionales estables y consistentes con tu primer amor: tu madre.

Los hijos que han crecido con un estilo imprevisible de crianza materna aprenden y crean sofisticados sistemas para evitar que su madre se autodestruya. Josh y Linda aprendieron, de manera habitual, a evitar que su madre intentara suicidarse. Encontraban maneras de distraerla emocionalmente. El objetivo era redirigir su atención hacia algo que no fuera el suicidio. Estos hijos crecieron con una carga tremenda y una necesidad muy arraigada de cuidar de otros: amigos, parientes, y los conflictos emocionales de todos. Los niños como Josh y Linda se convierten en adultos que tendrán dificultades para no intentar «componer» o «reparar» a todas las personas con las que se relacionan. El término *codependencia* describe acertadamente su estilo de relación, su legado y su apego emocionales. Estos mismos niños experimentarán un tremendo sentimiento de culpa cuando no ejercen el papel de cuidador de su madre o de las personas que aman en su vida. El nivel de culpa, inquietud o ansiedad por no cuidar y nutrir puede paralizarlos y debilitarlos emocionalmente. Con frecuencia, la conducta codependiente puede ser como una droga adictiva: la abstinencia es más dolorosa que el autosacrificio continuado y el rechazo de su vida. Este tipo de conducta obstaculiza la capacidad de cualquiera para ver con claridad y fijar los límites necesarios que requieren todas las relaciones.

Por desgracia, las explosiones emocionales y psicológicas inexplicadas constituyen la piedra angular de este estilo de crianza materna. Los adultos experimentan dificultades enormes para recordar los horrores de su infancia y el miedo que sentían cuando su madre perdía los estribos. Estos adultos evitarán cualquier tipo de relación emocional o personal que tenga un patrón de conducta familiar. Si no evitan el dramatismo, elegirán continuamente las mismas relaciones imprevisibles, con los mismos resultados traumáticos. El drama emocional se convierte en el puntal de la vida de estos adultos y de su conciencia de sí mismos.

La depresión, la ansiedad, la ira, los gritos, los golpes, un pánico excesivo y unas reacciones emocionales imprevisibles son las experiencias vitales diarias, o por lo menos semanales, de estos hijos e hijas. Todas las reacciones emocionales se alimentan de una ira sin resolver, que queda oculta por la ansiedad o la depresión. La madre hace un mal uso, aleatorio e inconsciente, de estas emociones con el propósito de compensar sus propias necesidades emocionales no satisfechas. Se trata de una madre que suele ser inmadura, emocional y mentalmente, y que no es capaz de educar ni de guiar a sus hijos de una manera positiva y productiva. Los problemas emocionales de la madre son tan extremos y graves que controlan su vida, sus pensamientos y su manera de criar a sus hijos. Éstos no tardan en convertirse, emocionalmente, en el adulto, el padre y la persona ultrarresponsable de la familia.

El miedo siempre presente a que la madre se disguste o a que pierda el control es una experiencia horrorosa para cualquier niño. Se trata de un patrón de relación y una conexión emocional poderosos que hay que cambiar en las relaciones adultas. Una vez que el niño aprende y experimenta el beneficio emocional de ser quien «cuida», «nutre» y «sana», es muy difícil ignorar el poder y el control que se obtiene desde esa posición. Estas tempranas experiencias emocionales ayudan a crear una personalidad codependiente; un adulto que se siente consumido por los problemas, las preocupaciones y las relaciones de los demás. Estos adultos no pueden concentrarse ni comprender el poder y las elecciones que tienen a su disposición en una relación, aparte de ser la «madre» de todos los implicados. Esta conducta es universal en hombres y mujeres. Nadie es inmune a las trampas de ser el «padre», el «héroe» o el «salvador» de la madre. Hasta cierto punto, se puede descubrir un elemento de codependencia en muchas relaciones madre-hijo. Sin embargo, esas mismas habilidades de la «crianza materna» no son productivas cuando se trata de las únicas que se usan en la relación. Es el uso exclusivo de un patrón que lleva a ser el cuidador en las relaciones adultas, profesional, social o íntimamente, lo que hace que una hija o un hijo se convierta en codependiente en casi cualquier relación.

Reinas y reyes del melodrama

Listas de control para el legado de la madre imprevisible

Las listas siguientes tienen dos propósitos diferentes. La primera está pensada para señalar con precisión algunas de las conductas problemáticas de tu madre y el efecto a largo plazo que tienen sobre ti. La segunda describe lo que tú haces o no haces en tu relación. Considera estas dos listas como un autodiágnostico informal de tu comportamiento inconsciente y codependiente y de sus excesos emocionales, así como un medio de comprender mejor y resolver la imprevisibilidad. Muchas veces, creemos y actuamos como si la vida fuera, realmente, tan dramática como nuestras madres creían y actuaban en consecuencia. Aunque sabemos cognitivamente que el cielo no se desploma y que el sol saldrá mañana, continuamos siendo un producto de la crianza de nuestra madre y del vínculo que nos une a ella.

Madre

— Era típico que tu madre actuara de una forma imprevisible.
— Tu madre expresaba su enfado y su frustración de una manera muy agresiva e imprevisible.
— Tu madre estaba, generalmente, metida en algún tipo de «crisis» con respecto a sus relaciones y su pareja.
— Tu madre se volvía muy abusiva (verbal, física y psicológicamente) regularmente.
— Tu madre pagaba su enfado y frustración contigo.
— Tu madre tenía unos cambios de humor imprevisibles en extremo.
— Tu madre se quejaba de que nadie la quería y de que no le importaba a nadie.
— Tu madre dependía de ti emocionalmente.
— La culpa, el miedo y el pánico son reacciones naturales cuando no ayudas o atiendes a tu madre.
— Tu padre no sabía cómo contener emocionalmente la cólera de tu madre.
— El abuso de diversas sustancias (alcohol, marihuana, drogas, calmantes) era una práctica común en tu casa.
— Durante tu infancia, la vida de tu madre se consumía constantemente con sus problemas, emociones y crisis.

Tú

— Te han dicho que eres el «rey» o la «reina» del melodrama porque reaccionas muy exageradamente ante los asuntos normales de la vida.
— Tienes dificultades para ser franco y sincero con los demás, porque temes su reacción.

— Te han dicho que eres alguien que actúa para «complacer a los demás».

— Te sientes excesivamente responsable de la felicidad de tus amigos, cuando planeas algo o tienes una conversación con ellos.

— Te cuesta centrarte en tus propias necesidades y preocupaciones sin sentirte culpable.

— Dependes en exceso de la opinión que los demás tienen de ti.

— No valoras tu propia opinión como más valiosa o igualmente valiosa que la de quienes te rodean, incluyendo tu madre.

— Te describirías como «rescatador» en tus relaciones.

— Experimentas un alto grado de ansiedad respecto al enfado o a cualquier señal de frustración dirigida a ti.

— No te gusta la manera codependiente en que actúas en tus relaciones.

— Te responsabilizas de los actos, emociones y sentimientos de los demás. Es algo habitual en tus relaciones.

— Te sientes de lo más cómodo en una crisis o en un drama emocional.

— Te han acusado de «crear dramas» o crisis innecesarias en todas tus relaciones.

— Te cuesta mantener relaciones estables y duraderas.

— De adulto, sigues sintiéndote excesivamente responsable de los sentimientos y traumas de tu madre.

— Tienes una historia personal marcada por reacciones y conductas emocionales extremas ante sucesos «cotidianos» de la vida.

— Te resistes psicológicamente a que te comparen con tu madre (temes que tu conducta sea parecida a la de ella).

— Actualmente tú y tu madre no os lleváis bien o no os habláis.

Se trata de una lista muy exhaustiva de la conducta, las creencias y las reacciones emocionales tanto tuyas como de tu madre. Es importante que comprendas mejor psicológicamente el efecto que tiene ser criado con un estilo materno imprevisible. No minimices el hecho ni te desanimes por sentirte atraído por los conflictos en tus relaciones. La clave es recordar que tu vida no descansa sobre una serie prefabricada de dramática agitación emocional ni caos crónico. *Tu vida es tu capacidad consciente para tomar decisiones claras que dan fuerza a tus sueños, a tus relaciones y a tu conciencia sobre tu propia identidad.* Tu objetivo primordial es tener la capacidad de comprender que tus reacciones, tus relaciones y tu salud emocional actuales pueden ser completamente diferentes del legado de tu infancia. Una señal clara de salud mental es la capacidad para tomar tus propias decisiones sin el temor, la culpa y el guión preescrito en tu infancia. Los adultos que no han aceptado ni se han reconciliado con su caótica y traumática infancia repetirán, automáticamente, los mismos modelos emocionales contraproducentes. ¡Te lo garantizo!

Todos estamos destinados a volver a caer en las trampas madre-hijo de nuestro pasado, a menos que consigamos nueva información, más conocimientos y una mejor percepción de nosotros mismos. La falta de percepción y comprensión profunda, así como la negación y un escaso análisis propio de tu relación madre-hijo, es una receta que garantiza el desastre. Recordarás, por los capítulos anteriores, el intenso dolor emocional que este legado puede causar. Si has experimentado una décima parte de los sentimientos y las conductas de la lista anterior, estás más que preparado para solucionar tu historia y tomar plenamente las riendas y la responsabilidad de tu vida y de tus relaciones afectivas actuales.

Muchos de mis colegas son psicólogos que trabajan con el County Department of Children and Family Services (DCFS), del condado de Los Ángeles, y ven este patrón madre-hijo repetido varios cientos de veces al día. Los hijos, con independencia de su edad, tratan de sobrevivir a su infancia y esperan que su madre cambie. Las madres que se encuentran dentro del «sistema», que experimentan tremendos conflictos personales, no están circunscritas a ningún nivel económico ni circunstancia vital. Este tipo de conducta se encuentra muy extendido, sin límites impuestos por barreras sociales, raza o educación. En los casos más graves, con frecuencia el DCFS separa a los niños de su madre. No obstante, cuando, en este estilo de crianza, aparece el uso de drogas como mecanismo de defensa (por lo general, la razón subyacente al consumo de drogas), la madre perderá, con frecuencia, a sus hijos o, peor aún, la vida. En aproximadamente el 80 % restante de los casos marcados por estas relaciones madre-hijo, la situación continúa siendo muy problemática, pero no se encuentra fuera del control de la madre y de su sistema de apoyo.

El lado oscuro y sin solucionar del legado emocional del estilo imprevisible de crianza materna es que puede generar codependencia, una personalidad pasiva-agresiva, una personalidad histérica límite o inseguridad emocional e inestabilidad mental en el niño. Pese a estas etiquetas, las reacciones emocionales polarizadas no son insalvables. Muchos de los niños que pasaron por el «sistema» y otros que han vivido con sus madres inestables han superado su legado madre-infancia. El camino para salir de este valle de desesperación empieza por reconocer la profundidad y el origen de tus actitudes contraproducentes. Tu capacidad para examinar sincera y abiertamente tus relaciones, tu conducta emocional, tu sistema de creencias y tu propio estilo es el sendero que te llevará a una vida mucho más sosegada, gratificante y estable y a unas relaciones de alto nivel funcional. Dar un paso atrás, para apartarte de tus activadores emocionales, tus patrones de reacción y tus problemas relacionales recurrentes es una etapa necesaria para reescribir tu legado emocional.

Todos tenemos una historia. El viaje de Christine

Una de las historias madre-hija más dolorosas que he oído es la de una pareja que vino a verme hace unos doce años. Christine quería mejorar la comunicación entre su marido y ella. Parecía una petición muy sólida y apropiada para la terapia de pareja. No obstante, sólo fueron necesarias unas pocas sesiones para que, durante las conversaciones, aparecieran la ira, la constante irritabilidad y los estallidos emocionales de Christine. Al principio, presentaba un comportamiento tranquilo y un tono de voz suave. Pero, de repente, «cambiaba de marcha» sin ninguna razón obvia y empezaba a chillar a su marido, Howard. Estos explosivos encontronazos verbales hacían que él se quedara inmóvil, sin ninguna expresión en la cara. No importaba por qué chillaba Christine, Howard no reaccionaba en absoluto ante su imprevisible conducta. Christine casi parecía perder el juicio cuando se enfurecía de aquella manera. Yo estaba absolutamente atónito por el grado de ira y rabia que expresaba en nuestras sesiones de terapia con relación a cuestiones que parecían insignificantes (por ejemplo, sacar la basura o que Howard la llamara por teléfono).

Resultaba abrumador presenciar estos dolorosos estallidos y la desesperación patente en la voz y los actos de Christine. Se mostraba inconsolable y parecía chillar a alguien dentro de su cabeza. Estaba claro que su cólera se dirigía a alguien que no estaba en la estancia. No miraba a Howard cuando estallaba en un explosivo episodio verbal. Howard, por su parte, la miraba sin expresión, como si no pudiera creerse que le gritara porque el ordenador de la familia no funcionaba. Sus dos hijos salían corriendo a esconderse cuando Christine se enfadaba con Howard. También yo tenía ganas de esconderme en el despacho cuando su energía y tensión emocional alcanzaban aquellos extremos.

Christine empezaba a explicar una situación y, con independencia de las circunstancias, su voz empezaba a subir y subir de tono. El nivel de intensidad y la furia que había en su voz no parecían encajar en la situación que describía. Cuando ella se ponía tan furiosa y agresiva contra él, Howard dejaba de hablar. «Desconectaba» y, emocionalmente, abandonaba la habitación. Christine se ponía tan furiosa que una vez, en mi consulta, le tiró un libro. Luego se levantó y le dijo que se fuera al infierno y que así se muriera. Le pedí que viniera a verme para una sesión individual, a fin de poder comprender mejor el origen de lo que parecía una incesante frustración y odio hacia su marido.

Le pregunté sobre su relación madre-hija y si había muchos gritos en su infancia. Christine me contó lo siguiente:

Mi madre era una de las mujeres más amargadas y furiosas que he conocido. Nadie podía hacer nada para ayudarla o comprender su frustración. Mi madre tuvo a mi hermano cuando yo tenía siete años y fui yo quien lo crió. Cuando yo tenía doce años, tuvimos una pelea horrible, con gritos e insultos, por la pereza de mi madre. Me pegó con unos alicates y me denunció a la policía. No podía defenderme ni devolverle los golpes. Siempre me he preguntado por qué no pude enfrentarme a mi madre en aquel momento. Acabé pasando los tres años siguientes en una casa de acogida, hasta que cumplí los quince años. Luego hice que los tribunales me declararan emancipada y me mantuve a mí misma. Mi madre y yo nunca volvimos a llevarnos bien después de aquella horrible noche, cuando yo tenía doce años. Dejé de ir a la escuela cuando estaba en secundaria. No podía estudiar ni concentrarme en la escuela. El resentimiento de mi madre consumía mi vida entera. Para ella, toda mi vida era una serie de decepciones. Me decía las cosas más mezquinas y me acusaba de ser una mala hermana para mi hermano pequeño. No hice nada bien hasta el día en que murió. Mi madre siempre esperaba que la cuidara y cargara con su dolor emocional. Mi cólera contra ella está siempre justo bajo la superficie y sale contra Howard, cuando en realidad no debería ser así. Es sólo que su conducta indiferente me molesta y me pone furiosa. Mi madre, cuando se moría de cáncer de huesos, me dijo que era culpa mía que ella tuviera cáncer. Que le había arruinado la vida y era la causa de que muriera. Nunca aceptó el hecho de que había fumado cigarrillos durante cuarenta años.

Después de varias sesiones individuales de terapia, le pregunté cómo había superado aquella dolorosa relación madre-hija.

He trabajado y ganado dinero desde que tenía nueve años. Mientras trabajaba, me sentía y me sigo sintiendo valiosa y productiva. Me esfuerzo por no cargar con los conflictos y preocupaciones de los demás. Mi círculo de amigos es un reflejo de mi codependencia; todos parecen necesitar mi ayuda. Intento no componer la vida de nadie, como si se tratara de mi madre. Me esfuerzo por no hacerlo ni sentirme responsable de la vida de todo el mundo. Tampoco me castigo por no ser una esposa, una madre y una amiga mejor. La verdad es que Howard es un buen hombre y no se merece la frustración y la rabia contra mi madre que todavía siento. Mi objetivo es reducir el dramatismo y el trastorno emocional que hay en mi vida. Es algo en lo que he trabajado desde que tenía doce años [ahora tiene cincuenta y seis años].

La solución empieza en ti

Está muy claro por la franqueza de Christine que su legado emocional de «dramatismo», «gritos excesivos» y «culpa» ha afectado negativamente a su matrimonio, a su conciencia de sí misma y a su manera de criar a sus hijos, entre otras muchas cosas. Fue la amenaza de divorcio por parte de Howard lo que hizo que Christine dejara de culparlo de su dolor y terror emocionales. Christine conectó conscientemente su actual ira (matrimonio) con su relación no resuelta madre-hija (decepción). Empezó a aceptar la idea de que la mayoría de sus exageradas reacciones emocionales no tenía nada que ver con los conflictos actuales, sino que eran recordatorios inconscientes de su niñez. Empezó a poner en perspectiva el abuso emocional constante, la necesidad afectiva y los insultos de su madre y a confinarlos al pasado. Sabía que era algo irracional, pero la verdad es que se había sentido responsable de la vida y la muerte de su madre. Nunca había sido capaz de expresar de forma constructiva y no hostil el dolor y la decepción que sentía en relación con su madre. Ella y Christine siempre fueron una combinación explosiva. La dinámica de su relación era hostil desde que Christine podía recordar. Cuando dejó de culparse por su relación imprevisible madre-hija, sus estallidos de cólera contra Howard y sus hijos se acabaron de inmediato. Este giro emocional y conductual mejoró enormemente la calidad y el vínculo dentro de su matrimonio, su trato con sus hijos y sus relaciones profesionales. La necesidad de desplazar su dolor emocional se había resuelto finalmente y estaba enterrada en el pasado, al que pertenecía. Hasta aquel momento, Christine nunca había sido capaz de resolver su legado materno obteniendo cierto grado de satisfacción y alivio emocional.

Cómo contar tu historia. Ahora te toca a ti

Ahora te toca a ti contar la historia sin censurar tu experiencia con un estilo de crianza imprevisible. El propósito de este ejercicio es que continúes removiendo tu «caldero emocional» lleno de cuestiones no resueltas, ocultas, no abordadas y latentes, vinculadas a tu historia madre-hijo. Esos viejos asuntos pendientes que emergen habitualmente con tu pareja, tus hijos y tus amigos y en tu profesión pueden estar conectados contigo y con tu madre. Quiero que pienses seriamente en todos los conflictos, preocupaciones, problemas y crisis mencionados en este capítulo y en el papel que tienen en tu vida actual. Coge un papel y anota tus respuestas a estas preguntas o contéstalas en voz alta. Lo primero que te venga a la cabeza es la respuesta o idea que debes tomar en consideración.

1. ¿Cuál es tu principal recuerdo de tu madre cuando eras niña?
2. ¿Cómo querrías que te recordaran tus hijos, tu pareja y tus seres queridos?
3. ¿Cuál es el momento más aterrador de tu infancia?
4. ¿Quién conoce realmente el alcance, la profundidad y la gravedad de tus traumas, terrores y miedos de la infancia? ¿Crees realmente lo que pasó o lo descartas como carente de importancia?
5. ¿Cuál es el conflicto, problema o resentimiento que tienes contra tu madre?
6. ¿En qué sería diferente tu vida si dejaras de revivir constantemente tu imprevisible vida emocional?
7. ¿Qué es lo que siempre has anhelado que tu madre te diera? ¿Puedes aceptar las limitaciones de tu madre?
8. ¿Puedes aceptar tus limitaciones en las relaciones?

Ahora que has contestado a estas preguntas, reúnelas en un relato corto. Ve a algún lugar donde puedas estar solo, en casa, en el barrio o al aire libre y di tus respuestas en voz alta. No necesitas tener público, pero podrías tratar de imaginar que le explicas tu vida a un juez y a un jurado. Es una experiencia emocional muy intensa; te saca de tu historia y te sitúa en la perspectiva de una tercera persona. Imagina que le explicas tu vida al juez (un dios, el universo, cualquier fuente externa a ti) y le describes cómo interactuabais tu madre y tú. Cuenta a esa tercera persona, imparcial y benévola, toda la historia de lo asustada y solitaria que, a veces, fue tu infancia. Dile que siempre querías que las cosas fueran mejores o diferentes, pero que nunca, o raramente, lo eran y que hoy estás cambiando eso. No dejes de expresar tus mayores esperanzas, temores y conflictos, a ti mismo y a tu juez. *Estás reescribiendo tu legado emocional de forma oral.* Tu vida cambiará cuando empieces a contar tu historia sinceramente.

En las próximas semanas, quizá te des cuenta de que hablas mucho contigo mismo. Por favor, no te asustes, no te estás volviendo loco. Esta charla no es la señal de que, finalmente, has olvidado la realidad o has perdido la cabeza. Has iniciado un diálogo emocional contigo mismo, que no está limitado a ningún momento, lugar o situación particulares. No te sorprendas si, mientras vas conduciendo, paseando o haciendo algo habitual, empiezan a inundarte nuevas ideas, sentimientos y percepciones. Es natural, normal y forma parte de tu proceso de curación. La intensidad del sentimiento y la necesidad de expresarlo abiertamente son fundamentales. Confía en el proceso y síguelo. No te sorprendas de lo que tienes que decir y del nivel de nuevas percepciones que se está desarrollando. Tu objetivo es dejarles paso y permitir que tu voz interior hable de tu historia y reflexione sobre ella. Anota tus pensamientos, ideas y afirmaciones clave que hagas. Te será útil para comprender plenamente tu transformación. Más adelante, vuelve a leer lo que has dicho y pensado; te quedarás muy sorprendido.

Como ir más allá de la crisis dramática

Cómo ser directo y emocionalmente seguro

Ha sido muy difícil describir este estilo de crianza materna imprevisible. Seguramente ha traído a tu memoria miles de horas, sucesos e imágenes emocionales que has presenciado, vivido, oído y sobre los que te has preguntado durante años. Es difícil describir el terror y el dolor no resueltos que se generan en todos los miembros de esas familias. Pero la respuesta no es culpar, insultar o matar, metafóricamente, a la madre. Estas mujeres/madres habrían hecho las cosas de otra manera si hubieran podido, pero no podían. Ahora te toca a ti (es tu responsabilidad) enterrar en el pasado tus recuerdos dolorosos, tu codependencia, tus relaciones caóticas, los gritos, la rabia, el resentimiento, el trauma emocional y la conducta del rey o la reina del melodrama. Cuanto más auténticamente decidido te sientas y menos reacciones ante estas viejas heridas, más poder personal tendrás en tus reacciones. La cantidad de nueva energía emocional que tendrás a tu disposición para cualquier cosa a la que dediques tu atención será algo asombroso.

Resulta importante comprender plenamente los clásicos efectos secundarios negativos y problemáticos anotados más arriba. No puedes soltar lo que no sabes que sujetas. ¿Qué sujetas? Considera las siguientes definiciones y descripciones breves de conductas imprevisibles. Son las conductas fundamentales que tendrías que empezar a pensar en soltar y cambiar. La siguiente lista es una versión condensada del amplio espectro de sucesos, creencias y conductas «demenciales» que se crean en el contexto de la relación madre-hijo imprevisible.

Conducta emocional del rey/reina del melodrama: Sientes un miedo exagerado a que te abandonen, no te quieran y no te presten atención. Te sientes emocionalmente inseguro de ti mismo y creas situaciones para atraer una atención excesiva sobre ti y tus problemas. Tu primera experiencia de ser querido y cuidado ha hecho que evites una posible decepción en todo lo que haces. No sabes cómo pedir lo que quieres o necesitas, sin ser «excesivo» o extremo. Tu vida siempre está en un estado de caos e inestabilidad emocional. Has elegido parejas, amigos y relaciones que se vuelven muy imprevisibles y caóticos. No comprendes ni crees que tus necesidades o deseos puedan ser satisfechos, comprendidos adecuadamente o aceptados. Tienes miedo de no gustar a los demás o de que no te quieran. Tu único medio para sentirte amado o cuidado es tener una crisis, vivir en el caos o bajo circunstancias inestables. Tiendes a ser adicto a las drogas (de todo tipo), a las relaciones, al sexo, al juego y a cualquier tipo de conducta destructiva. Te sientes emocionalmente vivo cuando las cosas o las circunstancias son inestables, locas y excitantes. Te gusta vivir al borde del peligro y más allá del sentido común. Prefieres estar cerca de una crisis que actuar de forma más conservadora.

Conducta pasiva-agresiva: Evitas emocionalmente el enfrentamiento, la comunicación o ser franco respecto a tus sentimientos, pensamientos y opiniones. Sientes una gran angustia ante la idea de decir que «no» y temes lo que pasará si lo haces. En cambio, das la respuesta que se desea o espera, no la tuya. Te aterra ser tú mismo y expresar tus verdaderas opiniones. Te sientes impotente y desesperado respecto a este tipo de conducta. Para sentirte poderoso, haces o dices, deliberadamente, cosas que sabotearán una situación, a tu pareja o a ti mismo. No asumes ninguna responsabilidad por tus actos cuando te preguntan sobre esta conducta. Pareces no ser consciente de tu actividad destructiva, pero en un plano consciente más profundo conoces el resultado deseado. Sabes exactamente qué causará problemas o creará una situación difícil para el otro. Consigues poder y placer cuando actúas para alterar, incapacitar o perjudicar a tu pareja, a tu madre o a tus relaciones personales. Te sientes lleno de poder e importante cuando haces estas cosas. La necesidad de sentirte poderoso y comprendido es la fuerza motriz que impulsa tu semiaparente conducta pasiva y tus actos simplistas y agresivos. Es tu incapacidad para ser directo y claro con tus sentimientos, pensamientos y actos lo que te resulta problemático.

Personalidad codependiente/dependiente: Ayudas, das, cuidas y apoyas a todos, con la esperanza de que te quieran y acepten. Te multiplicarás para rescatar, servir y cuidar a tu madre, a tu pareja o a otras personas. Tiendes a hacerlo con todas tus relaciones. Sólo te sientes valorado en tanto que persona «dadora». La única manera de que creas que mereces cariño o de que vales la pena es realizar esas interminables tareas desinteresadas. A la larga, esta actitud te compromete en conductas autodestructivas para mantener en marcha una relación desigual. Toda tu autovalía depende de que el otro te apruebe y te necesite. Tienes grandes dificultades para pensar en tus propias ideas, necesidades y en ti mismo. Te pasas la vida pensando y preocupándote por lo que el otro piensa y siente. No te sientes seguro ni lo bastante fuerte emocionalmente como para expresar tus propias opiniones y creencias ante otras personas. *No existes si no puedes componer, rescatar o salvar a alguien.* Tus relaciones tienden a resultarte emocionalmente agotadoras. Te sientes manipulado y muchas veces sometido a abusos (de todo tipo) por parte de los que te rodean. Tu constante necesidad de ser aceptado por los demás te hace sentir desesperado y, a veces, presa del pánico. Estás demasiado paralizado emocionalmente para tratar de alcanzar las metas, las relaciones y las cosas materiales que deseas. Tu vida consiste en una serie de crisis y en tu habilidad para componer y reparar a las personas que te rodean.

Evitación, ansiedad, cambios de humor, inseguridad: Tienes cambios de humor y sentimientos de desesperación extremos de forma regular (a diario, semanal o mensualmente). Estos sentimientos se producen sin que los provoque ninguna situación particular ni sean el resultado de alguna circunstancia externa. Cuando te sientes abrumado y desesperado, de repente toda tu vida parece perdida y sin rumbo. Estos sentimientos no se basan en la realidad, porque las circunstancias externas de tu vida no han cambiado. Cuando te encuentras en este inestable lugar emocional, te cuesta centrarte en tus tareas diarias. Todo lo que haces o necesitas hacer exige un esfuerzo emocional y una concentración mental tremendos. El exagerado sentimiento de que te han abandonado, no te han querido y te han dejado de lado es agotador y provoca un miedo crónico a las relaciones. En pocas palabras, es una cuestión problemática. Estás, constantemente, en un estado emocional de tensión y agitación con tus amigos, pareja y familia. Tus relaciones son muy intensas y dramáticas, con independencia de quién esté involucrado. Tanto el principio como el final de tus relaciones, sean profesionales, sociales, íntimas o familiares, están muy cargados emocionalmente y resultan mentalmente devoradores.

No comprendes por qué otras personas no experimentan el mismo grado de incomodidad, malestar, temor y ansiedad emocionales. Estás plenamente convencido de que experimentar estos extremos emocionales es normal y natural. Cuando te encuentras deprimido —malhumorado, sin energía, sin esperanza, cuando sientes que no vales nada, eres presa del pánico, estás ansioso e inseguro—, te encierras en ti mismo por completo o te vuelves agresivo con tu pareja. Cuando sientes estas emociones con tanta fuerza, lo más difícil es no descargarlas contra tu pareja, tus hijos, tus amigos íntimos o con el mundo entero. *Culpas a las personas que, en la actualidad, forman parte de tu vida de ser responsables de tu profundo malestar emocional.* Todas estas conductas revelan tu miedo a no ser digno de cariño o de recibir un apoyo emocional positivo. No te has sentido digno de ser querido desde la infancia y, por ello, desde entonces, no has dejado de buscar la aprobación de los demás. Tu vida emocional y tu comportamiento errático dominan por completo tu capacidad mental y psicológica de funcionar con toda tu capacidad y potencial. Tu vida es una serie continua de problemas que tiene un tema y una preocupación recurrentes: *inestabilidad/inseguridad emocionales.* Ninguna de tus conductas o actos hace frente adecuadamente a estas convicciones internas y legados emocionales de la infancia. Estas conductas de malestar emocional constante, en la edad adulta, son meramente los síntomas de asuntos y preocupaciones mucho más profundos, que siguen sin resolver, entre madre e hijo.

Cómo alejarse del dramatismo emocional y de las crisis personales

La expresión práctica de la codependencia, la pasividad-agresividad, los cambios de humor, la ansiedad, la inestabilidad emocional, el comportamiento emocional drámatico y extremo y la actitud de evitación tiene sus raíces en el estilo imprevisible de crianza materna. Los cuatro pasos siguientes incluyen conceptos muy difíciles de aceptar, pero son fáciles de seguir. La parte más difícil del cambio es aceptar que es necesario. En este momento de tu vida, ya has sufrido bastante dolor como para querer avanzar sin más angustia ni dramatismo. Es imperativo dejar atrás la necesidad emocional de recibir una atención constante y de que los demás te cuiden.

Paso uno. Crea límites personales: El concepto psicológico de fijar límites emocionales y conductuales es para ti, no para los demás. Si no eres capaz de decir «no» o de evitar una reacción particular, sentirás que no tienes el control y que te encuentras a merced de lo que hagan los otros. Puedes empezar por considerar qué ámbitos de tu vida necesitas tener bajo control y percibir con claridad a fin de progresar. Piensa en una o dos actitudes, sentimientos o circunstancias que te hacen actuar de una forma improductiva o autodestructiva. Tu capacidad para establecer un programa o un plan de juego emocional es la clave del éxito. Alcohólicos Anónimos es un ejemplo clásico de cómo fijar límites y manejar los impulsos emocionales.

Todos necesitamos contar con unos límites emocionales, físicos y mentales. Esos límites nos ayudan a definirnos en el mundo y a encontrar nuestro lugar y propósito. Sin límites emocionales, tu capacidad para crear relaciones productivas y de un alto nivel funcional no existirá. Eso sólo es posible con una percepción, un apoyo y unos conocimientos nuevos, para crear límites personales en cualquier ámbito de tu vida. El hecho de reconocer que tienes que controlar tus cambios de humor, tus sentimientos y tus expresiones verbales es el primer paso para evitar conductas dramáticas innecesarias. Todas las adicciones (a la bebida, al sexo, al consumo de drogas), los desórdenes de la alimentación y las conductas compulsivas (ir de compras sin necesidad) se curan marcándote límites y líneas divisorias emocionales.

La psicología de crear líneas divisorias emocionales y límites conductuales es un medio eficaz para manejar y conseguir controlar tus cambios de humor. Esos límites te proporcionarán información cognitiva sobre tu dolor emocional y tus reacciones exageradas. Con el tiempo, tus límites aumentarán, igual que tu tolerancia ante la frustración. Una mayor tolerancia ante los problemas sencillos y las frustraciones relacionales permitirá que la expresión de tus emociones sea menos dramática. Si no eres plenamente consciente o necesitas más información sobre tus cambios de humor o tu drama personal, pregunta a tu pareja o a tus amigos. Han vivido tus «explosiones», tu conducta melodramática y tu comunicación hostil. Son quienes te conocen directamente y pueden ofrecerte un valioso apoyo y la información clara que necesitas para tu crecimiento personal. Piensa en dos motivos o desencadenantes que te hacen estallar.

Paso dos. Nada de catastrofismo: Se trata de tu capacidad cognitiva para detenerte, mirar y escuchar el problema, el conflicto o el sentimiento que surja. Si evitas la ocasión de dejarte llevar por una idea o un viejo temor, entonces podrás evitar caer víctima del pánico. Ahora tienes una nueva capacidad emocional para dar un paso atrás ante un problema y sopesar otras opiniones o alternativas. Si te tomas una pausa y reconsideras tus «puntos conflictivos», conseguirás el control y la claridad que ansías.

Debes aceptar el hecho de que te entrenaron para exagerar la importancia de un acto, un problema, una circunstancia o un conflicto personal en particular. De inmediato, imaginabas el resultado más horrible que pudiera producirse. Éste era/es tu proceso emocional y tu manera de pensar internos. Cuando piensas así, con este tipo de actitud emocional y cognitiva con respecto a tu vida y a tus relaciones, los acontecimientos cotidianos se convierten en crisis. Suponer, de inmediato, lo peor de otra persona o de una decisión en el ámbito de los negocios perjudica tu capacidad para pensar y para comprender a la persona o la situación reales. Tu energía se gasta reviviendo tu drama y tu conflicto madre-hijo en todos los ámbitos tu vida. Cuando los adultos comprenden este patrón, es algo sensacional. Llegar a ser plenamente consciente de ello es el camino para enmendar cualquier reacción emocional histérica o conducta melodramática. Tu reacción física, mental y emocional excesiva en situaciones que no son de crisis es una conducta conocida, en la que te sientes cómodo. Lo más difícil de no tener una reacción exagerada es salirte de ese viejo terreno tan conocido. Sabes cómo alterarte y angustiarte y actuar como si estuviera a punto de acabarse el mundo. ¿Puedes tener las ideas claras, estar tranquilo y confiar en tu propia manera, llena de fuerza, de abordar tus relaciones? Observa el resultado; será muy diferente del que estás acostumbrado a ver. Te darás cuenta de que has preparado a los que te rodean para esperar tu reacción de «crisis» y para que te traten de una determinada manera. Tu madre lo hizo contigo cuando eras niño y ahora tú vas a cambiar ese patrón.

Paso tres. Tu opinión es lo que más importa: Si vas a solucionar cualquiera de los problemas derivados de una crianza materna imprevisible, debes empezar por considerar que tu propia opinión es la más valiosa. Esta idea pone fin a la agonía de complacer a los demás y preocuparse por la opinión que tengan de ti. Verás que respiras mejor y tienes días mucho mejores si pones fin a este ciclo de dependencia y desesperación. Buscar constantemente la opinión favorable de los demás te dejará en un estado emocional desesperado. *Nadie puede aprobarte, quererte o aceptarte a menos que tú lo hagas primero.* Puedes empezar por elegir a quién quieres ayudar, respaldar, querer y con quién quieres pasar tu tiempo. Ya no te moverás impulsado por la necesidad emocional de que los demás te necesiten. Puedes dejar de buscar, consciente e inconscientemente, el amor de los demás como sustituto de tu amor hacia ti mismo. Las personalidades codependientes y las relaciones dependientes se caracterizan por una capacidad adictiva muy fuerte, un sistema de convicciones irracional y la falta de aceptación. El deseo de ser queridos y apoyados es normal y sano, pero el estado de necesidad desesperada que se da en las codependencias no lo es.

El adulto codependiente se concentra sólo en querer a la otra persona que hay en la relación. Tu esperanza no expresada es que tu pareja, tu compañero, tus hijos o tu amigo asuman la responsabilidad y el control de quererte. Nunca has podido reunir el valor para ser realmente tú mismo y aceptarte, quererte y nutrirte a ti mismo. Aprendiste que interesarte por ti mismo o tener en consideración tus propios sentimientos, pensamientos y emociones era egoísta e innecesario. Tus relaciones se han centrado en la esperanza de que alguien, finalmente, te querrá. Dado que esta cuestión nutricia madre-hijo no se ha resuelto, continúa siendo una fuerza motriz en tu vida adulta. Este convencimiento y esta conducta no funcionan y te dejan siempre en un estado de pánico.

Paso cuatro. Claridad/madurez emocional: Tu capacidad para ser lúcido está en correlación directa con tu capacidad para reducir la tensión y los temores internos que hay en tu vida. Es imposible estar en tu mejor momento emocional o relacional cuando te preocupa o temes que se produzca alguna catástrofe de forma inminente. Al reducir tu tensión, tu nivel de pánico, ansiedad y miedo, abres la puerta a nuevas ideas, sentimientos y emociones. Reconocer que tus viejos y bien conocidos sentimientos son la fuente de tu impotencia y dramatismo personales es el primer paso hacia la libertad emocional. Cuando comprendas que tu anterior conducta emocional, tus reacciones exageradas y tus ideas llenas de ansiedad no son productivas en tu vida actual, alcanzarás un nuevo nivel de claridad. Tu capacidad para tomar en consideración otras opciones, además de tus propios sentimientos, te llevará a un nuevo plano de madurez emocional. La capacidad cognitiva y el deseo de acabar con tus respuestas automáticas ante tus amigos, tus compañeros, tu familia y tu pareja se están haciendo con el control de tu legado emocional. Con independencia de lo traumática y dolorosísima que fuera la relación madre-hijo que hayas vivido, es posible alejarse de ella y ser diferente. Hombres y mujeres de más de treinta años se preguntan si, alguna vez, dejarán atrás a su madre y el legado materno. Estos adultos han acabado creyendo que hay más de una manera de pensar, actuar y sentir. Tu vida puede llegar a ser una combinación de muchos puntos de vista diferentes, y te dará la esperanza y el valor de cambiar.

Si ves que empiezas a alterarte por una llamada telefónica fallida, por ejemplo, y este tipo de reacción ha sido un patrón habitual en ti, no te permitas entrar de nuevo en el viejo ciclo. La madurez emocional es sencillamente tu capacidad para reconocer qué proceso mental sigues para responder al estrés y a la tensión. Es muy valioso que te des la oportunidad de ver tu vida desde un punto de vista diferente. Si un edificio tiene cuatro esquinas, es importante saber en cuál de las cuatro estás. Intenta pensar en tu nueva perspectiva como si fueras a otra esquina del mismo edificio para tener una visión diferente de tu vida. Puedes contemplar tu infancia imprevisible desde una esquina distinta, con una perspectiva y una percepción distintas. Tu nueva manera de ver la vida es que no tienes que vivir en una serie constante de interminables decepciones, desengaños y crisis. El camino para salir de tu valle de desesperación es considerar tus nuevas opciones y alternativas emocionales.

Disfruta del camino que te aleja del viejo dramatismo y te lleva a una vida serena y estable y a unas relaciones satisfactorias. Lo que de verdad anhelas en tus relaciones lo puedes conseguir sin crear situaciones de crisis ni ser alguien a quien nadie presta atención. En tus manos está forjar la clase de relaciones que te hacen sentir querido, cuidado y emocionalmente lleno de poder. Esto lo puedes llevar a la práctica en tu profesión, con tu familia, en tu círculo social y en tu relación con tus padres y con tu pareja.

5
La madre «yo primero»
Cómo crear tu propia vida

No importa de qué vaya la conversación; al final, mi madre siempre se las arregla para que acabemos hablando de ella. Podría estar muriéndome y ella encontraría la manera de focalizar mi muerte en ella misma. Es muy irritante, todo gira en torno a ella.

JULIE, treinta y nueve años

Mi madre quiere ser el centro de atención. Siempre soy consciente de las madres que quieren ser vistas y oídas. Toda mi vida ha girado en torno a la vida de mi madre. Sus esfuerzos, sus decepciones, sus amores perdidos y su sufrimiento como madre.

DOUG, cincuenta y seis años

Mi madre no me ha llamado desde que me fui a vivir con mi padre. Cree que la he traicionado porque quería conocer mejor a mi padre. No había vivido con él desde que tenía cuatro años. Mi madre considera que cualquier afecto por mi padre es algo que le roban a ella. Todo lo que tengo o siento es de mi madre. ¡Es mi vida, no la suya!

KELLY ANNE, dieciséis años

La madre «yo primero»

Estas tres citas de tres personas completamente diferentes tienen un elemento y una experiencia de infancia comunes. Las tres personas son representativas de diversos grupos de edad, distintas experiencias vitales, grados de comprensión diversos e incluyen los dos géneros. Sin embargo, estos tres hijos adultos tienen una cosa muy importante en común: vivieron el estilo de crianza materna del «yo primero». Los crió una mujer que no era capaz de ver a sus hijos como individuos independientes de ella y de su vida. Son muchos los términos que podríamos usar para describir este estilo materno, muy extendido y corriente. Muchos sociólogos, psicólogos y terapeutas de familia lo consideran una epidemia no tratada de nuestra cultura.[1] Según las investigaciones actuales, nos estamos convirtiendo, cada vez más, en personas «yo primero» en nuestras relaciones, nuestra vida, nuestra familia y nuestra profesión o tratamos con personas absortas en sí mismas. Esta tendencia no sorprende a los hijos de una madre «yo primero», que conocen demasiado bien esa manera de abordar el mundo, la vida, las relaciones y la familia. Se trata de una mujer emocionalmente compleja, que frustra continuamente a sus hijos. Estos hijos, tanto chicos como chicas, pasarán toda su vida adulta buscando una manera positiva de ser queridos y sustentados sin sentirse desposeídos en sus relaciones.

Para aquellos que crecisteis con este estilo de crianza materna, vuestra madre es una serie de contradicciones que os hacen sentir frustrados y confusos. La siguiente sección de preguntas y respuestas sobre vuestra madre quizás os ayude a aclarar algunas de las conductas y convicciones de su estilo de crianza.

Preguntas y respuestas sobre mi madre

¿Quién es mi madre? Nadie pondría en duda que la madre «yo primero», narcisista y egocéntrica, es una mujer muy complicada de cono-

cer, comprender y con la que vivir. Su estilo es muy diferente del de las dos madres anteriores. Es una mujer que puede ser la persona más encantadora, hospitalaria, divertida, inteligente, cordial, amable y carismática que puedas imaginar. Y luego, de repente, puede volverse fría, insensible y negligente. Estos cambios emocionales dependen de muchas cuestiones, preocupaciones, percepciones, grados de atención y de su constante necesidad de ser «especial». Es un manojo de contradicciones, necesidades y deseos no resueltos. Si estas características te recuerdan a tu madre, a la edad de cinco años aprendiste a complacerla y a impedirle dar una «mala» imagen. La necesidad de ofrecer un aspecto perfecto era siempre algo fundamental para tu madre, con independencia de su belleza física real.

¿Por qué mi madre es tan severa con los demás? Esta madre puede ser muy severa, controladora, carente de percepción emocional, frágil y muy cariñosa, todo en una hora. Todas estas conductas dependen del grado de necesidad emocional que experimente en un momento dado. Esta conducta emocional, llena de altibajos, se origina en su infancia. Si tu madre experimentó una gran falta de aprobación, amor y aceptación maternos, eso se traducirá en una carencia emocional en sus relaciones adultas. Este doloroso vacío empezará a mostrarse en la primera edad adulta bajo la forma de «narcisismo», «egocentrismo», «falta de empatía» y necesidad de «ser la mejor» en lo que sea. Estas actitudes reciben su impulso de una necesidad subyacente de ganar la aprobación y la atención íntegra de los demás. Se trata de una conducta emocional inconsciente y constante, que siempre está en marcha y buscando un público o una ocasión para ser oída. Tu madre intentó compensar su privación emocional (sentirse no querida, no deseable) hablándole al mundo entero de sus muy sobrevaloradas habilidades y de sus cualidades como madre.

¿Por qué mi madre siempre se presenta como mejor que nadie? Las constantes jactancias de tu madre probablemente satisfacen una necesidad emocional provocada por no creer o sentir que su madre (tu abuela) la quería. Tu madre tiene que mantener a todo el mundo, incluido tú, por lo menos un peldaño por debajo de la importancia con que ella se percibe. Esta conducta compensatoria, muy común, es un

baremo magnífico para medir a alguien que le habla a todos constantemente de su grandeza, sus cualidades especiales y sus habilidades excepcionales. Tu madre se sentía y todavía se siente inferior y, desde la infancia, ésa ha sido la fuerza que impulsa su vida. La larga inseguridad sobre su lugar en el mundo ha llegado hasta su manera de criar a sus hijos. Su inseguridad sobre la maternidad la hizo jactarse ante otras madres de lo maravillosos que eran sus hijos (tú). Por supuesto, casi todos los padres alardean hasta cierto punto, pero este tipo de madre supera lo normal. Actuaba así para sentirse mejor y para mostrar a sus iguales, amigos y familia que es la mejor de todos. A una edad temprana, aprendiste que tu vida giraba en torno a conseguir que tu madre se sintiera feliz y especial. Este sistema materno da buenos resultados hasta que el niño tiene unos seis años. Fue a esta edad cuando pensaste, por vez primera, en tus propias opiniones, tus actos independientes, tus amigos de la escuela y tu vida aparte de tu madre. Si tus nuevas ideas o actitudes independientes no estaban de acuerdo con lo que tu madre quería, eras castigado de inmediato.

¿Por qué mi madre sólo me aprueba o me quiere cuando estoy de acuerdo con ella? Aprendiste que ser querido por tu madre significaba hacerla feliz a toda costa. Así empezó tu extrema necesidad afectiva, tu desposeimiento y tus sentimientos de inseguridad emocional. A pesar de tu edad, todavía sigues aplacando a tu madre automáticamente, cuando al hablar con ella le revelas algo personal o le cuentas algo de tu trabajo y de tus amigos. Luchas contra tu necesidad de buscar su aprobación y contarle la verdad sobre tu vida, sin tener en cuenta las consecuencias. Tienes la habilidad innata de saber y comprender lo que tu madre necesita y quiere de ti. El problema es que siempre te sientes vacío y no querido después de poner en práctica estas actitudes para «complacer a la madre». Has aprendido que todas vuestras conversaciones acabarán girando en torno a ella y a su vida. Esto resulta especialmente triste para ti como adulto, porque deseas sinceramente el amor y el respaldo de tu madre, sin tener que convertirte en su sombra. Siempre te sientes frustrado y carente de importancia debido a su ausencia de concentración y a su falta de un interés genuino en tu vida. Éste ha sido un conflicto emocional permanente

en vuestras relaciones: *sentirte alguien sin importancia, alguien desde-ñado*. Sabes que tu vida gira en torno a conseguir y mantener el senti-miento de bienestar de tu madre.

¿Por qué mi madre se enfurece tanto con la gente y luego corta la relación? La necesidad de que la vean y de sentirse perfecta es uno de los principales motores emocionales subyacentes en una madre «yo primero». Cuando una circunstancia o situación la perjudica o pone en evidencia que es mala, mezquina o narcisista, muestra un rechazo inmediato en relación con esa situación o esa persona. Para mantener la defensa emocional contra esos sucesos, verá a la otra persona como mala. Este tipo de rechazo se puede aplicar a cualquiera: un miembro de la familia, un amigo, la pareja, un compañero, un pariente, cual-quiera que la haya herido emocionalmente. Es la autoestima subya-cente y vulnerable de tu madre lo que hace que sea tan sensible a es-tas «heridas» provocadas por las críticas o a lo que percibe como una derrota. Aunque es posible que no lo demuestre exteriormente, estos sucesos pueden obsesionarla durante años y hacer que se sienta hu-millada, degradada y emocionalmente vacía. Este proceso interno de rechazo es lo que motiva una reacción tan intensa por parte de tu madre. Su desdén, su cólera y su permanente necesidad de un contra-ataque desafiante son intentos por sentirse llena de poder. Este proce-so emocional es típico de tu madre y no se limita a alguien o a algo. Todos los que componen su círculo de amigos, familia y compañeros están sometido a estos rechazos.

¿Por qué mi madre está tan segura de sí misma y yo no? Cuando los hijos, o hijas, aprenden a dejar de lado o a no prestar atención a sus propios sueños y pasiones, con la esperanza de alcanzar el amor y la aprobación incondicionales de su madre, parte de su vida emocional detiene su desarrollo. Los hijos criados con este estilo materno siem-pre tienen problemas de autoestima. No recibiste la aprobación por la pintura que hiciste con los dedos en primer curso ni la recibes por tu actual y difícil tarea profesional; todo tiene que ver con tu madre y sus necesidades. También es posible que devalúes lo que piensas y sientes sobre lo que te conviene. Tanto si se trata de un vestido, una universi-dad, un guante de béisbol o la pareja de tu vida, siempre flotan en el

aire elementos de duda sobre ti mismo a la hora de tomar decisiones. Te han educado para obtener la aprobación de tu madre, sin tener en cuenta lo que ella sabe realmente sobre tus posibles elecciones. Tu vida se ha orientado para incluirla a ella y esto hace que dudes de tu capacidad para tomar decisiones. Has aprendido a consultar a tu madre antes de saber cuáles son tus propias ideas y sentimientos en cualquier asunto. *Su opinión es más importante y tiene más fuerza que la tuya.*

Historia madre-hija auténtica

Julie, de treinta y seis años, está casada con Max, de treinta y ocho. Finalmente, han encontrado una casa que les gustaría comprar. Era su primera compra importante después de siete años de matrimonio y tres de andar buscando casa. Barbara, de sesenta y ocho años, madre de Julie, le dijo que no comprara una casa hasta que tuvieran en el banco el 40 % del precio de la compra. Max no ha logrado convencer a Julie de que no siga ese ilógico consejo sobre los préstamos para el hogar. Julie no ha querido ni siquiera pensar en presentar una oferta por la casa antes de que su madre la viera y la aprobara. Julie ha sido incapaz de independizarse y formar sus propias opiniones, experiencias y relaciones, sin ceder ante los deseos de su madre. Me contó lo siguiente:

> Mi madre no quiere controlarme la vida; es que está sola y necesita mi apoyo. Me siento incómoda ante la idea de tomar una decisión importante sin hablar primero con ella. Tiene que estar enterada. Siempre lo he hecho así y me parece lo normal. Max me ha amenazado con pedir el divorcio si sigo permitiendo que mi madre dirija nuestro matrimonio. Sólo la veo una vez a la semana y hablo con ella sólo una vez al día. No veo qué problema hay. Ella lo sabe todo de mi vida. Max y mis amigas creen que le doy demasiado poder. Me produce mucha ansiedad pensar en hacer algo sin tener en cuenta a mi madre. ¿No es eso lo que hace una hija cariñosa? Estoy muy unida a ella.

Más adelante hablaremos de cómo consiguió Julie desarrollar sus propias opiniones e ideas. Al final, aprendió a tener una relación adulta con su madre. Pero antes de conseguirlo, temía que, si no incluía a su madre, ésta la rechazaría afectivamente. El patrón de Barbara para solucionar los conflictos era excluir, evitar e ignorar emocionalmente a su familia, a sus amigos y a sus socios en los negocios. Hay veces en que es sensato evitar relaciones destructivas «tóxicas», pero eso no es lo mismo que dejar de lado a alguien por cualquier razón de menor importancia. El mecanismo automático de autodefensa de Barbara contra sus sentimientos de inferioridad —dejar de lado a casi todo el mundo— era el modelo de relación que utilizaba desde hacía mucho. Por lo tanto, Julie ha sentido una angustia constante, toda su vida, ante el miedo crónico al abandono y al rechazo.

¿Por qué mi madre siempre tiene que ser el centro de atención? Cuando alguien se entrega en cuerpo y alma a hablarte de su riqueza, sus constantes logros, las personas destacadas a quienes conoce y sus habilidades superespeciales, esto indica que existe una historia madre-hijo del tipo «yo primero». Muchos hombres y mujeres a quienes se considera egocéntricos y «pagados de sí mismos» están, en realidad, compensando un profundo déficit emocional de su relación madre-hijo. Este déficit emocional puede transmitirse de una generación a otra, de madres/padres a hijos. Los hijos e hijas de este tipo de madre pueden llegar a ser egocéntricos y narcisistas en extremo, pero cada género tiende a reaccionar de una manera diferente al legado emocional del «yo primero».

¿Por qué mi madre necesita que yo sea perfecto y mejor que todos los demás? Este tipo de madre anunciará a su hijo o hija que ella es la mejor y que tú eres parte de su receta infalible para alcanzar el éxito. En su infancia, nunca se sació su necesidad de atención materna, de admiración, de recoger opiniones favorables y de sentirse especial en el mundo. Al principio de la edad adulta, esto se manifiesta en un modelo de grandiosidad omnipresente y constante y en una necesidad crónica de atención (por parte de todos). Hay una incapacidad para tolerar a cualquier persona o situación que desacredite a la ma-

dre. Los adolescentes se convierten en hijos muy difíciles para una madre «yo primero», porque harán cualquier cosa para que ella quede en mal lugar, se sienta carente de valor, de propósito y de utilidad. Muchos hijos adolescentes con este tipo de madre han alcanzado el límite en cuanto a conseguir que su madre tenga buen aspecto, se sienta bien y aparezca como la madre perfecta ante el mundo. Con frecuencia, estos adolescentes (chicos y chicas por igual) no llegan a resolver nunca su ira, se vuelven resentidos y culpan al mundo de sus problemas. La relación con su madre ya no es un lugar seguro para sentirse bien con ellos mismos. Muchas veces, acaban siendo muy parecidos a su madre en su actitud y en sus sentimientos de importancia personal. Hijos e hijas recrearán entonces sus experiencias de la infancia con una nueva pareja (sustituto de la madre), en sus relaciones íntimas adultas. En nuestra sociedad, suele subestimarse y descartarse este proceso que nos lleva a volvernos como nuestra madre. Es preciso hacer frente a las cuestiones no resueltas con ella; de lo contrario, las usarás inconscientemente como base de tus relaciones en la vida adulta.

Historia madre-hijo auténtica

Larry tenía quince años y vivía con su madre, Cindy. Cindy, de cuarenta y cuatro años, llevaba nueve divorciada del padre de Larry. Después del divorcio, Cindy dejó la zona de San Diego y se fue a vivir a Los Ángeles. Vendía casas residenciales en la zona oeste de la ciudad. Larry tenía establecido un régimen regular de visitas con su padre, Robert, de cuarenta y siete años; lo veía cada fin de semana y pasaba con él la mitad del verano. Larry fue expulsado de una escuela privada muy exclusiva del oeste de Los Ángeles por tener relaciones sexuales con su novia dentro del coche, en el aparcamiento de estudiantes, durante las horas de clase. Su madre me lo trajo para hablar de su actual crisis. Larry me contó lo siguiente:

> Mire, doctor Poulter, mi madre es una mentirosa de mierda. La pillé haciéndoselo en el camino de entrada a casa con su nuevo novio, hace dos semanas. Es más falsa que Judas. A usted le dice

una cosa y luego, en casa, hace otra diferente. Le preocupa más la imagen que tiene en la ciudad que yo. Llega a casa por la noche, se bebe una botella de vino y se emborracha. Luego empieza a chillarme porque soy un perdedor y lo jodo todo. Después me amenaza con echarme de casa y me dice que me vaya a vivir con mi padre. Esto pasa por lo menos una vez a la semana. Odio a mi madre y su falsa imagen de ser una madre estupenda. ¿Me toma el pelo? Ella es la perdedora.

Después de mucho hablar, Cindy, Larry y Robert decidieron que el chico viviera con su padre durante el año escolar. Larry se trasladó a casa de su padre y, de inmediato, dejó de hacer el tonto en la escuela y de pelearse con su madre. Cindy reconoció que estaba muy herida y no podía entender por qué su hijo no la quería ni quería vivir con ella. No percibía psicológicamente por qué su hijo estaba furioso con ella o por qué actuaba de forma autodestructiva. No creía haber hecho nada para provocar a Larry y pensaba que todos sus problemas eran los típicos del conflicto madre-hijo. No creía que su estilo de crianza contribuyera a la crisis familiar. Cindy se puso furiosa cuando le sugerí que su manera de educar a Larry podía ser un problema importante en su relación madre-hijo. Me «despidió» por no ponerme completamente de su lado y por insinuar que su estilo de crianza materna pudiera ser parte del problema. Por añadidura, Cindy estaba furiosa conmigo por no recomendar que matricularan a Larry en una escuela militar.

Este conflicto madre-hijo no requería que Larry dejara de vivir en casa de su padre ni que lo enviaran a un internado. Antes de este incidente, Cindy no permitía que Larry viviera con su padre, aunque se lo habían recomendado numerosos responsables escolares, algunos miembros de la familia y otros psicólogos. Después del incidente, no habló con Larry ni con su padre durante tres meses, aunque Larry la llamó repetidas veces. Dijo a su hijo que no quería hablar con él, porque le había hecho mucho daño. Al final, lo telefoneó mientras estaba de vacaciones en Europa, con su nuevo marido. Le dijo que no podría verlo durante el verano. Continué viendo a Larry en terapia para ayudarlo a resolver sus problemas de ira y abandono derivados de toda la situación familiar.

Cómo nos afecta el narcisismo, la crianza materna del «yo primero»

Antes de seguir adelante, es importante aclarar que hablamos de la madre que no está sometida a tratamiento, no está curada ni es consciente de sus propios problemas de narcisismo y que lucha con ellos. Nuestra definición del estilo narcisista/«yo primero» es: *patrón psicológico, emocional y conductual de grandiosidad, necesidad crónica de atención y admiración, profunda falta de empatía e incapacidad para tolerar cualquier información crítica sobre la conducta materna.*

¿No es cierto que todo en la vida tiene tonos de gris? Todos estamos de acuerdo en que la vida sería más fácil si todo fuera sólo una simple cuestión de elegir o de actuar. La zona gris es apropiada y necesaria para que todos funcionemos en la vida cotidiana. Todos tenemos algunos impulsos del tipo «yo primero», de vez en cuando. No obstante, es la manera constante de abordar a los demás con superioridad, un elitismo implacable y un narcisismo incesante lo que caracteriza a la madre «yo primero» cuando vive y actúa fuera de la zona gris de la vida y con sus hijos.

Es en estos terrenos difíciles de inteligencia emocional básica y función relacional donde la madre «yo primero» tiene problemas crónicos. Estos problemas no se limitan a los siguientes aspectos básicos del legado emocional, pero los incluyen: *falta de conexión emocional, necesidad constante de aprobación, conducta en busca de atención, falta de empatía y compasión, actitud crítica hacia los demás, sentimiento de superioridad, falta de lealtad, relaciones egoístas, moral basada en la oportunidad e importancia de mantener una percepción ideal de la propia seguridad a toda costa.* Tu madre da por sentado, consciente o inconscientemente, que todos reconocen sus cualidades especiales, sus dotes y sus habilidades excepcionales. Cuando tú u otros no reconocéis esas dotes, se enfurecerá de inmediato, se pondrá insultante emocional y verbalmente o se retraerá de la situación o de la familia. Este tipo de episodios, sucedidos durante tu infancia, te forzaron a volverte muy sensible a los cambios de humor reales o percibidos en los demás. Suponías que estas emociones o sentimientos tristes eran, de alguna manera, responsabilidad tuya. Tu madre nunca comprendió adecuadamente ni se ocupó de tus propias necesidades emocionales, tus preocupaciones y tu educación.

Estaba mucho más interesada en mantener y desarrollar su propio estatus personal que en tu salud y crecimiento emocionales. Averiguaste que tus sentimientos se centraban en ella y en sus necesidades. Tendía a asociarse sólo con los que consideraba especiales o con una posición alta. Tu madre consideraba que estos amigos, conocidos superficiales, «gente importante» o celebridades eran personas «únicas», «perfectas» o «excepcionales». Los agrandaba debido a su necesidad de asociarse a otros más poderosos, influyentes y prestigiosos que ella.

La duda respecto a muchos hijos adultos de una madre «yo primero» es si desarrollarán los mismos rasgos de una personalidad narcisista o acabarán con grandes carencias emocionales, anhelando un amor protector y una aprobación incondicional. Ambos casos se basan en la falta de amor y respaldo emocionales y en la escasa o nula capacidad de centrarse en el niño como hijo o hija. Tu vida fue como la luna (tú) que siempre refleja la luz del sol (tu madre). Siempre devolvías a tu madre la idea de que era excepcional. Tu derecho de nacimiento creaba el espejismo de que, de alguna manera, eras más especial que el resto de tus amigos o compañeros de la escuela. El motor emocional de tu madre era su actitud artificial ante la vida y su incapacidad para ver a las personas como tales.

Las dos listas siguientes están pensadas para tratar parte de las secuelas emocionales de esa programación constante, así como de la falta de empatía hacia los demás. Veremos que tanto los hijos como las hijas reaccionan de forma parecida y también de manera muy diferente ante este estilo de crianza en particular.

Hijos, ¿cómo estáis?

Considera la lista siguiente y la forma en que te relacionas con las mujeres de tu vida, social, profesional e íntimamente. Los hijos de la madre narcisista y «yo primero» tratarán a las mujeres como los trataron a ellos o bien crearán un sustituto de la madre. Piensa en las preguntas que hay más abajo para poner al descubierto los puntos débiles que hay en tus emociones y relaciones. A continuación, considera la manera en que contemplas tu vida profesional, tu círculo social y tu familia. Estos aspectos se convierten en fuentes excelentes para explicar, revelar y exponer tu conducta egocéntrica inconsciente y tus sentimientos llenos de carencias afectivas. Tus conexiones emocionales, tus relaciones y tu toma de conciencia de ti mismo estarán moldeados, en gran medida, ya sea por el hecho de creerte superior o por tus sentimientos de inferioridad y carencia. La polaridad entre superioridad y privación debe entenderse por la manera en que funciona en todas tus relaciones. Tu apego emocional y tu actitud psicológica hacia los demás es tu legado materno en acción.

No hay absolutamente nada de lo que haces en un día dado que no requiera tu capacidad de relación y competencia interpersonales.[2] No quieres quedarte en los márgenes de tu vida al tomar decisiones interpersonales contraproducentes que alejen a los demás. Has experimentado el desagrado de las otras personas con respecto a ti y siempre lo encuentras muy sorprendente y profundamente doloroso. Tu nueva actitud hacia los demás y con respecto a la resolución de conflictos te ofrece la oportunidad de maximizar tu potencial. No es un problema de edad, sino de legado. Tu comprensión emocional de tu conducta, tus vínculos/apegos afectivos y tus sentimientos hacia ti mismo es tu medio para salir del estancamiento. Nunca es demasiado tarde para efectuar estos cambios tan importantes en tu vida.

Nuestro objetivo, al comprender todos los estilos del legado materno, es encontrar el equilibrio entre los extremos y crear una empatía emocional para nosotros y para las personas que nos rodean. Los cinco estilos maternos siguen una dinámica basada en la polaridad y también comparten un terreno intermedio común. La clave es empezar a comprender que todos los ámbitos de tu vida sufren la influencia del legado madre-hijo «yo primero». Por ejemplo, es posible que te cueste mucho encontrar el punto medio entre tus sentimientos de superioridad y tu desesperación. Estos dos extremos hacen que sea casi imposible encontrar el equilibrio emocional en tus relaciones.

Lista de control del hijo

— Eres muy sensible a las críticas.
— Te han dicho repetidas veces que actúas como un sabelotodo.
— Te pones emocionalmente a la defensiva cuando demuestran que estabas equivocado en una discusión o en una relación o que has malinterpretado, del modo que sea, una situación.
— Tu pareja/novio te ha dicho que eres «narcisista».
— Te resulta difícil emocionalmente no estar cerca de tu madre, independientemente de cuál sea el estatus de vuestra relación adulta.
— En público o en privado te consideras superior, único y muy especial.
— No comprendes por qué no son más los que ven tus cualidades y habilidades especiales.
— Consideras que sólo la posición, el poder y el dinero son un reflejo real de tu excepcional talento.
— Te enfadas o te alteras emocionalmente con facilidad cuando alguien no hace lo que quieres.
— Tus amigos y tu pareja no te consideran una persona flexible y sin prejuicios.
— Te cuesta mucho comprender los problemas, el dolor o las dificultades de los demás.
— No acabas de entender por qué la gente se enfada por tu falta de empatía.
— Siempre «ajustas las cuentas» a los que han cometido una injusticia contigo o han herido tus sentimientos.
— Te cuesta mucho transigir y comprender la opinión de alguien o su desacuerdo contigo.

— Exiges que los demás sigan tus ideas, propuestas o planes.
— Te sientes traicionado, estafado o engañado por la gente, las circunstancias de la vida y los tratos comerciales fallidos.
— Tu pareja te percibe como «protestón» y «quejica».
— Te retraes emocionalmente —cortas el trato con la gente— cuando te decepcionan o te fallan.
— Siempre expresas tus opiniones y las consideras lo más importante.
— Te parece que tienes derecho a todo; crees que las normas, las leyes o las circunstancias normales no van contigo. Las reglas son para la gente corriente, no para ti.

Hijas: la vida más allá de vuestra madre

En tanto que mujer, te has esforzado por encontrar tu propia opinión y tu propia voz, no las de tu madre. Vivir la vida a la sombra de tu madre ha sido una de tus mayores batallas. Sólo otras mujeres que hayan tenido este tipo de madre te comprenderán, empatizarán con tu lucha y la apoyarán. Tu madre ha sido la fuerza motriz de tu vida tanto positiva como negativamente. Has pasado gran parte de tu vida cultivando tu propia estima y unos objetivos personales independientes de los de tu madre. Has realizado las labores necesarias para desarrollarte como persona con un ojo puesto en conservar el amor de tu madre y no perder su apoyo. El otro ojo miraba hacia tu propio camino y tus intentos de elegir y tomar decisiones que encajen en tu vida, a pesar de la opinión de tu madre. *A veces, ese crecimiento emocional, manteniendo tu propia identidad en relación con tu madre y descubriendo tu camino, propósito y relaciones íntimas propios e individuales, ha resultado agotador, frustrante y aterrador.* Las hijas con madres «yo primero» tienen la presión añadida de hacer que sus madres den una buena imagen. *Ninguna hija quiere parecer mejor que su madre y perder su aprobación y apoyo.* Es un proceso simultáneo para llegar a ser una mujer independiente y conservar un vínculo emocional con la madre.

Muchas mujeres frenan su propio desarrollo emocional y ahogan sus aspiraciones, su carrera y sus relaciones para no perder el amor de su madre. Esto resulta visible a simple vista cuando una hija entra en la adolescencia. Una madre «yo primero» puede ponerse muy celosa de la belleza, la juventud y las nuevas oportunidades de su hija. La madre puede transmitir este resentimiento y estos celos a su hija. La relación puede volverse muy tensa y emocionalmente hostil. Las hijas de todas las edades están sometidas a la constante presión de no «eclipsar» a su madre, aunque sin perder el sentido de su propia identidad. Muchas veces, una hija tendrá la misma actitud narcisista en relación con la vida que su madre, a fin de conseguir su aprobación y su cariño. Las hijas de las madres «yo primero» pueden ser egocéntricas y narcisistas o tener carencias emocionales y depender de los demás.

El reto para las hijas de todas las edades es no quedar atrapadas en la polaridad entre carencia emocional e inseguridad crónica. Los dos extremos de este continuo emocional son improductivos y constituyen una fuente de perpetua frustración. Vacilar entre los dos extremos resulta igualmente problemático. Nunca he conocido a una mujer que quiera que su pareja, sus compañeros, sus amigos y su círculo social la consideren una narcisista egocéntrica o una esponja emocional para la aprobación y el amor. Es posible encontrar el punto medio de la compasión, la empatía y la seguridad afectiva desvelando tu miedo a que te abandonen emocionalmente. Considera la lista siguiente como fuente de información valiosa para crear una nueva percepción emocional. La seguridad afectiva y el valor para tener tu propia vida, tus propias opiniones y tomar tus propias decisiones son muy posibles, y están a tu alcance.

Lista de control de la hija

— Tienes miedo del enfado, la desaprobación y la decepción de tu madre por tus elecciones (escuela, ropa, trabajo, pareja y amigos).

— Cuando te disgustas con alguien, lo rechazas emocionalmente.

— Gastas una cantidad enorme de energía emocional preocupándote por la vida y el bienestar de tu madre.

— Consideras a los demás, amigos o relaciones como desechables cuando te sientes herida afectivamente.

— Sientes que tu pareja no conoce ni comprende plenamente tus cualidades y habilidades especiales.

— Con frecuencia, piensas que eres la mejor o por lo menos una de las mejores personas del mundo.

— Tus parejas (pasadas o presentes) te consideran «egocéntrica».

— Te impacientan las debilidades, los defectos y las imperfecciones de los demás.

— No puedes olvidar ni perdonar una herida, un error o un malentendido emocionales.

— Ansías que los demás te aprueben y acepten.

— Tienes una actitud vengativa y una vena mezquina como parte de tu patrón/estilo de relación.

— Guardas rencor durante años contra los que han sido personalmente injustos contigo.

— Sólo te asocias con personas que consideras más poderosas, más ricas o de una posición social más alta que la mayoría.

— Con frecuencia, te sientes vacía y afectivamente sola en tus relaciones.

— La mayor parte de tus relaciones tiende a ser superficial por naturaleza.

Percepción «yo primero» 101

Las dos listas anteriores para hijos e hijas se solapan. Si cualquier punto de las dos listas de descripciones del «yo primero» te resulta conocido, toma nota y señálalo. Una afirmación que no aparece en las listas es la siguiente: «*Te han descrito como defensiva y agresiva cuando te enfrentan a tu propia conducta*». Esta descripción es más una definición que una información sobre tus mecanismos de defensa emocional. Cuando los niños pequeños son desechados constantemente y utilizados como apoyo emocional por uno de los progenitores, en este caso la madre (los padres también lo hacen), desarrollan una serie de reacciones hipersensibles a las opiniones de los demás. La causa subyacente a estas reacciones exageradas ante lo que perciben como críticas es que la vida entera del niño depende del hecho de tener siempre contenta a su madre. La idea, sea consciente o inconsciente, de perder su amor, su aprobación y su apoyo resulta abrumadora y traumática para el pequeño. Por lo tanto, crea un muro emocional defensivo contra cualquier opinión, acusación o insinuación de que ha tenido una conducta menos que perfecta. El niño consigue un valioso respaldo emocional de su madre por hacer que siempre ofrezca una buena imagen. Este ciclo continuo de búsqueda de aprobación por parte del niño/adulto puede llegar a ser un objeto sin fin. A esta hija o a este hijo ningún grado de esfuerzo o determinación le parece excesivo en su lucha por conseguir la aprobación de su madre. Con frecuencia, al concentrar toda su energía emocional en satisfacer y complacer a la madre, minimizan sus propios sentimientos en la relación.

El patrón de las personas que complacen por medio de la carencia emocional se convierte en un sacrificio que vale la pena realizar para ser amadas. En un proceso repetido a lo largo de los años; este tipo de conducta empieza a sentar las bases de un patrón permanente de esfuerzos, interminables y dolorosos, para agradar a los demás a expensas del propio yo. ¿Te suena, aunque sea remotamente, familiar?

Es esencial que empieces a comprender las interacciones emocionales que ocurren en tu interior y en tus encuentros interpersonales diarios. Para empezar, no es necesario que actúes de forma exagerada o desesperada por conseguir el cariño y la aprobación de los demás. Puedes tener unas relaciones profundas y significativas sin recurrir a estas actitudes contraproducentes. Es posible alcanzar la aprobación y el apoyo emocional que anhelas sin tener que seguir el modelo del «yo primero». Si solucionas tu contraproducente carencia emocional, puedes iniciar el camino que te llevará a recrear tu propio legado emocional. Cada uno de los extremos del espectro, el narcisismo o la extrema necesidad emocional, propios del estilo «yo primero», es una cara de la misma moneda: *la carencia emocional*. Ninguna de las conductas descritas anteriormente se apoya en una base emocional sólida derivada de la relación madre-hijo. Este estilo materno cría adultos inseguros que tratan de encontrar sujeciones en la vida para compensar su subyacente sentimiento de carencia y vacío. La conducta continuada marcada por la superioridad, la codicia, los celos, la envidia, el rencor, el vacío, la alienación y los actos de venganza está arraigada en la actitud del «yo primero» aplicada a las relaciones, la familia, la profesión, la pareja y a ti mismo.

Cómo dejar atrás la carencia emocional

He averiguado que nadie, a pesar de su horrible estado emocional o de las abrumadoras circunstancias de su infancia, quiere ser considerado «desesperado» o «necesitado». La manera más rápida de estropear una relación amorosa en ciernes es que tu posible pareja te vea como desesperado emocionalmente o, por el contrario, arrogante en extremo. Otra manera segura de fastidiar una relación, con independencia del contexto (negocios, ámbito deportivo, familia, sociedad), es que sientas, actúes o seas dependiente emocionalmente. Los adultos de todas las edades luchan con sus necesidades emocionales no satisfechas y con el conflicto de cómo hacer que sean entendidas, satisfechas y resueltas. La verdad es que, algunas veces, todos nos sentimos desesperados y emocionalmente necesitados. La diferencia es que los niños que crecieron con alguno de los otros estilos de crianza materna no han tenido que lidiar durante años con el hecho de ser el sistema de apoyo emocional de su madre.

Por inútil que pueda parecer, podrías probar muchas maneras de ganar la aprobación de tu madre, tu pareja o tu compañero de trabajo. Has aprendido a dejar de lado o a ignorar tus propias pasiones, con la esperanza de conquistar la aprobación incondicional de un amigo. El proceso emocional de no aceptar o de rechazar algunas partes de ti mismo se encuentra subdesarrollado y subvalorado. Los adultos que poseen este legado emocional sufren también de una baja autoestima. Automáticamente desechas o devalúas tus propios sentimientos y pensamientos internos. No hablamos de decisiones como qué almorzar, sino de aspectos vitales mucho más importantes, como el matrimonio, el trabajo, los hijos, la familia, la economía y la salud. La manera de salir de la desesperación y del vacío emocionales es abrazar el concepto de verte como «lo bastante bueno» y capaz de hacer realidad tus deseos internos. Hasta que aceptes tus limitaciones y te consideres capaz y competente, los dos extremos del estilo materno del «yo primero» serán una influencia muy poderosa en tu vida diaria, tus relaciones y tu visión de ti mismo.

Eres lo bastante... es un concepto que se ocupa de la personalidad herida marcada por el narcisismo. Al Franken, el famoso humorista de *Saturday Night Live,* en el papel de Stuart Smalley, afirmaba diariamente: «Soy lo bastante bueno, soy lo bastante listo y, maldita sea, le gusto a la gente», una broma conocida y muy popular. La verdad es que los episodios de la comedia no sólo eran muy divertidos, sino dolorosamente acertados. No permitas que nadie minimice o descarte como carente de sentido en tu vida la idea de ser «lo bastante bueno». El poder de la aceptación personal no es cosa de broma.

Tus necesidades, querencias y deseos emocionales se pueden solucionar mediante la idea de que eres «lo bastante». Cuando pasas de la posición emocional marcada por la convicción del «yo primero» a la de que eres «lo bastante», todo el mundo de tus relaciones se transforma de inmediato. Automáticamente, suceden muchas cosas y tu vida cambia al instante. Puede llevar tiempo que estos cambios se revelen y los experimentes, pero tu sentido emocional interno se hará seguro y estable. Antes de llegar a este punto, tu vida entera ha consistido en una serie de desilusiones emocionales, decepciones y malas conexiones emocionales. Te has pasado la mayor parte de la vida, desde los cinco años, intentando recibir y conservar el apoyo emocional de tu madre.

Las carencias emocionales propias explican por qué unos adultos racionales, con un alto nivel de educación, dicen y hacen cosas muy insensibles y mezquinas a sus compañeros de trabajo, a los miembros de su familia, a sus hijos y a su pareja. Todas estas conductas inmaduras e improductivas se originan al no sentirse seguros y a salvo emocionalmente. Cuando nos sentimos seguros, podemos ser muy generosos, indulgentes y compasivos con los demás. Tienes el poder y la oportunidad de hacerlo ahora, en este mismo momento. Considera los pasos siguientes para crear un espacio emocional en tu manera de pensar y relacionarte para ser «lo bastante». Este concepto soluciona la carencia emocional o la actitud arrogante y de superioridad que empleabas como medio de sentirte lo bastante bueno o emocionalmente seguro, algo que, por cierto, no dio resultado y te dejó a ti, el que lo usaba, en un estado crónico de extrema necesidad emocional y con una actitud emocional a la defensiva.

La inseguridad emocional, el vacío y las actitudes arrogantes son, todos ellos, intentos para compensar una profunda carencia emocional y de adecuación. La fuerza conductual impulsora que hay detrás de todos los adultos del tipo «yo primero» es un profundo sentimiento de deficiencia e inseguridad emocional. Los niños y los adultos con madres «yo primero» luchan con muchos tipos diferentes de sentimientos, creencias y conductas improductivas inadecuados. La idea de sentir, ser y actuar siendo «lo bastante bueno» evita la necesidad de una conducta encaminada a conseguir llamar la atención, tener amigos célebres y todas las actitudes dirigidas a ocultar una inseguridad y necesidad emocionales profundamente arraigadas. Los hijos adultos de una madre del tipo «yo primero» están emocionalmente exhaustos y cansados de buscar aprobación continuamente o de decirle al mundo que los apruebe.

Normas lo bastante buenas para vivir

Regla nº 1 de lo bastante bueno. Puedes cambiar tus creencias, actos y sentimientos. Tú eres el único que tiene el control de tu vida, no tu madre. Tus conflictos, problemas y tu dolor emocional ya no tienen nada que ver con ella. Tienen que ver contigo. Si no efectúas algunos cambios significativos en tu vida, nadie lo va a hacer por ti y todo irá a peor. El 80 % del cambio consiste en reconocer que es posible y necesario y que evitarlo resulta demasiado doloroso. El otro 20 % implica poner en práctica ese cambio y las nuevas convicciones. Tu madre no está a cargo de tu vida ni es el juez de ella. *Tú eres el único responsable de tu vida.* ¿Crees sinceramente que es hora de cambiar tu legado? El primer paso es reconocer con qué extremo del espectro de la polaridad «yo primero» te identificas. El segundo consiste en desvelar y aceptar qué parte de tu conducta gira en torno a la búsqueda de la aprobación materna. Es posible que tu madre ya haya muerto, pero sigue teniendo una gran influencia en tu manera de hacer frente a la vida. Aceptarte a ti mismo es eliminar toda la presión de esforzarte para que el mundo te vea y te quiera.

Regla nº 2 de lo bastante bueno. Reconsidera tus reacciones, actitudes y sentimientos automáticos. Actuar de forma egocéntrica sólo favorece tu aislamiento, tu vacío y tus carencias emocionales. Tus relaciones —personales, sociales e íntimas— alcanzan sólo una pequeña parte de su potencial con una actitud de «yo primero». Puedes decidir ser compasivo, empático y generoso con los demás. El siguiente paso para dejar atrás una perspectiva egocéntrica o un sentimiento de carencia es reconocer que estas creencias te impiden alcanzar lo que de verdad deseas. Para cambiar, es fundamental que hagas inventario de cómo tu actitud ha afectado a tus relaciones clave. Piensa en tu pareja: él o ella será una fuente inagotable de información sobre tus actos, creencias y prioridades del tipo «yo primero». Se necesita humildad para preguntar a quienes tienes más cerca cómo los has herido, los has dejado de lado o no has mostrado empatía con ellos. Permite que tus mejores amigos expresen su dolor y luego haz tuyo su punto de vista. Esta información te permitirá concentrarte en los campos que de verdad necesitas explorar.

Regla nº 3 de lo bastante bueno. Necesitas contar con un bucle de retroalimentación en todas tus relaciones y actos. Tienes un punto débil enorme que te impide ver cómo afectas a los demás. Todas las teorías de la comunicación, la psicología social y la sociología consideran que la capacidad de tener un circuito de recogida de reacciones es necesaria para sobrevivir en una organización o relación.[3] Sin la capacidad de escuchar nueva información, tus relaciones permanecerán estancadas. Un sistema, una empresa, una relación o una persona se paralizarán si no cuentan con nueva información y con una corriente de nueva energía. La mejor analogía para entender este concepto es imaginar que se va a intentar vivir en una habitación con las ventanas cerradas, en la que no circula aire fresco. Después de un tiempo, te ahogarás debido a la falta de oxígeno nuevo. ¿Por qué tendría que ser diferente en nuestras relaciones o en nuestra vida personal? Es un hecho científico que todos los sistemas vivos deben tener la capacidad de absorber nueva información o sustancia para su supervivencia. Del mismo modo, todos nosotros debemos contar con una corriente constante de nuevas aportaciones por parte de quienes nos rodean. Los adultos que se sienten emocionalmente seguros han desarrollado la habilidad de absorber nueva información, nuevos conocimientos y nuevas reacciones vitales. Puedes aprender a considerar esas reacciones y críticas como una oportunidad para cambiar y llegar a ser una persona diferente. Sin disponer de esa nueva información y de esas reacciones, tu crecimiento emocional se quedará atascado en uno de los dos extremos de la polaridad conductual del «yo primero». Una posición a la defensiva impide que se produzcan cambios positivos en tu vida. Cada sistema del universo tiene un bucle de retroalimentación. Es preciso que crees uno.

Regla nº 4 de lo bastante bueno. Infunde percepción emocional en tus actitudes problemáticas. Comprende por qué chillas a los conductores estúpidos delante de tus hijos y tu pareja. Averigua por qué ciertos sucesos, personas y situaciones te hacen estallar como si fueras un misil sin control. Ahonda bajo la superficie de tu conducta y averigua cuál es su causa fundamental. No te conformes con responder «no lo sé» a tus propios problemas y preguntas. Con demasiada frecuencia, nos pasamos el tiempo resolviendo las causas superficiales, no el dolor subyacente. Genera percepción emocional en tu propia vida. Todos conocemos, sinceramente, la verdad sobre nuestras conductas, actos, actitudes y decisiones. Asume la plena responsabilidad de los ámbitos conflictivos que hay en tu vida y en tus relaciones. Este compromiso al tratar de ser claro y responsable de tus actos y tus respuestas emocionales es el camino que te llevará a unas relaciones seguras y poderosas. Todos nos sentimos atraídos automáticamente por los hombres y las mujeres que poseen este tipo de claridad emocional y mental. Las cuestiones emocionales, los problemas de relación, los conflictos de personalidad se vuelven mucho más fáciles de ver y de abordar adecuadamente. Tu nueva percepción te garantizará la capacidad de ser emocionalmente claro y de estar presente para solucionar tus viejas relaciones y crear otras nuevas.

Regla nº 5 de lo bastante bueno. Tener razón no siempre está bien. Sentir que tenemos razón no siempre hace que la tengamos. En la terapia de pareja se dice que *puedes tener razón o puedes tener una relación.* Tu necesidad consciente de tener siempre razón no tiene nada que ver con el asunto de que se trate, sino con tu necesidad inconsciente de conseguir la aprobación materna. Lo fundamental de ser un «sabelotodo» está conectado con la necesidad no satisfecha de atención y adoración. *¿Crees que si tienes razón los demás te adorarán, te querrán y te aceptarán?* ¡Error! Por el contrario, lo que pasa es que no eres consciente de cómo te pones en contra y apartas a la gente que te rodea. Discutir, ser agresivo verbalmente y obstinado no te va a conseguir el cariño y la aprobación que buscas. Ninguna de estas actitudes para mantener tu posición de «estar en lo cierto» vale el coste emocional que pagas y las amistades que pierdes. Las personas que insisten en tener razón en detrimento de su pareja, su profesión, sus amigos y su vida en realidad están expresando su necesidad de atención, amor y aprobación. Si no es necesario que tengas razón, entonces puedes estar seguro de tus puntos de vista, tus opiniones, tus relaciones y tu conciencia de ti mismo. Podrás averiguar lo que piensan y sienten los que te rodean, porque no se estarán defendiendo de tu agresividad verbal.

Regla nº 6 de lo bastante bueno. Es un trabajo desde dentro. Todos los cambios que deseas no están fuera de ti, sino a tu alcance. Puedes averiguar, comprender y aprender a satisfacer tus propias necesidades emocionales. Esta afirmación no significa que debas aislarte dentro de una cueva. Antes bien, averigua qué necesitas y quieres emocionalmente de tus relaciones y de tu pareja. Tu conocimiento personal de tu propia vida te permitirá perseguir las cosas que son importantes para ti. Tu madre y otras personas a las que has entregado tu poder personal no pueden —ni deberían— hacerlo por ti. Cuanto mejor entiendas tus carencias emocionales, mejor podrás enfrentarte a ellas. Puede que suene demasiado simple, pero no lo es.

Regla nº 7 de lo bastante bueno. Aprende a decir «NO» a tu madre y cultiva la tolerancia con respecto al miedo al rechazo. Quiere a tu madre y conoce tus propias opiniones, pensamientos y sentimientos.

Tu madre no te puede definir, ni ser responsable de ti, ni encargarse de tu crecimiento personal por ti. Ahora, tú eliges y decides todas esas cosas. Esta etapa de la edad adulta exige que todos desarrollemos, aprendamos y empleemos la capacidad de decir «NO» a nuestra madre y a aquellos con quienes estamos más unidos. Nadie puede decir «SÍ» sinceramente, hasta que aprenda a decir «NO». La mayoría de las personas a las que les cuesta admitir las opiniones de los demás y enfrentarse al poder que creen que su madre tiene sobre ellas nunca ha aprendido a decir «NO». La clave de tu poder y tu voz personales reside en aprender a lidiar con los sentimientos de rechazo o con la idea de que se producirán. No puedes tomar tus propias decisiones si te aterra la cólera y la decepción de tu madre.

Regla nº 8 de lo bastante bueno. Deja de decir al mundo entero que eres genial. No lo eres, pero sí que eres «lo bastante bueno» para ser un gran ser humano. Todos están más que hartos de tus continuos comentarios sobre tus cualidades especiales, tus logros extraordinarios, tu riqueza y tu fama. Es hora de dejar atrás al niñito o a la niñita que necesita un refuerzo y un elogio constantes para cada cosa que hace. Puedes dedicar tu energía a concentrarte en lo que puedes hacer y permitir que el curso natural de los acontecimientos revele tu pericia y tus logros. El sistema de permitir que los demás descubran tus cualidades, tu belleza, tu talento y tu compasión es el sello que marca la madurez emocional y el equilibrio psicológico. En realidad, los demás no quieren que te promociones o te jactes de tu riqueza y de tus éxitos. Los adultos que te rodean pueden formarse, y se formarán, su propia opinión sobre lo que haces o dices. Puedes contener y sanar al niño que hay en ti aceptando que se fijan en ti y te aprecian. Esta actitud de humildad es un paso muy poderoso para convertirte en un adulto completo, equilibrado y con un alto nivel funcional.

Regla nº 9 de lo bastante bueno. La humildad es tu mayor fuerza. No olvides nunca que puede abrirte puertas, crear oportunidades y cambiar tu mundo y a quienes hay en él. ¿Puedes confiar en la vida y en que las personas que conoces te mostrarán su reconocimiento. Cuando soluciones tu profundo sentimiento de carencia emocional, todas esas actitudes egocéntricas y odiosas ya no serán necesarias. Los hombres y mujeres humildes han aprovechado el poder de la vida, así que su potencial no tiene límites. Los que te rodean irán hasta el fin del mundo por ti, porque tu humildad les ha dado poder y valentía en su propia vida. La cura más rápida para un estilo de relación «yo primero» es centrarse en las personas que hay en tu vida y ofrecerles el apoyo y los elogios sinceros que ansían. Todas tus relaciones se beneficiarán más allá de toda medida de tu humildad y desprendimiento. Ir más allá de tus propias preocupaciones, ideas y emociones y percibir que los demás son tan importantes como tú mismo lo cambiará todo en tu vida. Aprender a ser humilde es el único medio de salir de este círculo vicioso de vaciedad.

Resumen

No hay ni una sola cosa de las mencionadas en este capítulo que tú no supieras ya o en la que no hubieras pensado anteriormente. Ahora es el momento de reunir todas esas reglas de «lo bastante bueno». Es hora de que aceptes el hecho de que eres «bastante», de que eres lo bastante bueno. Es tu vida, y este simple concepto te dará más poder que cualquier otra cosa. Ser «lo bastante bueno» te proporciona valor, confianza en ti mismo, percepción personal y comprensión de los riesgos que quieres correr en la vida. Tienes la valentía para salir de la sombra de tu madre y pasar al siguiente nivel de tu vida. Hasta ahora, no sabías que eras tú quien la controlaba. Los hijos adultos del estilo materno del «yo primero» no saben, no les enseñaron, que tienen todas las soluciones que necesitan para su propia vida. Esto resulta muy liberador, cuando tu vida ha estado centrada únicamente en complacer a tu madre y en mantener su bienestar emocional, en lugar del tuyo.

6
La madre mejor amiga
Descubre tu poder afectivo

Mi madre y yo nos pusimos implantes en los pechos al mismo tiempo. Fue extraño ver que mi madre comparaba su cuerpo con el mío. Fue en ese momento cuando me sentí realmente triste. Mi madre vivía su vida a través de mí. Llevaba treinta años vistiéndose como una veinteañera. Estaba compitiendo conmigo para conseguir atención.

SARAH, treinta y dos años

Mi madre salía conmigo y mis colegas cuando estábamos en el instituto. Después de la universidad y en mi boda me di cuenta de que mi madre pensaba que era uno de los «chicos», con pechos. Todos adoran a mi madre, pero no es realmente una madre. Es más como una hermana. Comprendí que necesitaba a mis amigos más que yo. Después de mi boda, salió con uno de mis amigos.

LANCE, treinta y seis años

Amistad y maternidad

El concepto de que una madre es la mejor amiga de su hijo o hija es uno de los aspectos más candentes de la maternidad. Es una tarea imposible. ¿Cómo se alcanza el equilibrio entre ser la mejor amiga y ser la madre? En tres palabras: no puede ser. Los dos papeles son totalmente incompatibles y opuestos entre sí. La madre tiene el cometido de fijar los límites de la conducta, ser la que dice «no», la maestra, la que nutre, el modelo del amor incondicional, la que impone disciplina, la conexión afectiva segura, la que ofrece un apoyo positivo y la guía emocional de sus hijos. El estilo materno de «amistad/mejor amiga» implica abdicar de todos esos papeles. Una de dos: la madre es la mejor amiga o es la madre. No se trata de una actitud en blanco o negro con relación al hecho de ejercer de madre, sino de una bifurcación en el camino de la relación madre-hijo. La actitud materna activa no tiene nada que ver con ser la mejor amiga del hijo. El papel de una madre es marcar límites y ayudar a su hijo a desarrollar su vida y sus deseos afectivos.

La actitud de mejor amiga tiende a evitar los conflictos, los diálogos difíciles entre padres e hijos, la fijación de límites, el amor severo, ser responsable y crear una conducta apropiada y líneas divisorias emocionales tanto para la madre como para el hijo. Todas estas buenas prácticas fundamentales no forman parte de esta relación madre-hijo. De niño, te criaba tu madre o vivías con una amiga de más edad. La diferencia es muy clara y visible para los niños, los amigos y otras madres. El estilo materno de mejor amiga es muy popular actualmente, porque no exige que la madre tome las duras decisiones parentales, que sea la «mala de la película» ni la persona severa que marca los límites en la vida del niño. Esta actitud se puede comparar con la del padre divorciado que se lleva a los niños a pasar el fin de semana y sólo se ocupa de la parte divertida y fácil de la paternidad, sin prestar atención a la disciplina ni a las consecuencias. Cualquier hijo adulto marcado por este estilo de crianza materna sabe que las relaciones no son todo diversión y juegos, sino más bien una combinación de muchas responsabilidades y tareas difíciles, además de la diversión.

La bifurcación en el camino de la crianza materna

Ser la madre y ser la mejor amiga son cosas claramente diferentes y promueven en el niño resultados emocionales totalmente distintos. La relación de mejor amiga entre la madre y el hijo provoca sentimientos de abandono y puede llevar a la ira. El desarrollo de una personalidad colérica empieza con la constante experiencia de descuido emocional y abandono físico/afectivo; de que la madre abdica de su cometido. El efecto acumulativo de la negligencia y el abandono maternos es la ira, que puede convertirse en una actitud emocional de rabia contra el mundo. Cuando la madre actúa como la mejor amiga, el resultado es un hijo/hija llenos de ira debido a que la madre es una amiga, en lugar de una madre. Las necesidades emocionales, los hitos del desarrollo y la sana experimentación adolescente (no las drogas) para crear un vínculo emocional seguro se evitan o son ignorados. La individualización o separación de la madre se pospone o se salta por completo. El problema es que las hijas e hijos adolescentes necesitan separarse e individualizarse respecto de su madre. Es uno de los hitos más importantes en la relación madre-hijo.

Esa separación/individualización se encuentra al mismo nivel que el establecimiento del vínculo emocional en la niñez. A menos que una chica o un chico sea capaz de separarse con éxito y formar una identidad aparte de la madre, su vida adulta estará consumida por la ira, el rencor y los sentimientos de abandono. Estas cuestiones fundamentales se descartan o evitan a la luz de otras necesidades y de las prioridades de la amistad madre-hijo.

Las hijas y los hijos con una madre mejor amiga cargan con el peso de ser el sistema de apoyo afectivo y el «pegamento» emocional de su madre. Estos niños crecen sintiéndose abandonados y sin apoyo emocional ni guía materna. Se sienten como si nadie los hubiera cuidado.

Tienen la profunda experiencia de ser «huérfanos de madre», aunque sigan viviendo con ella. Es una afirmación muy grave que estudiaremos con ejemplos de la vida real y un conjunto de pruebas que la respaldan. Los hijos quieren una madre que ejerza de madre, no una amiga. Como me dijo Stacy, una chica de trece años, durante una sesión de terapia madre-hija, «Tengo muchas amigas; mi madre no es una amiga. Quiero que sea como las otras madres». No pude evitar plantear a Stacy, una adolescente muy inteligente, la pregunta obvia: «¿Cómo son las madres de tus amigas?». Me contestó con un tono muy firme: «Es fácil: recogen a sus hijas en la escuela, conocen a sus amigos, actúan como una madre, se visten como una madre y controlan mucho a sus hijas. Las dejan en paz y no tratan de ser sus amigas».

Cuando digo que los padres no deberían ser los amigos de sus hijos, no quiero decir que tengan que maltratarlos o ser dictatoriales con ellos, sea cual fuese su edad. Cuando se trata del estilo «mejor amiga», el niño, entre los siete y los diez años, se convierte en el confidente especial de la madre. La relación madre-hijo deja de existir. Hay un cambio espectacular de madre a amiga. Es una amistad mujer-hija o mujer-hijo divertida, fácil y carente de cualquier tipo de guía adulta para la vida del niño. Éste se convierte en amigo de la madre. Los dos asumen el papel de pareja afectiva, aunque la mayoría de estas madres está casada o tiene una relación amorosa significativa. Estos hijos no llegan a comprender la plena pérdida residual de su figura materna hasta muchos años después.

Se puede encontrar una madre mejor amiga en todo tipo de circunstancias, clases de matrimonio y situaciones relacionales. Este estilo materno se encuentra muy extendido y actualmente es muy popular. No se limita a un grupo particular de madres (casadas, divorciadas, viudas, adoptivas, solteras, etc.), a un determinado nivel de educación, a una profesión en concreto o a una clase económica. Muchos hijos adultos marcados por el estilo de la madre mejor amiga experimentan grandes dificultades para encontrar su lugar en la vida, mantener relaciones funcionales y crear unos vínculos emocionales firmes.

Cuando una madre pasa de ser madre a ser amiga, ese cambio frena el normal desarrollo del yo emocional del niño, su comprensión psicológica y su concepto de la autoestima. Ya no se tienen en consideración las necesidades naturales del niño. La evitación, el rechazo y la negligencia al no tratar al hijo como «el niño» se convierten en una fuente de profunda pérdida y pesar. Es casi como si el niño viviera la muerte de la madre, aunque ella siga viva. Estos niños, con independencia de su edad, estabilidad emocional o necesidad personal, se convierten, al instante, en adultos en miniatura. El sistema de amistad no ha funcionado para el padre y está claro que tampoco funciona para la madre. Los hijos —con independencia de la edad, pero en particular desde el nacimiento hasta los veinticinco años— necesitan el liderazgo y la sabiduría emocional de la madre. Los hijos anhelan siempre la aprobación y el respaldo emocional de su madre. Sin las cualidades nutricias que sólo una mujer/madre puede aportar a sus hijos, se crea una grave fractura emocional en la psique del niño y en el núcleo de su autoestima. Esta fractura abre la herida emocional interna que, con el tiempo, se convierte en la fuente de la cólera, la rabia y el resentimiento del hijo. Como resultado directo de la suspensión del proceso de educación materna se crea una personalidad llena de ira.

El estilo materno de mejor amiga tiende a replantear situaciones de crisis antes que los otros estilos, debido a que se exige al niño que ofrezca una compensación emocional en un momento más temprano de la relación. Cuando las hijas o los hijos alcanzan la preadolescencia —hacia los once años—, se les recluta para que se conviertan en el colega emocional, el amigo y confidente de la madre. Los adolescentes se enfrentan al reto de tratar de actuar de una manera apropiada a su edad, sin cargar con la presión extra de preocuparse por su madre. *El común denominador conductual y emocional del estilo materno de mejor amiga es que no se comprende qué es la maternidad.*

Estas mujeres (con independencia de su situación marital) comprenden poco o nada en absoluto cuál es su papel, o no tienen la suficiente madurez emocional como para ejercer plenamente de madres en lugar de como mejores amigas. Las necesidades afectivas de la madre son tan abrumadoras y devoradoras que tiene que usar a su hija o hijo para satisfacerlas. El niño se convierte en el pilar del funcionamiento psicológico y emocional de la madre. Las mujeres, por tantas razones como madres hay, tienden a inclinarse hacia este estilo de crianza materna cuando otros ámbitos de su vida no están completos o no funcionan adecuadamente. Para ser imparciales, diremos que los hombres con el mismo tipo de carencia emocional o necesidad no satisfecha abandonarán totalmente a sus hijos o los utilizarán de una manera parecida. Pero aquí continuaremos centrándonos principalmente en la relación madre-hijo y en el legado emocional materno.

El estilo de la madre mejor amiga no es diferente del estilo paterno «huérfano de padre» en cuanto a los efectos secundarios negativos que tiene en la relación padre-hijo. Por «estilo de orfandad paterna» me refiero al padre que abdica del papel psicológico y emocional de convertirse en ayuda, maestro, fuerza orientadora y respaldo emocional para el niño. Muchas personas se apresuran a señalar que la mayoría de los hombres no participa activamente en el desarrollo de sus hijos mucho más allá de los once años. Estos padres no son conscientes o no comprenden plenamente la poderosa influencia que tienen en sus hijos para toda la vida. Las leyes federales y la legislación estatal piden cuentas a los padres respecto al abandono físico y económico de sus hijos y por su falta de responsabilidad para con ellos y sus obligaciones parentales. Tradicionalmente, los hombres han minimizado su papel y el profundo efecto que tienen en la vida de sus hijos.

Una queja común de muchas mujeres es lo difícil que es mantener su papel de madres y seguir teniendo una «vida» aparte de ese papel. En los últimos treinta años, a las mujeres les han entregado una espada de doble filo: ser profesionales de éxito y madres de éxito, a jornada completa. Con frecuencia, la madre mejor amiga no hace frente a ninguno de los dos cometidos. Se trata de una mujer que no sigue ninguno de los dos caminos de la condición de mujer con entrega y comprensión plena.

La madre mejor amiga cree que, de entregarse a la maternidad, su vida se acabaría. Esta devaluación del papel de madre se parece al modo en el que algunos hombres reaccionan ante la paternidad decidiendo no involucrarse. Este tipo de convicciones y prejuicios alimentan el estilo de crianza de la madre mejor amiga. Con independencia de cómo y por qué las mujeres llegan a ser la mejor amiga de sus hijas o hijos, se trata de una decisión parental muy problemática y una situación no productiva para toda la familia.

Es importante comparar el estilo materno de mejor amiga con el estilo paterno «ausente» o de «orfandad paterna». Somos mucho más conscientes de las dificultades, la rabia, los problemas de relación, el dolor emocional y las cuestiones relacionadas con la confianza de los hijos sin padre. Por desgracia, se desechan o no se consideran tan graves la pérdida y las dificultades emocionales de los hijos marcados por el estilo de crianza con «orfandad materna» o de la madre mejor amiga. Nos resulta difícil aceptar esta teoría, porque hemos visto a los hijos e hijas creciendo y viviendo con su madre. Los niños hablaban y pasaban tiempo con ella todos los días; sin embargo, la relación madre-hijo no era lo que parecía ser. La apariencia de la madre «ideal» es parte del problema, ya que puede parecer «perfecta» pese a su falta de nutrición, apoyo emocional y amor incondicional. Se subestima terriblemente el poder y los efectos residuales de una madre que no cumple con su responsabilidad y cometido maternos ni con su entrega a su hija o hijo.

Considera esta idea para ampliar tu punto de vista: si la primera mujer que amaste en tu vida decidió que era mejor estar emocionalmente ausente de tu vida que entregarse a ella, ¿cómo te afectaría eso psicológicamente a largo plazo?

Nos apresuramos, y es justo, a señalar que el padre ausente tiene un efecto negativo en la relación padre-hijo (personal, social, profesional e íntimamente). Esta afirmación resulta válida y aplicable por igual a la madre mejor amiga. Pensar que unas madres que parecen magníficas están haciendo tanto daño emocional y psicológico a sus hijos como los padres ausentes es una idea muy perturbadora. No obstante, el daño emocional se produce desde un ángulo y una perspectiva diferentes.

Rasgos de la mejor amiga

La siguiente lista ayudará a explicar y a ampliar el tema de este estilo materno tan complejo. Los adultos que han crecido con esta relación madre-hijo tienen dificultades en muchos aspectos a lo largo de toda su vida adulta. Entre ellas cabe citar la cólera, la falta de confianza, el rencor contra las mujeres, el miedo a las figuras de autoridad y una expresión emocional impropia de la frustración. Uno de los problemas fundamentales de este estilo materno es que el niño pasa mucho tiempo con su madre. La madre mejor amiga participa en la vida de sus hijos en un plano de igualdad, no desde una perspectiva parental. La pérdida de uno de los padres, aunque siga físicamente en tu vida, constituye una crisis grave en el desarrollo, aunque tiende a descartarse como si fuera un problema menor en la vida y el futuro del niño. Los niños saben instintivamente cuándo no están a salvo en una relación emocional y cuándo no se encuentran protegidos por su madre. Estos niños se adaptarán en el aspecto conductual, mental y emocional, a fin de servir a su madre y conseguir su aprobación y su amor. Pero el resultado de la pérdida de la madre será la ira, la frustración y un profundo sentimiento de abandono.

La amistad madre-hijo acabará finalmente de una manera dramática, con un resultado doloroso. No hay un lugar natural para que la relación crezca, excepto que el hijo o la hija continúe dejando en suspenso su vida, sus sueños y sus pasiones. Los hijos e hijas que son los mejores amigos de su madre tienen problemas para salir de este papel y dejarlo atrás a fin de entrar en relaciones íntimas adultas. Por ejemplo, un hijo de veinticuatro años debe abandonar su labor de apoyo como compañero de su madre; de lo contrario, no podrá avanzar en su vida, sus relaciones, su carrera y su crecimiento emocional.

¿Cómo puedes saber si tú y tu madre erais o sois los mejores amigos? Considera las siguientes preguntas y cómo sientes y has vivido tu relación madre-hija/madre-hijo. No descartes ninguna idea o lo que te parezcan ideas aleatorias sobre ti y tu madre. Este proceso desvelador y exploratorio tiene como objeto revelar tus puntos débiles y tu legado de conflictos emocionales. A muchos adultos les resulta difícil de comprender este estilo materno, porque combina la amistad entre iguales y el hecho de ser un hijo o una hija amantes. El conflicto reside en tener que separar sus sentimientos básicos de cómo debería ser un buen amigo de su madre. ¿Los buenos amigos no cuestionan a sus amigos? ¡Falso! Un buen amigo cuestiona y es franco respecto a la relación.

La lista del mejor amigo

— ¿Considerabas o consideras que tu madre es tu mejor amiga?

— ¿Cómo te sentías siendo el mejor amigo de tu madre cuando tus amigos no tenían el mismo tipo de relación con las suyas?

— ¿Sientes resentimiento por que tú eras el mejor amigo de tu madre, pero ella, a su vez, no lo era de ti?

— Como hija, ¿sientes que tu madre compite contigo?

— ¿A tu madre le desagradan todas tus novias o parejas?

— ¿Tienes miedo al rechazo?

— ¿Cuánto tiempo emocional pasas preocupado por que la gente o tus amigos desaparezcan de tu vida?

— ¿Te has sentido o te sientes incómodo con las cosas personales que tu madre comparte contigo sobre su vida, sus relaciones y sus sentimientos?

— ¿Te parece que la relación con tu madre es de dependencia o una carga emocional o un gran problema para ti?

— ¿Cómo manejas la necesidad emocional que tiene tu madre de que seas su compañero de juegos, su amigo y su confidente?

— ¿Tienes frecuentes estallidos emocionales con tu madre?

— ¿Hasta qué punto dejas en suspenso tu vida para continuar siendo el mejor amigo de tu madre?

— ¿Tiendes a sentirte solo, no querido y poco valorado en tus relaciones?

— ¿Tu madre te exige atención y tiempo? Si no le puedes dar tu tiempo y energía, ¿se molesta o lo comprende?

— ¿Tienes dificultades para expresar tus necesidades emocionales, deseos y esperanzas a tu pareja o amigo íntimo?

— ¿Sientes ansiedad, pánico o miedo si no hablas con tu madre durante el día o la noche?

— ¿Qué es algo que siempre has querido, emocional o psicológicamente, de tu madre?

Esta lista de preguntas está elaborada para ampliar tu perspectiva y que logres una comprensión más profunda y completa de tu relación madre-hijo. Muchas madres, cuando sus hijas e hijos se enfrentan a ella enfadados, acusándola de ser una «amiga» en lugar de una «madre», sufren una conmoción; no se lo pueden creer. Una hija, Marissa, de cuarenta y un años, me explicó que se sentía como una víctima cuando se planteaba la cuestión de la amistad. Marissa comentaba: «Es como si mi madre cometiera un delito grave o una traición emocional y se preguntara por qué la víctima está tan disgustada con ella». Los hijos adultos me dicen, constantemente, que no comprenden por qué están tan furiosos y disgustados con su madre. Sus sentimientos parecen no guardar relación con su infancia y su conexión duradera con ella. Lo único que estas hijas e hijos saben es que están furiosos con su madre y sienten que es una sangría emocional en su vida. Simultáneamente, quieren profundamente a su madre y son incapaces de tener una relación tranquila y apropiada con ella. Por supuesto, hay hijos adultos que son egoístas, que fueron tratados adecuadamente mientras crecían y que ahora no quieren soportar la carga de un padre anciano. Pero aquí no estamos hablando de eso.

Considera que, quizá, tu amistad con tu madre no fue lo mejor para ti o que esa responsabilidad emocional no era lo que necesitabas mientras crecías. La culpa, el miedo y la tensión emocional de ser el mejor amigo de tu madre no eran necesarios para tu crecimiento y desarrollo personales. ¿Qué preguntas o afirmaciones de este capítulo te han tocado una fibra sensible? Considera por qué y cómo ese aspecto o aspectos describen acertadamente tu vida tanto pasada como presente. Esta nueva manera de pensar es muy diferente y resulta aterradora para muchos adultos. Quizá te parezca mal, falso o equivocado examinar tu dinámica madre-hijo. Pero para recrear tu legado emocional y tu modelo relacional, es necesario comprender plenamente las «secuelas» que tu madre ha dejado en ti.

Historia de una amistad

Kerri y Nicole: Conocí a una mujer muy angustiada llamada Kerri. Su historia empezó ocho años antes de nuestro primer encuentro. En aquel entonces, tenía cuarenta y tres años y era madre de dos hijas adolescentes (de trece y dieciocho años). Estaba casada, trabajaba por su cuenta (era guionista de cine) y era una mujer muy competente. Kerri y su hija mayor, Nicole, en el último curso del instituto, eran como hermanas. Se pasaban la noche hablando de chicos, los amigos de Nicole, y del dramatismo constante que las adolescentes crean y encuentran antes de marcharse a la universidad. Nicole planeaba ir a la Universidad de Nueva York en otoño. Kerri empezó a sentirse deprimida unos tres meses antes de que Nicole se marchara. Tres semanas antes de que se fuera, Kerri reconoció que no sabía cómo iba a vivir si su hija, su mejor amiga, no estaba allí. De inmediato, Nicole decidió no ir a Nueva York y se matriculó en la universidad pública local. Nunca se marchó de casa y, dos años más tarde, pasó a otra universidad para acabar sus estudios. Durante esos cuatro años, iba y venía de la universidad todos los días; luego encontró trabajo a diez minutos de casa de su madre. A los veintiséis años, Nicole seguía sin marcharse de casa y actuaba como si ella fuera la madre y su madre, la hija. Nicole nunca se refería a su hogar como a la casa de sus padres, sino que siempre decía que era su casa y la de su madre. La hija menor y el padre de Nicole no formaban parte del estrecho vínculo de amistad que las unía a ella y a su madre.

Kerri acudió a terapia cuando su marido, Stan, amenazó con divorciarse. La razón del ultimátum era que Kerri vivía a través de su hija, y Stan se sentía impotente para hacer algo al respecto. Stan me contó la historia anterior, muy preocupado por su esposa y su hija. Kerri reconoció lo siguiente: «Siempre he tenido miedo de que Nicole y yo ya no seríamos amigas íntimas cuando se fuera a la universidad o a vivir a otro sitio. Siempre he tenido esa necesidad de estar cerca de ella, desde que nació. Siempre hemos estado muy unidas. Es mi mejor amiga. Sé que Stan siente que lo dejo fuera, pero necesito esta relación entre chicas. Es algo entre mujeres».

Stan se levantó mientras Kerri hablaba y levantó la mano para hacerla callar. «Ya estoy harto de esta excusa de la amistad entre chicas. Nicole detesta tener que ser la mejor amiga de su madre. Siente que no puede marcharse ni casarse. Kerri no se lo cree e insiste en seguir hablando con Nicole tres y cuatro veces al día. Kerri no es una madre para Nicole, es una hermana y es preciso que pare. En realidad, Nicole quería que tuviéramos esta reunión porque no cree que Kerri quiera escucharla.»

Kerri y Stan acordaron que sería mejor que Nicole viniera a terapia, para expresar sus preocupaciones en un ambiente neutral. Le pregunté quién era su mejor amiga.

Nicole dijo lo siguiente:

Soy la amiga, la confidente y el único apoyo emocional de mi madre. Me lo cuenta todo. Estoy enterada del matrimonio de mis padres, de su vida sexual y de su economía. Sé que mi padre amenaza con divorciarse de mi madre debido a nuestra relación. No puedo tener mi propia vida. Hemos estado así desde que yo tenía doce años y se ha hecho más intenso conforme yo crecía. Me siento culpable si no llamo a mi madre, y detesto llamarla. Siempre estoy furiosa con ella o nos estamos peleando por algo. Mi padre y mi hermana ni siquiera forman parte de nuestra relación. Somos mi madre y yo. Mi padre me ha prometido que me dará dinero para que me traslade a Nueva York y consiga un título de máster. Quiere que vaya a la Universidad de Nueva York y haga un máster porque no fui allí a causa de mi madre. Creo que mi madre se divorciaría si mi padre hiciera lo que dice, pero a mí me gusta mucho la idea.

David y Dana: Conocí a David cuando sus dos hermanas menores lo trajeron a mi consulta para una sesión de terapia familiar de urgencia, durante las vacaciones de Acción de Gracias. Sin que tuviera que hacerle ninguna pregunta, David, un joven a mitad de la treintena, me contó lo siguiente:

Doctor P., mi madre [Dana] me vuelve loco. Siempre se está quejando de que la abandonara y me fuera a Wyoming sin su permiso. Quería empezar de nuevo y tenía que irme a algún sitio. En Orange County no hacía nada productivo, salvo hacer surf y fumar marihuana todo el día. Ahora sólo hablamos tres veces a la semana. Antes, quería que la llamara todos los días; casi me arruiné con las llamadas. No he tenido ninguna novia que le haya gustado a mi madre, nunca. Estoy prometido, pero no se lo diré, porque encontrará algo que criticar en Linda. Mi madre no quiere coger las riendas de su vida y hacer lo que debería hacer. En cambio, me incordia y quiere saberlo todo de mi vida. Me siento muy responsable por ella y culpable si no la llamo todos los días. Ahora estoy sobrio y trabajo a jornada completa por primera vez en mi vida. Sé que, sin tener que ser el marido, el hermano, la pareja y el apoyo emocional de mi madre, mi vida es mucho más fácil. Sigo luchando todos los días con la idea de que la abandoné y me marché. Me moría, viviendo junto a mi madre. Estaba constantemente en mi vida; no tenía paz. Tiene esta actitud emocional también con mis dos hermanas. Ellas todavía no se han marchado a vivir a otro sitio. Mi padre se ha quedado fuera del círculo; cree que mi madre está loca. Yo creo que ésa es la razón de que dependa tanto de mí y de mis hermanas. Todos sentimos lo mismo. Mi madre no es una madre, es como una niña que depende de nosotros.

David explicó también que, desde que podía recordar, su madre había estado especialmente unida a él y a sus dos hermanas, mucho más que las madres de sus amigos. Cree que, como es el único hijo varón, su madre depende emocionalmente mucho más de él y se muestra más posesiva con él que con sus hermanas. Sin embargo, también ellas sienten que son responsables de la vida de su madre. Los tres hijos sienten que su madre es una carga emocional para ellos. A todos les molesta que Dana siempre esté necesitada emocionalmen-

te y les exija tiempo y atención. David sabe que, si no le presta la suficiente atención, lo castigará y se vengará de él. Se marchó tres años
atrás, sin avisar, para romper emocional y físicamente con ella. Desde
entonces, ha fundado y desarrollado una próspera empresa de construcción y tiene novia formal (a la espera de casarse) por vez primera
desde el instituto. Tanto David como sus hermanas no saben cómo
ofrecer apoyo a su madre sin verse devorados por ella.

El amigo corriente de mamá

Estos dos relatos pueden parecer irreales, pero son verdaderos y, en
verdad, muy universales. Es un fenómeno muy corriente que hijos,
hijas y madres luchen y se esfuercen por conseguir una relación padres e hijos sana, apropiada y equilibrada. Con independencia de cuál
sea el género del hijo, las madres del estilo mejor amiga tienen el continuo problema psicológico de satisfacer, por medio del hijo, sus propios deseos afectivos no cumplidos. Hijas e hijos pueden reaccionar
de manera diferente ante su madre, pero los conflictos, las presiones,
el pánico, la rabia, la frustración, la dependencia y la culpa subyacentes tienen todos un mismo origen: *la madre*.

Ningún hijo se salva del continuo conflicto que representa una
madre dependiente emocionalmente cuando es amiga y confidente.
Nicole, David y sus dos hermanas tienen el mismo problema: cómo
querer a su madre si sienten muchísimo resentimiento y rabia hacia
ella por su dependencia de ellos. La clave para estos cuatro hijos adultos y para cualquiera con una madre mejor amiga es que sean capaces
de dejar atrás los sentimientos de culpa, ira y abandono. Estas poderosas emociones, si no se resuelven, empiezan a enconarse y pueden
hacer descarrilar la vida entera de un hombre o de una mujer jóvenes.
He visto hombres y mujeres de sesenta y setenta años que siguen ba-
tallando con las mismas cuestiones relacionadas con el legado materno a las que se enfrentan Nicole y David en la veintena y la treintena.

Hay que destacar, sin embargo, que las dos madres están casadas;
es importante observar a este respecto que *la situación relacional (casadas, divorciadas, solteras, madres adoptivas, viudas) no predetermi-*

na el estilo de crianza de una madre. Sería demasiado fácil y cómodo decir que el estado civil es lo que predice con más precisión un estilo de crianza materna y una determinada capacidad emocional. Por el contrario, es la relación madre-hija de la generación anterior lo que señala con más acierto la futura manera de funcionar emocionalmente. Lo que moldea a las madres de hoy son las necesidades emocionales no satisfechas, los sentimientos no resueltos, el desarrollo emocional, la madurez, la historia/estilo de apego, las cuestiones de autoestima y la comprensión de la maternidad por parte de las hijas, ahora madres. Estos legados son las piezas precisas que se ensamblarán para crear el estilo de crianza de una mujer, sus vínculos emocionales y la manera en que vive su legado.

La madre mejor amiga es una combinación de muchos aspectos emocionales no resueltos que exigen que sus hijos les presten atención y las nutran. David y Nicole son ejemplos excelentes de hijos que aprendieron a nutrir, mostrar empatía y ser personas compasivas debido a su madre. El problema es que no pueden vivir ni funcionar plenamente si tienen que cargar con la interminable tarea de cuidar de la vida emocional de ella. Estos dos adultos representan un amplio segmento de la población, que tiene un conflicto terrible con sus sentimientos de cólera, resentimiento, culpa y lástima por la vida y el estado emocional de su madre. Es fundamental que todos los hijos e hijas de este estilo de crianza materna evolucionen emocionalmente para superar el limitado círculo de cuidadores, que crea un sentimiento de negligencia y abandono en ellos. Estos hijos crecen y se convierten en adultos que sienten que los han desatendido emocionalmente. Son los impedimentos, que aparecen de manera natural, en forma de ira, sentimiento de abandono y descuido emocional, los que hacen que unos adultos jóvenes, inteligentes, creativos y amantes de la diversión se queden atascados en una actitud amargada y negativa con respecto a la vida y a las relaciones.

Hijas e hijos huérfanos de madre

Si hay tres conflictos emocionales que pueden frenar la promesa y el potencial de cualquier hijo, son estos tres: la ira, el abandono y la negligencia. Es difícil describir tu infancia como «huérfana de madre» cuando vivías con tu madre y la veías todos los días. *Sentirse y estar huérfano de madre no tiene nada que ver con la presencia física de la madre.* Es más una descripción abstracta que física. Los hijos e hijas que han experimentado este tipo de «orfandad» lo saben y no argumentan sobre la presencia física de su madre. Las historias de este capítulo dejan claro que la ausencia física no es el problema entre estas madres y sus hijos.

Hemos hablado de las debilidades, los muchos efectos secundarios y los problemas fundamentales del estilo «mejor amiga» de crianza materna, que también se podría describir como madre «ausente». Es preciso que los hijos adultos marcados por este estilo de crianza impidan que se produzca un posible sentimiento permanente de amargura y fracaso en las relaciones adultas. Tienen que dar un gran paso adelante para sanar y crear un nuevo legado emocional y un estilo de relación en su vida adulta. Uno de los mayores impedimentos para la curación es el «factor culpa». Los hijos adultos se pegarán un tiro en la cabeza antes que criticar a su madre o permitir que alguien la presente bajo una luz negativa. Por añadidura, la clásica resistencia/razón psicológica a negar el dolor y la lucha de tu infancia es que, metafóricamente, te ahogaría. Las emociones intensas vienen y van, pero tus heridas emocionales sólo empeorarán con el tiempo. Recordarás de una parte anterior del libro que nuestro dolor emocional es el ímpetu que necesitamos para cambiar. Tu dolor y tu ira se extenderán por toda tu vida, a menos que te enfrentes a ellos. Considera la siguiente lista relacionada con los sentimientos de «orfandad» y puntúate. Este ejercicio no tiene como objeto señalar con el dedo, acusar o culpar a tu madre. Si no lo haces, nunca se hará. Nadie puede hacerlo por ti.

Lista de la orfandad

— ¿Alguna vez te has considerado una hija o un hijo sin madre? Si es así, ¿por qué?
— ¿Te descubres ansiando y buscando figuras maternas nutricias y emocionalmente «seguras» en tu vida?

— ¿Deseas contar con una mentora/adulta maternal, comprensiva y cariñosa en tu vida?

— ¿Tienes otros modelos de conducta, tías o amigas maternales que llenen los vacíos emocionales de tu «orfandad materna»?

— ¿Tienes sentimientos de culpa si no dedicas a tu madre toda tu atención afectiva?

— ¿Tienes sentimientos de abandono y rabia inexplicada en tus relaciones íntimas?

— ¿Te enfureces con tu madre por sus constantes exigencias emocionales?

— ¿Tu madre espera, asume y exige que cuides emocionalmente de ella?

— ¿A tu madre le molestan tus parejas, tus novios o tu esposo/esposa?

Estas preguntas relativas a la madre mejor amiga o a la ausencia de madre tienen mucha fuerza. ¿A cuántas de estas preguntas has respondido con un «sí»? Si diste una respuesta afirmativa a alguna de ellas, te enfrentas a un problema de madre mejor amiga. Muchas de tus decisiones emocionales están motivadas por tu necesidad natural y oportuna de una madre que te quiera y te dé su apoyo. Todos estamos programados para necesitar una madre que nos respalde y un padre que apruebe lo que hacemos. La manera en que estas conexiones evolucionen durante nuestro ciclo de vida determinan, en gran medida, nuestras relaciones, nuestra profesión, nuestra paternidad y la conciencia de nosotros mismos cuando somos adultos. Si esto no fuera verdad o no fuera necesario, los adultos no se pasarían la vida entera buscando estos ingredientes emocionales madre/padre fundamentales. Muchas de tus decisiones, conscientes e inconscientes, sobre tus compañeros íntimos/sociales y tu selección de amigos están impulsadas por tu necesidad de tener una energía femenina indulgente y positiva en tu vida. Todos sentimos una necesidad natural de contar con mujeres que nos den su cariño incondicional, que nos aprueben y apoyen.

Cómo expulsar la ira, el abandono y la negligencia

Eliminar la ira y el rencor de tus relaciones es crucial para tu presente y tu futuro. Nada en tu vida fluirá, se desarrollará o entrará pacíficamente en tu mente si arrastras una ira encadenada a tus emociones. La ira es incompatible con una productividad de alto nivel funcional y unas relaciones afectuosas. *La ira no resuelta tiene la capacidad de detener y destruir tu potencial y tus deseos y esperanzas más profundos.* La capacidad de funcionar con todo tu potencial en cualquier ámbito de tu vida aumenta con tu habilidad para resolver estas emociones que te sabotean y matan tus relaciones. Aunque quizá no parezca verdad en la superficie de tu vida, tu elección de pareja y amigos, tu círculo social y tu funcionamiento emocional se vieron moldeados por la ausencia de tu madre en tu vida. Lo mismo sucede si tu madre participaba activamente en tu vida. ¡A estas alturas de tu vida, ya conoces la diferencia!

Esta premisa parece más palpable si la relación con tu madre fue tensa, odiosa, amarga y conflictiva. Por mucho que puedas rechazar conscientemente la ausencia de tu madre en tu vida, sigues sometido a su influjo. La mayoría de los hijos adultos de las madres del tipo mejor amiga acumula un tremendo nivel de ira que, por desgracia, suele dirigirse contra otras personas —sus hijos, amigos y familia— y, por supuesto, contra sí mismos. Es sensato y prudente que te ocupes de tu ira a fin de poner fin a los continuos impedimentos personales, mentales y emocionales que esa ira crea y mantiene. Toda tu actividad emocional está influida por tu ira y tu resentimiento. Es esencial recordar que esa ira es sólo una cortina de humo que oculta las heridas emocionales fundamentales creadas por el estilo de madre mejor amiga.

La lista siguiente está diseñada para ayudarte a identificar rápidamente algunas de tus emociones, sentimientos, pensamientos y recuerdos profundamente enterrados, que siguen influyendo activamente en tus relaciones y en tu vida actual.

Ausente emocionalmente: lista de control de la madre mejor amiga

Cuestiones relacionadas con el abandono

— Tu madre dejó físicamente la familia, debido a un divorcio o a otro tipo de problema personal/marital.

— Tu madre pasaba largos periodos de tiempo lejos de ti.

— Tu madre se dedicaba a sus propios intereses, aficiones y metas personales, lejos de ti.

— Fuiste incapaz de conectar o establecer un vínculo emocional con tu madre.

— Te convertiste en el mejor amigo de tu madre para poder pasar tiempo con ella y ganarte su interés y afecto.

— Tu madre siempre decidía hacer cosas que la beneficiaban o le interesaban a ella.

— Te aterraba la idea de perder la atención, el cariño y la aprobación de tu madre; por eso, te concentrabas únicamente en su vida.

Cuestiones relacionadas con la negligencia

— Tu madre prestaba poca o ninguna atención cuando tú tenías algo importante que hacer, decir o experimentar.

— Tu madre ignoraba o no se daba cuenta cuando le pedías que te apoyara, te diera su opinión y te prestara atención.

— Tu madre no era consciente de tus preocupaciones, temores y problemas emocionales.

— Tu madre no era consciente de tus decepciones, celebraciones o actividades habituales.

— Tu madre no era consciente de tus esfuerzos, conflictos y problemas cuando eras niño, adolescente y adulto.

— A tu madre la consumían sus propios asuntos emocionales y no era consciente de tus «gritos» pidiendo ayuda, apoyo y amor.

— Te dedicaste al consumo de drogas, a tener malos resultados en la escuela, a quedarte embarazada, a la promiscuidad sexual, a conductas delictivas o a tomar decisiones temerarias intentando conseguir que tu madre se interesara y preocupara por tu vida.

— Tu madre estaba más interesada en ser tu amiga que en ser tu madre, la que fija los límites, un modelo de conducta y tu mentora.

Cuestiones relacionadas con la ira

— Asustas a los demás cuando te enfureces o expresas tu decepción.

— Sientes que estás «fuera de control» cuando te alteras.

— Tus amigos, parejas y familia te han dicho que tienes problemas para controlar tu ira.

— Te sientes constantemente furioso y te agitas fácilmente por infracciones menores o asuntos triviales.

— No te gusta la cantidad de emociones negativas que expresas hacia los demás.

— Estás resentido porque tu madre no participó en tu vida como madre, sino como amiga.

— Tu madre estaba más interesada en su vida que en la tuya.

— La única atención que recibiste de tu madre fue que tú le dieras apoyo, amor y aprobación.

Estas listas contienen sólo algunos de los factores, cuestiones, experiencias y situaciones dolorosas que entran en la mezcla para crear un hijo o una hija iracundos. La suma de sentirse abandonado, descuidado y furioso crea una enorme bola de fuego en la vida de los hijos. El hecho de acumular estas situaciones crónicas, dolorosas y decepcionantes durante años genera una personalidad y un legado emocional llenos de ira. Todas tus relaciones están teñidas con esta cólera y frustración subyacentes. No hay nada en tu vida que no se haya visto afectado, influido o no haya recibido el impacto negativo de tu sentimiento de «orfandad».

Tu mejor paso n° 1.
Ira → Comprensión → Empatía

Reconocer la existencia de tu ira es uno de los pasos más poderosos que puedes dar para desactivarla y reducir tu dolor emocional. Puede parecer algo elemental, pero quienes tienen conflictos, problemas y estallidos de ira no se sienten dispuestos a reconocerlo. Si tienes dudas sobre la expresión de tu ira, pregunta a tus amigos, a tus hijos y a tu pareja. De inmediato, te darán la respuesta que no quieres oír: sí, eres una persona iracunda. Admitir que tienes problemas de ira permite que el muro defensivo de furia que rodea tu vida se venga abajo.

Tu comprensión cognitiva y emocional es la clave para solucionar y poner en perspectiva todo tu dolor emocional. Aceptar que tu madre no pudo o no puede darte el amor, el apoyo y la guía que anhelas te permite avanzar. Tu madre, debido a sus propias carencias emocionales y cuestiones sin resolver, no pudo darte la nutrición materna que necesitabas. Sus actos no eran malintencionados ni tenían intención de herirte. Es sólo que no tenía la capacidad ni la percepción para ser la madre que querías o necesitabas. Perdona esta tosca analogía, pero no puedes guardar rencor a un gato por no ser un perro. La analogía se aplica a tu madre. Empatía es aceptar quién y qué era y es hoy (esté viva o no). Empatía también significa desarrollar tu capacidad de ver la vida de tu madre desde su punto de vista y su estado emocional. Además, te permite comprender tu dolor y te ayuda a no ser crítico ni despectivo con ella. Lo digo sinceramente: *si tu madre hubiera podido hacerlo mejor como madre, lo habría hecho. Es así de sencillo.* Las madres quieren a sus hijos. Quizá no tengan la capacidad ni la perspectiva para demostrarlo, pero sinceramente los querían y los quieren. Para terminar, quisiera añadir que nunca he conocido a una madre que no amara a sus hijos ni quisiera lo mejor para ellos, aunque su conducta pudiera indicar lo contrario. Cuando desarrolles tu empatía, reducirás, de inmediato, tu ira en la misma proporción.

Tu mejor paso n° 2. Crea tu propia maternidad

Es importante que tejas tu propia red de mujeres que te nutran, te comprendan, te den su apoyo y su cariño. Aceptar las limitaciones y necesidades emocionales de tu madre te permite descubrir tus propias necesidades y deseos. Inconscientemente, ya has creado una red de mujeres que te apoyan y te quieren. Esto es cierto tanto en los hijos como en las hijas. Empieza a comprender por qué tienes y necesitas a esas mujeres en tu vida. El impulso de todas las adicciones, las conductas y decisiones autodestructivas es la necesidad de amor, aceptación y apoyo emocional. Es la pérdida de estas ayudas emocionales lo que hace que hijos e hijas llenen el vacío con conductas compulsivas/adictivas. Estas conductas son una distracción del dolor y de la pérdida de cuidados. La carencia o abundancia de estas cualidades maternas naturales es la esencia y la base de tu vida y tu legado emocionales. Averigua cuáles son la esencia y los conflictos de tu vida emocional. ¿Qué es lo que quieres en tu vida (que no sea material)?

Saber lo que quieres, tienes y necesitas te permite crear relaciones que favorezcan tu crecimiento y salud emocional. Los hijos necesitan disponer de un sistema de apoyo nutricio que funcione a plena capacidad en las amistades, el trabajo, el matrimonio, la paternidad, la vida familiar y con ellos mismos. Por último, es apropiado y necesario que conozcas y comprendas qué te faltó en la relación con tu madre. Entonces podrás entender cómo resolver y crear una vida que satisfaga esas necesidades humanas fundamentales.

Tu mejor paso n° 3. Comprende tus propias necesidades emocionales

Según un viejo adagio, cuando sabes lo que quieres, puedes conseguirlo. Esta perogrullada encaja bien aquí. Haz un inventario de los aspectos emocionales y psicológicos que son más importantes para ti. Saber qué anhelas, necesitas y deseas es fundamental para resolver tu ira y tus heridas afectivas. La ira es sólo una manera de encubrir tus necesidades emocionales y no satisfechas y tus deseos no cumplidos. No te engañes diciéndote que tu intenso miedo al abandono o tu pánico a fracasar no están relacionados con tu autoestima ni con esas necesidades no satisfechas. Todos tus temores y preocupaciones psicológicas tienen su base en tu vida emocional. Toma conciencia de las cuestiones que son de interés para ti. Esos intereses constituyen el primer paso para comprender mejor tu legado y tu proceso emocionales. No es nunca una señal de inmadurez o de debilidad conocer y buscar los medios para satisfacer tus necesidades.

Haz una lista de lo que deseas y quieres emocionalmente de una relación amorosa, aunque ya estés casado y tengas cuatro hijos. Las necesidades, deseos y anhelos que tenemos en nuestras relaciones o posibles relaciones íntimas son, generalmente, un reflejo de los que teníamos en nuestra relación materna. Hace ya mucho tiempo que se considera que las relaciones íntimas son el lugar adulto donde repararnos, recuperar a nuestros padres y sanar emocionalmente. Esto es absolutamente cierto en relación con nuestra pareja íntima, nuestras relaciones amorosas o matrimoniales y nuestras amistades íntimas. Es importante recordar que cualquier relación íntima, con independencia de su contexto, es un lugar donde permitir que tu legado emocional crezca y sane. Estas conexiones emocionalmente seguras son la fuerza vital de nuestra existencia y expresión humanas. Sin unas relaciones estrechas que nos nutren, apoyen y nos den cariño, nos encontramos aislados y psicológicamente dañados por la ausencia de esas conexiones.

Tu mejor paso n° 4. Conoce tus detonadores emocionales

Ponte en marcha para comprender plenamente las cuestiones fundamentales que te hacen estallar emocionalmente y que encienden tu ira. Tienes que mantenerte alerta y consciente para entender totalmente tu ciclo de ira. Ya no te puedes permitir el lujo de estallar y luego afirmar que no querías hacerlo. Estos descargos de responsabilidad son excusas para continuar siendo una «bomba de relojería», seguir estando afectivamente fuera de control y resultando emocionalmente peligroso. La ira es la manera más rápida de perder el control y hacer y decir cosas que causan un daño permanente y son autodestructivas. Cuando te enfureces con tu pareja, tus hijos, tus amigos y tus compañeros, suele haber en ti algo mucho más profundo que resulta afectado y que no tiene que ver con las circunstancias actuales. Puede parecer y dar la impresión de que se trata del asunto o problema presentes, pero no es así. Tu ira residual, no resuelta, siempre emergerá en tus relaciones de hoy.

Para escapar de este ciclo, debes hacer una lista de tres o cuatro cosas que representan, claramente, tus conflictos personales y puntos «más candentes». Es necesario que escribas la lista y la pienses muy detenidamente. Esa lista te hace, automáticamente, responsable de tu conducta emocional. Por esta razón, te servirá como elemento disuasorio. Pronto descubrirás que casi todos tus conflictos actuales están arraigados en uno de los tres detonadores: el abandono, el descuido y el hecho de ser rechazado/no querido. Estas tres emociones fundamentales pueden aparecer en mil gestos y circunstancias diferentes. Es preciso que seas experto en tus propios conflictos y tomes el control total de lo que dispara tus reacciones.

7
La madre completa
El legado materno con sabor compasivo

No sé qué haría sin mi madre. Ha sido mi modelo de conducta y mi mentora. Es una mujer asombrosa. Me ha enseñado el valor de la comunicación, de la tarea de mentor, la compasión y cómo hacer frente a las adversidades de la vida. Sin ella, sería un alma perdida.

ED, cincuenta y dos años

Mi madre ha sido el fundamento sólido de mi vida. Me siento muy afortunada por tener una gran madre y mentora. Siempre me ha alentado a perseguir mis sueños y a no dejar que nadie me menospreciara por ser mujer. Sé que mi madre siempre me puede ofrecer el consejo o la sabiduría necesarios para enfrentarme a cualquier problema que surja en mi vida.

MARÍA, treinta y tres años

La madre del nuevo milenio

El estilo de crianza materna completa aúna los mejores aspectos de nuestros cuatro primeros estilos maternos sumados a muchas otras características, conocimientos y capacidades. Hablamos de una madre que sabe claramente qué está haciendo con su hijo o hija. No carece de percepción ni empatía; está equilibraba emocionalmente. La madre completa comprende el increíble papel que desempeña y la influencia que tendrá en sus hijos ahora y durante el resto de su vida. Tiene la capacidad de entender qué necesitan, quieren o desean sus hijos y les ayuda a conseguirlo o crea las oportunidades para que lo hagan. No se trata de una supermamá ni de una «santa», que no comete errores o que trata de ser perfecta. Es posible que se haya divorciado dos veces, sea viuda, no se haya casado nunca, esté sola, sea lesbiana, se haya inseminado artificialmente o esté casada y tenga siete hijos. Las circunstancias de su vida no dictan ni determinan qué clase de madre será para sus hijos. El nivel de educación, la edad, la posición económica, la etnia o las relaciones personales no crean barreras sociales o emocionales para ser la madre del siglo xxi. Las limitaciones autoimpuestas no forman parte de su comprensión psicológica ni de su experiencia de la maternidad. Es una mujer que se entrega a esta última, con independencia de su carrera profesional o de sus responsabilidades externas. Es la «quintaesencia de las madres». Las otras madres del vecindario, del trabajo y de su círculo social le pedirán consejo, ayuda y orientación. Saben que esta mujer «capta» psicológicamente la tarea de ser madre. Su entendimiento se basa en su propio y completo estilo materno y en su seguro legado emocional. Puede que haya o no haya tenido una madre horrible, llena de conflictos y egocéntrica, pero ha utilizado su infancia como trampolín para ser la madre completa.

Con independencia de su propia relación madre-hija, esta mujer, madre y compañera tiene una fina percepción y una aguda conciencia que la llevan a no perderse la oportunidad de toda una vida y a ser parte activa de la vida de sus hijos. Todos los niños del barrio querrían que fuera su madre. Es una persona paciente, cariñosa y estimulante. Todos anhelan contar con su tiempo y comprensión. En el trabajo, es la compañera, supervisora o ejecutiva de empresa ideal. Todos se sienten cómodos en su presencia y respetan su opinión.

Probablemente, el estilo de crianza materna completa representa alrededor de un 10 % de las relaciones madre-hija/madre-hijo. Es muy importante comprender cómo esta madre puede tratar a sus hijos, conectar firmemente y establecer vínculos consistentes con ellos y darles el poder emocional necesario para que puedan descollar. Los hijos de la madre completa saben lo afortunados que son al tener una madre que los ve como individuos y los ayuda a descubrir su rumbo y sus sueños individuales. La madre completa es capaz de nutrir a sus hijos e hijas para que puedan independizarse con éxito y formar su propia identidad. Muchas madres no son conscientes de este paso absolutamente importante hacia la madurez y no se preparan ni preparan a sus hijos para entrar en la vida adulta.

El proceso natural de separación/individualización entre madre e hijo empieza cuando éste tiene unos quince años y se completa alrededor de los veinticinco. Por desgracia, en la mayoría de las relaciones madre-hijas/madre-hijos se trata de un proceso que llega a ser gravemente problemático. Entran en juego todas las cuestiones emocionales no resueltas, las necesidades no satisfechas, la falta de conocimiento sobre el desarrollo y el miedo al abandono de todas las partes involucradas. La razón de que los años de la adolescencia suelan ser considerados como un «auténtico infierno» por las madres es que este proceso de separación/individualización va a toda marcha. Todas las cuestiones emocionales no resueltas y las preocupaciones psicológicas están encima de la mesa.

Este proceso dual de separación incumbe tanto a las madres como a los hijos. Ni a los hijos ni a las hijas les resulta fácil esta situación tan importante y trascendental. Habitualmente, esta transición será tranquila y estará libre de conflicto si la madre recorrió, bastante bien, el mismo camino con su madre, cuando era adolescente o veinteañera. No obstante, lo más frecuente es que el proceso fuera incompleto y que la madre todavía se esté separando de su propia madre, mientras su hija o hijo trata de hacer lo mismo respecto a ella. Se sentirá, entonces, abandonada por sus hijos porque nunca ha llegado a establecer plenamente su propia identidad y estilo de crianza materna. El estilo de la madre completa se encarna en una mujer que consiguió completar con éxito su proceso de separación e individualización en la generación madre-hija anterior. La claridad de sus emociones en relación con esta transición permite que su hija o hijo supere las dificultades de llegar a ser, simultáneamente, independiente e interdependiente. Estos hijos no tienen la carga añadida de tratar de ayudar a su madre a separarse emocionalmente, mientras ellos también intentan separarse de ella.

El estilo de la madre completa prepara a sus hijos e hijas, desde una temprana edad, a aceptar su vida y a dar los pasos necesarios para su desarrollo. Una de las razones de que llamemos «completo» a este estilo de crianza materna es que la madre es capaz de ayudar a sus hijos a alcanzar su propia autonomía mientras siguen conectados con ella afectivamente. Uno de los distintivos del éxito como madre es permitir que los hijos se independicen y formen su propia identidad, al final de la adolescencia. Resulta crucial que todas las hijas e hijos den este paso, a fin de que, en la edad adulta, actúen con una identidad firme y un estilo de apego emocional estable. Según cada estilo de crianza materna, esta transición vital tan importante se verá entorpecida o facilitada. Nadie puede quedarse a vivir en casa de los padres de forma permanente, aunque muchos jóvenes decidan hacerlo hasta después de los treinta años. La razón, para algunas personas que tardan en madurar emocionalmente, no es el alto precio de los alquileres ni que no encuentren a nadie con quien compartir piso, sino la maraña emocional y la identidad subdesarrollada de la relación madre-hijo/madre-hija.

Elementos del estilo de la madre completa. ¿Quién es?

La siguiente lista destaca algunas de las cualidades y rasgos nutricios fundamentales que posee este tipo de madre. Estas cualidades, conductas y actos nutricios se pueden aprender y convertir en una parte activa de tu vida emocional. Es posible desarrollar estos rasgos e incorporarlos a tus relaciones y a tu conciencia de ti mismo. Actualmente, se debate si se pueden aprender o cultivar las características instintivas, la empatía y la conducta compasiva maternos. Se dice que o tienes estas cualidades o no las tienes. Este argumento es completamente ilógico. Si aprendiste a descuidar, ignorar y rechazar tus propios sentimientos, no hay ninguna razón que te impida volver a aprender a potenciarte y a ser empático contigo mismo y con quienes te rodean. Estas cualidades son necesarias para mejorar nuestro propio legado emocional y nuestra calidad de vida.

Lista de la madre en acción

- El estilo de la madre completa crea hijos e hijas que tienen la capacidad psicológica, la percepción, la claridad y la sabiduría necesarias para comprender, respetar y valorar que otras personas, compañeros y miembros de la familia tengan sus propios puntos de vista. Esta comprensión es empatía en acción.
- La madre completa enseña a sus hijos, mediante el ejemplo, a ser tolerantes con las diferencias humanas. La capacidad de aceptar y tolerar las diferencias personales, íntimas y profesionales es fundamental en esta relación madre-hijo. Tolerar las diferencias es ser capaz de expresar compasión hacia los demás. No se siente ningún interés por «tener razón». Se ve a los demás con una perspectiva más amplia, comprendiendo que las diferencias son naturales en todo tipo de relaciones. La madre completa no considera que las diferencias sean algo amenazador, contra lo que hay que luchar.
- La madre completa del nuevo milenio es emocionalmente capaz de valorar sentimientos, actos, decisiones y elecciones diferentes de los suyos. La ausencia de inseguridad y de juicios ne-

gativos permite que se formen y mantengan unos vínculos/ apegos emocionales firmes. Esta postura emocionalmente inteligente la enseña a sus hijos a través de su labor mentora.

- La madre completa y compasiva demuestra sus cualidades de liderazgo, incluyendo su capacidad para decir «no» a la presión de sus iguales, a sus hijos y a otros miembros de la familia. Su resolución es real y se evidencia frente a posibles consecuencias: personales, sociales, profesionales y amorosas. La capacidad para fijar límites y líneas divisorias emocionales, personales y relacionales es vital en todas las relaciones.

- Este tipo de madre enseña a sus hijos a confiar en su instinto, en sus sentimientos/convicciones internos y en sus ideas. Con el tiempo, estos hábitos generan autoconfianza y un firme sentido de la propia valía. Estas virtudes permiten que los jóvenes adultos se aventuren en el mundo con valentía.

- Los hijos e hijas de esta madre se sienten queridos y comprendidos. El sentimiento de que su madre los entiende y los apoya, constantemente, les permite asumir riesgos, crear oportunidades para relacionarse y conectar y establecer vínculos emocionales sin reservas ni miedo. Con independencia de su profesión, todos sus tratos los establecen a través de relaciones seguras.

- Las hijas e hijos de la madre completa con capaces de crear, mantener y promover relaciones profesionales, sociales e íntimas duraderas. No albergan rencor ni resentimiento prolongados.

- Las hijas e hijos criados siguiendo el estilo de la madre completa son capaces de alcanzar el éxito y la conclusión durante el proceso de separación/individualización dual. La madre cuenta con la experiencia anterior de su vida para permitir que se separen y creen su propia identidad.

La confianza interna que estos hijos e hijas reciben de su madre se les transmite todos los días de su vida. Tienen una gran confianza interna y estabilidad emocional para responder a cualquier crisis o desafío que les plantee la vida. Lo que resulta muy llamativo en este tipo de madre, comparado con los otros cuatro tipos, es que no hay necesidades emocionales sin satisfacer, son pocas o ninguna las cuestiones sin resolver y queda poco o ningún resentimiento/ira residual. Para decirlo de manera sucinta, no carga con ningún «equipaje». Esto impide que las emociones en conflicto que van emparejadas a la historia familiar sean arrastradas hasta el presente. No hay viejos problemas acumulados que llenen el presente con nubarrones de desesperación, ansiedad, miedo o desesperanza.

El problema fundamental de un viejo asunto emocional pendiente es que reaparece una y otra vez, como si fuera nuevo, en todas las relaciones, conflictos y malentendidos. La ira, el resentimiento, la inseguridad emocional, la conducta encaminada a conseguir llamar la atención, el perfeccionismo y las actitudes que buscan la aprobación no forman parte de la vida o de las relaciones de esta mujer/madre. En cambio, tiene energía, tiempo e interés para cultivar cualidades positivas de afirmación vital que incluyen, junto con las que hemos anotado antes, una firme autoestima, empatía, compasión, valor, indulgencia, estabilidad, sólidas relaciones personales e íntimas y un amplio círculo de amigos.

Muchos considerarían a la madre completa como el nuevo modelo de conducta para las mujeres del siglo XXI. Es una mujer que puede trabajar fuera de casa o decidir no hacerlo, sin sentirse culpable ni avergonzada. No la controlan las normas arbitrarias ni los viejos papeles sociales que no resultan apropiados para su vida. La actitud emocional de esta madre es básica: el mundo es un lugar seguro. Sus necesidades, requerimientos y deseos serán comprendidos y satisfechos. No hay ningún sentimiento de privación, ansiedad o pánico al pensar que, si no tiene el trabajo adecuado, los amigos adecuados y la ropa adecuada, carece de valor o «no es lo bastante buena». Este tipo de miedos o inseguridades no forman parte de sus relaciones ni interacciones o conexiones emocionales con los demás. Los hijos de una madre completa son capaces de madurar para perseguir sus sueños, sin tener en cuenta las presiones negativas de sus iguales para que sigan un cierto camino o se adapten a las normas. Estos adultos ya disponen de la aprobación y el apoyo necesarios para ser quienes desean ser.

Nutrición 101. «¿De qué va todo esto?»

Cuando se le pregunta a alguien qué es una buena madre, las respuestas son del estilo: «Es cariñosa y nutricia». «Es generosa y paciente.» «Puede ser comprensiva emocionalmente.» Estas respuestas positivas son, en esencia, extensiones de la misma idea y línea de pensamiento. Es un hecho que la maternidad tiene que ver, fundamentalmente, con la nutricia. La manera de nutrir de una madre es tan creativa como la mujer que la ofrece. No hay un modelo ni una manera de educar particulares, pero existe un componente esencial: *la empatía*. El principio de nutrición/empatía es tan fundamental en la crianza materna como el agua lo es para los peces. La maternidad gira en torno a la educación y las dos son inseparables y necesarias para todas las hijas e hijos, con independencia de su edad. Nada es mejor que el toque afectivo de comprensión y aceptación que una madre o una figura materna puede dar a sus hijos.

Nutrir es, técnicamente, la aplicación y el uso directos de la empatía. La empatía es la capacidad de centrarse, comprender, reconfortar, sosegar, escuchar y conectar emocionalmente con una hija o hijo. Ser empático es utilizar tu capacidad emocional para absorber información no verbal, un determinado lenguaje corporal y unas expresiones faciales valiosas, y responder apropiadamente. Las madres que están conectadas empáticamente con sus hijos saben qué les preocupa antes de que pronuncien una palabra.

Se puede decir que los adultos empáticos están en sintonía con su entorno y con las personas que los rodean. Esto significa que estos hijos e hijas tienen presencia de ánimo y son conscientes del clima emocional que los rodea. Son capaces de interpretar a alguien, comprender su actual estado emocional y responder apropiadamente a la necesidad o problema de que se trate. Tuvieron una buena mentora mientras crecían y ahora disponen de la capacidad para compartir lo que saben con los demás. La nutrición crea en los receptores el deseo de devolver lo que han recibido. No hay ocultación ni carencia emocional para ellos. Su conducta se deriva de su abundante riqueza emocional. Cuentan con una reserva llena de experiencias y creencias emocionales positivas, además de con una firme conciencia de sí mismos, para tender la mano a quienes los rodean. Disfrutaron de la experiencia constante de una buena crianza materna, siempre empáticamente en armonía y siempre nutricia.

Para algunos adultos, puede resultar bastante descorazonador leer la información sobre el estilo de la madre completa. Sin embargo, nadie —ni madre ni hijo adulto— está condenado o sentenciado a continuar con las mismas actitudes frustrantes, deprimentes y poco productivas que han comprometido su vida hasta ahora. Todos podemos cambiar, con independencia de nuestro estilo de crianza materna; recuerda que alrededor de un 90 % de nosotros no tuvo a esa mujer «completa» como madre. Sin embargo, en nuestra vida emocional, todos tenemos el potencial para crear y establecer ese tipo de relaciones firmes y cariñosas. Para ello, la clave es que comprendamos mejor que el nutrimiento y la empatía pueden actuar en tu vida adulta actual, con tus mejores amigos, con tu familia y con tu pareja.

Sintonía empática. Cómo funciona

El primer paso para llegar a ser el progenitor, el adulto, la pareja, el compañero y el amigo que siempre has querido ser es comprender el papel de la sintonía empática, que es la clave de cualquier relación de éxito, de un alto nivel funcional. Esta sintonía es una de las funciones primordiales de la madre completa. Esta madre sabe de forma intuitiva y natural cómo apoyar y establecer un vínculo emocional con sus hijos, con independencia de su edad, día a día. Este apego, vínculo y conexión emocionales firmes y constantes permiten que sus hijos se quieran y se valoren a sí mismos y sean competentes en sus relaciones. *Es importante recordar que, para un niño, sentir que es querido es más que la manera en que, realmente, es querido.* Los niños, los adolescentes y los adultos crearán, de forma natural, unos apegos afectivos seguros basándose en cuánto *sienten* que los quieren e importan a alguien. Los niños lo saben por cómo su madre dedicó tiempo, constantemente, a escucharlos y a empatizar cuando hirieron gravemente sus sentimientos durante el recreo en cuarto curso, o cuando se sintieron asustados al acudir a su primera entrevista de trabajo, al acabar la universidad. Los niños saben que los quieren por los gestos no verbales y por la conducta nutricia/empática de su madre.

En segundo lugar, el mejor ejemplo de cómo estar empáticamente en sintonía es la capacidad para compartir el entusiasmo de otros cuando consiguen un ascenso en el trabajo, anuncian su boda, encuentran una nueva casa o cuando su hijo es admitido en la escuela que deseaban. Además, compartes su euforia aunque te sientas deprimido o con el ánimo por los suelos. La capacidad para unirte a los demás dondequiera que estén emocionalmente es una gran cualidad y un don. La madre completa lo hace tan sistemáticamente que sus hijos ni siquiera son conscientes de sus propios cambios de humor ni de sus sentimientos. Lo normal es que los hijos no tengan por qué conocer los sentimientos o los conflictos internos de su madre. Las madres que creen que sus hijos deberían estar enterados de todo lo que pasa en su vida, los están reclutando automáticamente para que se conviertan en su pareja emocional. No fijar límites emocionales no es empatía, sino una relación madre-hijo de dependencia. Los hijos de un estilo materno completo son muy sensibles a los sentimientos y a las emociones de los demás. No dependen de su madre para saber cómo y qué sentir. La capacidad de la madre para separarse emocionalmente y mantener los asuntos personales de los adultos fuera del mundo de sus hijos es necesaria y constituye un ejemplo de una buena crianza. Los hijos sabrán de la vida de su madre cuando crezcan, pero primero deben aprender cuál es su propio mundo y cómo funciona.

La madre completa conecta repetidamente en el mismo plano que sus hijos. Les comunica el valiosísimo sentimiento de seguridad y amor. Todos sabemos lo doloroso y decepcionante que es cuando una persona importante para nosotros (tu madre, tu pareja, un amigo) no intuye ni comparte empáticamente nuestro entusiasmo por un acontecimiento o logro particulares. El «fallo» emocional es doloroso y hace que nos planteemos si debemos volver a compartir nuestro entusiasmo con esa persona alguna vez más. Las hijas y los hijos que experimentan repetidamente esta clase de pérdida y decepción emocionales con su madre, al final dejarán de tener sentimientos positivos hacia ella. La desilusión afectiva es tan dolorosa que se evita a toda costa. Con el tiempo, este tipo de heridas se acumulan y acaban formando una hija o un hijo lleno de ira o con un patrón de conducta autodestructiva. Los hijos de una madre completa no sufren estas heridas o experiencias emocionales.

En tercer lugar, el estilo de crianza de la madre completa se centra en el hijo o la hija como individuo, no siempre en su conducta. La base fundamental de toda relación sana, con independencia de su contexto, es la capacidad para conectar siempre con la persona, no con lo que hace. Se ve al individuo como persona completa, a la que no define un único acto. Esto resulta especialmente útil cuando el hijo o la hija es adolescente, cuando un amigo te decepciona o cuando ocurre algo negativo. El mensaje que transmite esta madre a sus hijos, amigos, a su pareja y a sus compañeros es que son importantes para ella. Esa focalización constante permite que ambas partes mantengan una línea abierta de comunicación con una conexión emocional ininterrumpida.

En cuarto lugar, no olvidemos que la madre completa no está libre de fallos, de momentos de estallido emocional o de sentimientos negativos. Sus hijos siempre saben que su madre los quiere y le importan, aunque malinterprete su conducta o ciertas situaciones. Esto es especialmente cierto cuando los hijos tienen entre trece y treinta años, pues tendrán cambios de humor, estallidos emocionales y discutirán de forma poco razonable, todas ellas cosas muy previsibles. Estos hijos, tanto si viven en casa como si están a miles de kilómetros de distancia, saben que cuentan con la orientación y el cariño de su madre para ayudarlos a superar los momentos difíciles e inciertos. Su confianza interna viene dada por la interiorización del nutrimiento y la empatía de su madre en su mente y espíritu.

El quinto y último aspecto del estilo de crianza de la madre completa es que los hijos tienen interiorizada una imagen positiva, unas experiencias que los refuerzan emocionalmente y un recuerdo afectivo constante a los que recurrir en busca de apoyo, orientación, comprensión y compasión. Estos maravillosos aspectos recurrentes relacionados con la nutrición y la empatía forman parte de la mente, las emo-

ciones y el corazón de estos hijos/hijas. Todos tenemos un sistema de
archivo emocional que recoge los sucesos positivos, las buenas experiencias y las convicciones nutricias. Cuando nos encontramos con
un reto o un cambio que nos estresa y nos produce ansiedad, un hijo
o hija que tenga guardados estas convicciones y sentimientos de apoyo los usará, automáticamente, para resistir y superar ese suceso o situación.

Cómo incorporar el estilo de la madre completa a tu legado materno

La lista siguiente contiene algunas de las ideas y actitudes (empatía,
compasión y receptividad) que puedes incorporar al legado de tu herencia materna. La lista resulta fundamental para «suavizar» tu tensión nerviosa, tu posición a la defensiva y las cuestiones no resueltas y
llenas de ira derivadas del rechazo, el abandono y la búsqueda de
aprobación. Las siguientes cualidades son esas cosas que todos nos
esforzamos por alcanzar y desarrollar en las relaciones de todo tipo
que tenemos y tendremos en los años venideros. Tienes la vida por
delante, y enterrar tus viejos y reciclados conflictos es un empeño que
merece la pena y un proyecto factible. Estas cualidades relacionadas
con la nutrición, la empatía y la compasión no son el azúcar añadido
a una situación imposible. Por el contrario, darán poder a tu vida, a
tus emociones y a tus relaciones como nunca has imaginado. La percepción y la fuerza emocionales entrañan la capacidad de ir hacia los
otros, y conectar y establecer vínculos con ellos. Estar aislado, furioso
y emocionalmente cerrado es un «infierno viviente», que muchos ni-
ños/adultos han soportado y que ya no necesitan.

Todos necesitamos sentirnos queridos, conectados y apoyados.
Estas necesidades emocionales fundamentales son naturales y todos
deberíamos tenerlas satisfechas. La lista siguiente reúne algunos de
los aspectos más importantes que se derivan de incorporar el legado
emocional de la madre completa a tu vida, a tus relaciones y a tus
sentimientos internos.

El proceso de crecimiento emocional. Siete pasos

1. *Presencia de ánimo emocional.* Significa saber qué hacer emocionalmente antes de que suceda. No eres adivino, pero tampoco vas como sonámbulo por el mundo. Te apoyarás en tu intuición para adelantarte a una crisis o a las necesidades o deseos de alguien. Antes de entrar en la «curva», verás qué podría suceder y qué es preciso hacer. No te sorprende ni te asusta lo que podría pasar en una relación o situación.

2. *Tomar conciencia del clima emocional.* Utilizarás tu circuito de reacciones emocionales para interpretar los mensajes verbales y no verbales de tu pareja, tus hijos o tus compañeros, y todos los mensajes comunicativos que la gente envía. Basándote en tu percepción emocional y comprensión/compasión, puedes decir o hacer lo que sea necesario y útil. Constantemente, absorbes información sobre el estado de ánimo de los demás. No actúas de forma codependiente, porque harás lo que es debido y necesario, no te adaptarás a los caprichos ni a los cambios de humor. Sabes que tu hijo quiere ir a ver a su maestra para protestar, pero lo ayudas a escribir una carta constructiva que le permita expresar su irritación de una manera más apropiada.

3. *Ser receptivo emocionalmente.* Sabes cómo reaccionar de forma adecuada o hacer frente a un problema, conflicto o crisis con empatía emocional. Tu capacidad para responder emocionalmente es fundamental para el uso de la empatía, la compasión y el nutrimento. Esto podría significar que te quedes levantado toda la noche acompañando a tu hijo y a su hijo recién nacido o sosteniéndole la mano a tu padre anciano y enfermo. Cualquiera que sea la situación, ahora eres capaz de responder. No careces de emoción o comprensión para el dolor, la frustración o el pánico de los demás. Puedes unirte a ellos emocionalmente y prestarles tu apoyo. Tu hija vuelve de la escuela llorando por algo que le han hecho sus amigas. La escucharás y, treinta minutos después, estará sentada delante del ordenador charlando con ellas de nuevo.

4. *Nutrimento.* Nutrir es tener la capacidad para reaccionar ante cualquier circunstancia y manejarla apropiadamente. Tus actos

nutricios reconfortarán y reforzarán a tu hijo/hija, a tu pareja o al equipo de la liga juvenil al que entrenas. No rescatarás a otros ni los insultarás al nutrirlos. Tu objetivo es ayudar a quienes te rodean a sentirse mejor consigo mismos y actuar apoyados en esa confianza. Los actos basados en el apoyo dan mucha fuerza y cariño.

5. *Ningún resentimiento residual ni acumulación de ira/cólera.* Ya no cargarás con rencores ni resentimientos duraderos hacia las personas que quieres. No actuarás emocionalmente desde una actitud de ira/cólera. En cambio, te mostrarás ecuánime con los demás. No permitirás que la ira te domine y evitarás que se creen malentendidos. Estarás emocionalmente libre de viejos asuntos pendientes. Se necesita valor para soltar el lastre de lo que entiendes como «injusticias». La decisión de dejar atrás heridas emocionales pasadas es una señal de salud mental y emocional. Vivir en el pasado conduce a tener una personalidad deprimida y a experimentar un sentimiento de desesperanza.

6. *Te unes a los demás y los ayudas.* No te muestras reacio a escuchar a un compañero que expresa su desesperación por la posible pérdida de su empleo. No niegas emocionalmente tu empatía, compasión y apoyo. Es fundamental estar emocionalmente al lado de alguien en un momento así. Es uno de los gestos de ayuda más fuertes y más poderosos que puedes ofrecer a alguien. Se trata de acudir al lugar emocional donde está tu hijo, tu pareja o tu amigo. Los demás recordarán siempre que les tendiste la mano cuando estaban asustados o cuando sufrían. Este acto es un ejemplo clásico de cómo tu legado emocional actúa a pleno rendimiento y con toda su fuerza en las relaciones.

7. *Aceptación de ti mismo.* Sabes que la opinión de ti que más importancia tiene es la tuya. Enseñar a otros mediante el ejemplo que aceptar tus rasgos «perfectamente imperfectos» es algo muy poderoso te dará seguridad emocional. Nadie tiene el poder para hacer que te sientas mal, culpable o avergonzado. Tú eres el único que controla tus sentimientos, emociones y pensamientos. Esto es lo más favorable que puedes llegar a hacer por ti mismo y por los demás.

Estos siete rasgos, cualidades, acciones, creencias y formas de aplicar tu fuerza emocional son la manera en que asumes el estilo de la madre completa y lo llevas a la siguiente generación de hijos, a la gente en general, a la familia, a los amigos y a los compañeros. Aunque, aproximadamente, un 90 % de personas no disfruta de este tipo de educación materna, es posible incorporar estos rasgos a nuestras relaciones y nuestra vida. Estos siete pasos activos están destinados a crear un mapa de carreteras, paso a paso, para desarrollar este tipo de legado.

Dos historias sobre madres, hijas e hijos

Las siguientes son dos historias muy emotivas que es preciso contar. Representan a un grupo silencioso, pero importante, de niños/adultos muy numerosos, pero a los que se pasa por alto. Las madres de estas dos historias no son perfectas, una ya ha muerto. Siempre me he preguntado cómo superan los hijos la muerte de su madre. Algunos expertos en psicología y salud mental creen que, hasta la edad de veinticinco años —y especialmente antes de los diez años—, no se recuperan nunca de la pérdida de la madre. Su vida queda impregnada de esa trágica pérdida. Sin embargo, estas opiniones estrechas y estas viejas limitaciones psicológicas sobre los hijos son muy inexactas. Nos recuperamos, sin duda, de quedarnos huérfanos. Aunque experimenten un sufrimiento emocional horrendo y, con frecuencia, vivan historias increíbles, muchos encuentran el camino para alcanzar la salud emocional y el bienestar.

No es correcto dar por sentado que los niños sin madre (cuya madre no está físicamente en su vida) estén sentenciados a una vida de depresiones, desesperanza y desesperación. Esto no es cierto ni exacto. Las hijas y los hijos que han recibido nutrimento de otros modelos femeninos pueden ser tan felices y productivos como cualquier otro hijo. La influencia de la nutrición materna tiene el poder de revertir cualquier circunstancia o situación para un hijo o una hija. Es una afirmación atrevida, pero he visto cómo sucedía una y otra vez. Recuerda que el escepticismo siempre se basa en una información limitada y en una amargura apenas velada. Con independencia de las circunstancias vitales, los reveses emocionales, el grado de congoja, la existencia de un conflicto madre-hijo, el trauma provocado por un divorcio o una muerte, nunca es demasiado tarde para cambiar. Según mi experiencia, profesional, personal y relacional, los obstáculos más difíciles de vencer son la desesperanza y la convicción de que las cosas no cambiarán nunca. Al escribir este libro, no he encontrado a ninguna hija o a ningún hijo que no quiera contar su historia y la manera en que hizo frente a sus conflictos con el legado materno. Todos queremos vivir la vida de una forma más plena, sentirnos más sanos mentalmente, conectar afectivamente con más eficacia y establecer vínculos más firmes. Si no fuera así, casarse, una y otra vez, no sería algo tan popular, y la idea del amor quedaría descartada.

Marie y Alexander

Alexander, de trece años, estaba en quinto curso cuando mataron a su padre durante el asalto a un banco en Westwood Village, cerca de Los Ángeles. El padre de Alex estaba ocupándose de sus asuntos bancarios a la hora del almuerzo y lo mataron de un disparo a bocajarro. Marie, la madre de Alex, pasó los dos años siguientes trabajando y ayudando a su hijo a superar la muerte de su padre. Luego pasó lo inimaginable. Cuando volvía a casa del trabajo, Marie se mató en un accidente en la autovía. Alex estaba en noveno y era hijo único.

Conocí a Alex cuando tenía veintisiete años y trabajaba para una firma de inversiones, con sede en Nueva York y oficinas por todo el mundo. Alex, cuya familia paterna vivía en Sudáfrica, no tenía ningún pariente en Estados Unidos y, después de la muerte de su madre, había vivido con la familia de la mejor amiga de ésta, a la que consideraba su tía. Vino a verme porque se sentía paralizado emocionalmente. No había llorado desde el funeral de su padre y tampoco al morir su madre. A juzgar estrictamente por las apariencias, Alex era un «superestrella». Se había graduado en la universidad con un título en empresariales y no consumía drogas ni alcohol. Tenía un aire despierto, se comportaba a la perfección y había sido un hijo perfecto. El problema era que él no se sentía perfecto y, de hecho, le aterrorizaba sufrir cualquier otra pérdida afectiva o entre sus relaciones.

Le pedí que me hablara de su madre. Alex me contó su historia con una sonrisa en los labios.

Mi madre era increíble. Me quería, me adoraba. Siempre supe, incluso antes de la muerte de mi padre, que me cuidaría y se encargaría de que mi mundo fuera bueno. Creo que ésa es la razón de que, doce años después, todavía espere que vuelva a casa. Supongo que he podido seguir adelante en la vida gracias a todo el amor y el apoyo que me dio. Recuerdo que el médico me dijo que la mayoría de los chicos que pierde a su madre acaba consumiendo drogas o tomando medicamentos. A mí me va bien, teniendo en cuenta que mis padres han muerto. Mi padre trabajaba mucho, era muy paciente y cariñoso y siempre me entrenaba en los deportes. Mi madre era mi roca emocional. Siempre me enseñaba a ser generoso y a dar a los menos afortunados. Mis padres me decían que fuera bueno y que nunca diera la vida por sentada. Mi tía, la mejor amiga de mi madre, con la que vivía, es igual que ella. Realmente tengo mucha suerte, porque nunca he sentido que no me quisieran o que fuera huérfano. Mi tía me llama dos veces al día y es un poco demasiado, pero lo entiendo. Hace lo que cree que yo necesito.

Le pregunté por su vida actual, sus relaciones, su dolor y sus planes para el futuro.

Alex me comentó:

He tenido unas cuantas novias. Llevo dos años saliendo en serio con alguien. Cindy. Le gustaría que nos casáramos y a mí también. Tengo muchos amigos geniales, de la infancia, que conocían a mis padres. He seguido estrechamente unido a mis amigos a lo largo de los años. Aunque mis padres hayan muerto, tuve con ellos una relación mejor de la que la mayoría de mis amigos y colegas de la universidad tenía con los suyos. Mis amigos no se llevan muy bien con su madre y la mayoría de ellos ni siquiera conoció a su padre. Soy afortunado porque tengo un gran recuerdo de mi madre. Siempre fue emocionalmente fuerte y cariñosa. Siempre sentí que le importaba y recibí mucha atención y mucho tiempo de ella. La echo terriblemente de menos, pero no me siento mal ni tengo un sentimiento de culpa respecto a nuestra relación. Siento que tengo mucho para usar en mi matrimonio. Es sólo que no puedo llorar la pérdida de mi madre. Perder a mi padre fue terrible; él también era estupendo. Que mi madre esté muerta continúa siendo demasiado para mí. La llevo en el corazón y, realmente, la echo de menos.

Alex vino a verme durante un cierto tiempo para empezar su duelo por la muerte de su madre. Mientras, se graduó en la universidad, consiguió un título de máster en empresariales y empezó a trabajar a jornada completa. Tenía una amplia red de amigos, algunos de los cuales eran hombres y mujeres mayores. Alex funcionaba a un nivel tan alto emocionalmente que era asombroso. No tenía resentimiento, ira ni miedo a comprometerse íntimamente con su novia. Contaba con un legado emocional tan positivo de su herencia materna que su vida parecía funcionar con el piloto automático. Finalmente, pudo llorar la muerte de su madre y, entonces, sintió miedo a perder a sus amigos y sus fuertes conexiones emocionales. La tía de Alex, Yvonne, con quien había vivido durante sus años de instituto, vino a verme un día con él.

Era una mujer encantadora, cálida, cariñosa y dulce. Tenía una energía positiva que resultaba tranquilizadora. Quería que yo supiera que Alex era el ser humano más excepcional que había conocido.

A pesar de perder a sus padres, Alex nunca sintió lástima de sí mismo ni resentimiento hacia la vida o el universo. Cuando su madre murió, estuve a punto de perder la confianza y la esperanza. No paraba de decirme que todo se soluciona, y yo creía en su fuerza emocional y su claridad. Nunca perdió de vista lo importante ni olvidó lo que había aprendido de su madre. Le aseguro que es un chico muy especial. Si madre hizo un trabajo excelente criándolo y preparándolo para la vida. Nunca imaginé que, después de que mataran a su padre, Alex tendría que soportar otra pérdida tan devastadora. Pero así fue y sé que sus padres estarían muy contentos de él.

La historia de Alex es verdaderamente excepcional. Siempre me conmuevo al saber lo mucho que ha hecho y que ha superado. Comprende plenamente su legado materno y lo ha aplicado a su vida. No hay nada en ella que no refleje o represente el estilo completo de su legado materno. Su madre lo preparó para la vida y esa vida incluía que ella no estuviera. Alex siempre sentirá dolor y pesar por haber perdido a sus padres siendo adolescente. Finalmente, se permitió llorar la muerte de su madre. Es saludable y muy normal. Alex también ha aprendido a tener menos miedo a perder a los que lo rodean. La influencia de su madre no murió años atrás, sino que sigue muy viva en la vida de su hijo, hoy. Es el círculo completo del legado materno; la generación siguiente puede beneficiarse de él o sufrir.

Mandy, Joan y June

Tres generaciones de mujeres y tres historias diferentes. La familia estaba formada por June, la abuela; Joan, la madre; y Mandy, la nieta. En junio de 1986, Joan y June volvían a casa en coche, desde un bar local. Joan conducía borracha y June iba en el asiento del acompañante. Por desgracia, Joan se estrelló contra un árbol al doblar una esquina y su madre resultó muerta. Joan pasó las seis semanas siguientes en el hospital, recuperándose del accidente. Mandy siempre había sido una buena hija, se portaba bien y no llevaba la carga emocional de su madre o de su abuela. Antes de su muerte, June se había ocupado emocionalmente tanto de Joan como de Mandy. Después del accidente, Mandy se encontró con una nueva dinámica madre-hija; con Joan, no tenía ningún apoyo emocional ni un mentor femenino. Conocí a Mandy en 1998, durante uno de mis talleres sobre el legado materno. Por aquel entonces, ella tenía veintiocho años.

Mandy vivía en California, con su madre, en una casa con dos viviendas adosadas. Joan ocupaba la parte frontal y Mandy, la trasera. Según Mandy, Joan siempre había tenido problemas con la bebida, que sólo habían empeorado después del accidente. Joan trabajaba en un gran bufete de abogados, como auxiliar, en el centro de Los Ángeles. Trabajaba desde las siete de la mañana hasta las tres y media de la tarde.

Mandy vino a verme para hablar de cómo se podía independizar e individualizar, sin que Joan la repudiara. Le pregunté si decía en serio lo de que tenía miedo de que su madre la rechazara si creaba su propia vida, aparte de ella. Mandy me contó lo siguiente:

> Soy la vida entera de mi madre. Desde la muerte de mi abuela, mi madre se ha concentrado exclusivamente en mí. Parece como si ella fuera mi hija. Tengo que prestarle atención tres o cuatro veces al día. Si no la he llamado antes de las tres de la tarde, recibo una llamada suya de emergencia. Por la noche, cuando llego a casa, tengo que decirle «hola» o se pone furiosa conmigo. Antes, solía tomar una cerveza con ella, pero ya no lo hago. Tampoco bebo con ella. Está borracha antes de las cinco de la tarde, todos los días. No me veo viviendo lejos de mi madre, hasta que muera. No veo que ella pueda funcionar emocional o mentalmente por sí misma. En la actualidad, está tratando de conseguir la incapacidad laboral completa, para no tener que volver a trabajar. Esto me aterra, porque no sé qué haré con ella.

Le expliqué a Mandy que su madre no era responsabilidad suya; tampoco tenía la obligación de dedicarse afectivamente a ella a tiempo completo ni planificarle su vida entera. Mandy se había vuelto codependiente de Joan. Sabía que si continuaba ocupándose del alcoholismo de Joan, de su dolor no resuelto por el accidente, de su dependencia emocional y de su conducta pasiva/agresiva, su propia vida iba a ser cada vez más difícil de manejar. A Mandy la había criado su abuela, que tenía muchos de los rasgos de la madre completa. Mandy poseía las mismas cualidades y las mismas virtudes emocionales. No sabía cómo manejar la abrumadora necesidad y excesiva dependencia afectiva de su madre. Mandy sabía que, si no cambiaba su relación madre-hija, llegaría a quedar emocionalmente paralizada y no sería capaz de avanzar y seguir adelante con su propia vida. Elaboró un plan que se parecía mucho al de una madre que tratara de hacer que su hija de cincuenta y siete años se marchara de casa. A las seis y media de la mañana, para que estuviera completamente sobria y coherente, Mandy le explicó lo siguiente a su madre:

Mamá, he encontrado un trabajo con una promotora de desarrollo urbanístico en Florida. Tengo dos semanas para trasladarme y hacer la mudanza a Orlando, para estar allí a primeros de mes. Es el paso que siempre había querido dar en mi carrera. Sé que si me quedo aquí, viviendo en el piso de al lado, ninguna de las dos conseguiremos seguir adelante con nuestra vida. Sé que puedes funcionar sin que yo esté a tu lado todo el tiempo. No quiero seguir frenando tu vida. Si me quedo aquí, contigo, vamos a acabar resentidas la una con la otra. Mamá, quiero casarme, tener hijos y vivir una vida diferente de la tuya. Sé que las dos echamos de menos a la abuela, pero ella no querría que viviéramos así. Mamá, podemos hacerlo mejor. Tengo que aceptar ese trabajo.

Joan le suplicó a Mandy que no se fuera y le dijo que su marcha la mataría. Entre tanto, Mandy hizo el traslado. Apenas consiguió hacer la transición emocionalmente, aunque tanto ella como su madre sobrevivieron. Mandy, que quería adelgazar, perdió tres kilos y medio en los primeros cinco meses lejos de su madre. Mientras, Joan conoció a un hombre y le pidió que fuera a vivir con ella cuando aún no habían pasado cuatro meses de la marcha de Mandy. Joan no llamó, no envió correos electrónicos ni escribió a su hija durante cinco meses. Mandy hizo que su mejor amiga, Shannon, pasara a ver a Joan todos los días para asegurarse de que no se había suicidado.

Ahora Mandy lleva tres años viviendo en Florida, se ha casado, ha tenido una hija y ha perdido más de cuarenta y cinco kilos desde que se separó de su madre. Joan no fue a la boda ni tampoco ha ido a Florida a visitarlos. Mandy acepta las limitaciones emocionales de su madre y su sentimiento de abandono. Sabía que el acto más amoroso, positivo y salvador de sus vidas que podía realizar era seguir con su propia vida. Joan no ha hablado con ella ni le ha preguntado por su marido ni por su hijita (su nieta). Mandy reconoce abiertamente que, de no ser por el positivo modelo de conducta femenina de su abuela y su influencia nutricia, amorosa y de apoyo, nunca habría podido seguir adelante con su vida.

Resumen

En Alex y Mandy hay partes de todos nosotros. Todos tenemos miedos, tristeza, ira, resentimiento, conflictos, esperanza y valor. Estas dos personas encontraron un medio para hacer que su vida funcionara y tuviera éxito, pese a unas circunstancias muy desfavorables. Fue la conexión emocional, interna, que tenían con el legado de una madre completa lo que les sirvió para superar unas dificultades extremas. Los casos de Alex y Mandy nos sirven para ilustrar que el poder de la crianza materna no se limita a un lugar, una situación o una circunstancia vital. Estos dos adultos jóvenes tuvieron que encontrar algo en su corazón que había sido plantado allí por una persona positiva, ya fuera su madre, su abuela o su tía. Los dos encontraron el valor emocional que necesitaban para dar los pasos necesarios hacia su desarrollo como personas. Siempre es sorprendente que algunas personas den estos pasos y otras no. Para ellos, la fuerza subyacente reside en haber tenido una figura de madre completa en su vida.

Tanto si cuentas con una figura de madre completa en tu vida como si no es así, también puedes tener éxito; de lo contrario, no estarías leyendo este libro. En la sección siguiente consideraremos cómo poner tu legado materno a toda marcha. Antes de pasar a esa sección, considera las siguientes preguntas:

- ¿Quién fue/es mi madre?
- ¿Cómo actúo con relación a mi madre hoy?
- ¿Quién quiero que esté en mis relaciones íntimas, en mi vida personal y con mis amigos, mi familia y mis hijos?
- ¿Cuál era el estilo de crianza materna que viví mientras crecía?
- ¿Conozco las virtudes y defectos de la relación madre-hijo?

Ahora, reconsideremos tu legado materno y pongámoslo a trabajar.

III

El potencial del legado materno
Cómo crear tu propia vida

8
Cómo cambiar el guión
Empezar por las reglas de tu madre
Reescribir tu libro

Si hiciera caso del reglamento o guión de mi madre para mi vida, ahora sería una stripper, *me habría casado cuatro veces y habría tenido hijos con cada marido. Dejé de escuchar a mi madre hacia los once años. De no haberlo hecho, mi vida sería un absoluto desastre.*

SHANNON, treinta y tres años

¿Cuál es mi libro de normas?

En los últimos años, se ha popularizado la idea de descubrir nuestro propio reglamento. Muchas celebridades, presentadores de publirreportajes y expertos en autoperfeccionamiento hablan de reescribir el guión de tu vida. Es hacer lo positivo; alentarnos a reconsiderar nuestra vida. No lo olvidemos, todos los guiones vitales obedecen a unas directrices, protocolos y esquemas prescritos muy estrictos; incluso abarcan las relaciones que eliges. Nadie puede reescribir con precisión o meticulosidad el guión de su vida sin llegar a familiarizarse a fondo con su reglamento interno. Las normas, directrices, juramentos, compromisos emocionales y elecciones más poderosas son inconscientes. Son estos sentimientos, emociones y reglas intrínsecas procedentes de la madre lo que nos moldea y conforma, mucho más de lo que a cualquiera de nosotros le gustaría creer.

Como cualquier buen hijo o buena hija sabe de forma implícita, acatar las reglas es como respirar: *es algo que hacemos automáticamente, sin saber siquiera que lo hacemos hasta que las infringimos.* El problema es que, cuando rompemos o no seguimos una de nuestras normas internas, con frecuencia nos sentimos culpables o avergonzados. Por ejemplo, puede que te sientas incómodo si decides saltarte la cena de los domingos en casa de tu madre o si sales con alguien que no está en la «lista de los deseos» de tu madre para ti. Estas sensaciones pueden hacer que cualquier adulto altere su vida para evitar sentimientos o tensiones incómodas con la figura interiorizada de la madre. Son la causa de que alteremos nuestra conducta, nuestras elecciones y nuestras decisiones. Enfrentarnos al problema subyacente (viejas normas frente a otras nuevas) es la clave para hacernos con el control total de nuestra vida y de nuestras relaciones.

Mi paciente Julie y su novio, John, son un ejemplo muy bueno del poder del libro de normas materno. Llevaban nueve meses saliendo y

Julie no conocía a la madre de John ni la habían invitado a una cena o celebración familiar. Julie quería hablar de su preocupación por el miedo de John a contrariar los deseos de su madre y también del control que ésta ejercía en su vida. John, de treinta años de edad, acudió a terapia con Julie y me explicó lo siguiente: «Mi madre quiere que salga sólo con las chicas que ella me elige. Nunca le ha gustado ni ha aceptado a ninguna otra. Tengo muchas dudas sobre si debo presentarle a Julie, porque entonces nuestra relación se convierte en la de mi madre».

Al final, Julie rompió su relación con John, porque éste no estaba dispuesto a desafiar o a reescribir el guión que su madre había elaborado para él. John no tenía el control de su vida y no se había enfrentado a su actitud para evitar la separación emocional madre-hijo. Julie estaba destrozada por el miedo de John de ir contra las reglas y deseos de su madre. Cuando se trata de recrear tu libro de normas, es necesario mucho más que amor. Es preciso tomar una decisión vital deliberada para hacerte con el pleno control de tu vida y de tus relaciones. Julie había ido escribiendo su guión y viviendo según su propio reglamento desde la universidad. La incapacidad de John para enfrentarse a su madre no tenía sentido para ella, porque, en su caso, esos cambios eran un proceso automático y muy natural. Cuando se pone fin a una relación debido a la infracción de las reglas, no tiene nada que ver con el amor o el interés por la otra persona. Se trata de cuestiones no resueltas que emanan del legado materno; obstruyen el progreso emocional y la vinculación completa de la pareja. Es imperativo examinar y comprender a fondo las reglas inconscientes, las directrices, los valores, la ética y las decisiones no expresados que controlan tu vida. Resulta esencial conocer estos aspectos y apoyarte en tu percepción emocional para crear un modelo de relación productivo. Tu camino hacia la libertad emocional pasa por conocer y escribir tu propio reglamento.

Las normas distinguen cada uno de los estilos de crianza materna. Los cinco (perfeccionista, imprevisible, «yo primero», mejor amiga y completa) tienen su propio conjunto distintivo de reglas, creencias y expectativas particulares —requisitos escritos y no escritos—. Esas reglas son como el mobiliario del cuarto de estar de tu vida; cada pieza tiene su propósito y su lugar propios. Es importante comprender la función de cada mueble y su colocación y propósito en el plano de la habitación entera. La misma analogía se puede usar para las normas del legado materno. Cada regla, directriz, línea divisoria y expectativa tiene un papel específico, un lugar y un propósito exactos en tu vida. Las reglas madre-hijo están en tu vida con independencia de si tienen sentido o no lo tienen. Debes saber cuáles, tuyas o de tu madre, son la causa de tus problemas de relación, tus conflictos emocionales y tu miedo a separarte de tu madre. Estos sentimientos, actos y experiencias que te causan ansiedad y oleadas de vergüenza son respuestas emocionales a una infracción inconsciente de las reglas. Descartamos esas experiencias emocionales como si fueran una mera incomodidad. Estamos en lo cierto, en tanto que las infracciones de las normas resultan emocionalmente incómodas. Pero ¿por qué esos sentimientos de culpa o vergüenza son tan fuertes? La respuesta está escrita en tu libro de reglas. ¿Te has tomado, alguna vez, el tiempo para considerar qué normas —conscientes e inconscientes— hay escritas en tu libro?

El reglamento materno

Cada estilo de crianza materna tiene sus propias reglas que rigen la vida de toda la familia, incluyendo al padre, independientemente del tipo de relación que tenga con la madre. Siempre que menciono la idea del reglamento a las hijas o a los hijos que han tenido una relación turbulenta con su madre, de inmediato parecen asustados y presas del pánico. Sin ninguna duda, es porque esos hijos e hijas cargan con una enorme cantidad de miedo, culpa y vergüenza respecto a no estar a la altura de lo que creen que su madre quiere o exige de ellos. Cuanto más llena de conflicto estuviera/esté la relación madre-hija/madre-hijo, más rígidas serán las normas que la madre impone a sus hijos. La rigidez guarda una correlación directa con el nivel de claridad y libertad emocionales que haya dentro de la relación. En resumen: *el grado de trastorno emocional existente en el interior de la madre generará un conjunto de normas igualmente trastornado que seguirá la hija o el hijo.* Por lo tanto, si tu madre se pone «hecha una furia» respecto a algunas cosas, podemos dar por sentado que sus reglas —expresadas o no— sobre casi todo serán estrictas, demenciales y problemáticas para ti en igual medida. Si tu madre padece una enfermedad mental o conflictos emocionales/psicológicos graves, tienes que tener un cuidado extremo con el reglamento que usas. Aunque sea del dominio público que tu madre tiene problemas emocionales, de todos modos te transmitió un conjunto de reglas. No obstante, sólo porque ella crea que está mal que vivas con tu novio/novia o que la homosexualidad está bien o mal, eso no la convierte en una «psicópata».

Esos valores, que tú y otros podéis considerar equivocados, no se encuentran muy alejados del ámbito del debate social más común. Las reglas como «no comas nunca productos derivados del trigo los martes, porque contraerás cáncer», «nunca tengas relaciones sexuales antes de cenar» o «dar una buena azotaina a los niños los mantendrá a salvo de los malos espíritus» son cuestionables en extremo. Es preciso corregir este tipo de reglas irracionales que hay en tu vida para que desarrolles unas relaciones adultas con un alto nivel funcional y unas conexiones emocionales fuertes. Las normas que se crean desde o se apoyan en el miedo, la ansiedad, la mitología religiosa (espíritus malignos que poseen a la gente), el maltrato familiar, los secretos/vergüenza familiares, lo inapropiado en el ámbito sexual y el antiintelectualismo deben ser puestas en tela de juicio. Este tipo de reglas nunca ayudan al crecimiento personal ni a la independencia emocional, sino que es una forma de disfunción en la relación madre-hijo.

Helen, de treinta y tres años, la única de los seis hijos de su familia que está divorciada, es un ejemplo de esa disfunción. Helen se casó justo al acabar la universidad con Mike, su novio de toda la vida, de su propia ciudad. Durante los ocho años siguientes, Helen y Mike se fueron distanciando emocional, mental y físicamente (nada de vida sexual). Mike tuvo una aventura con una compañera de trabajo y dejó a Helen por ella. La madre de Helen, Dorothy, cayó presa de una depresión clínica; además, estaba furiosa por el divorcio de Helen. Helen vino a terapia para hablar de por qué la irritabilidad y los cambios de humor continuos de su madre le provocaban una gran ansiedad. Cuando fue a casa por Navidad, le preguntó a su madre qué problema había, realmente, entre ellas. Dorothy le dijo: «Te has divorciado y me disgusta que dejaras escapar a tu marido. Las mujeres de nuestra familia no se divorcian. ¿Qué hiciste mal? Te eduqué para que fueras una buena esposa y compañera. No te eduqué para ser una mujer profesional que descuida a su marido y a sus hijos [Helen no tenía hijos]». Después de muchas horas y semanas de conversaciones telefónicas a raíz de aquella conversación inicial, Helen acabó aceptando que su madre estaba resentida con ella porque no había seguido sus reglas/convicciones sobre el matrimonio y el amor. Helen inició una terapia para aceptar que su vida era suya, no de su madre, y que los problemas emocionales de su madre eran los de su madre, y no los suyos. Helen volvió a casarse tres años después de aquel enfrentamiento/disputa madre-hija. Dorothy no asistió a la boda porque creía que Helen no debía volver a casarse después de un divorcio.

Este ejemplo es muy típico de las madres y de su decepción cuando sus hijos no acatan sus reglas ni el guión que han escrito para su vida. Helen sabía que el momento exacto en que entró en la vida adulta fue cuando decidió no seguir soltera para el resto de su vida, pese a que su madre pensara que eso era lo mejor para ella. Reescribió su libro de normas y avanzó emocionalmente en su vida. Al principio, este proceso le provocaba mucha ansiedad. No quería, en ningún momento, decepcionar ni disgustar a su madre, pero era hora de que se hiciera con el pleno control de su vida. Cuando se dio cuenta de que, en realidad, estaba viviendo la vida de Dorothy, descubrió que era mucho más fácil y menos doloroso introducir cambios personales. Helen aceptó igualmente que Dorothy no era capaz de abrirse emocionalmente a lo que percibía como un cambio o desafío en su libro de normas. Dorothy estaba firmemente convencida de que había fracasado como madre porque Helen se había divorciado. Antes de esa discusión sobre el matrimonio, el divorcio y el papel de la mujer en la familia, Helen nunca había desafiado ni puesto en tela de juicio las reglas/convicciones/guión de su madre. Es asombroso que las vidas y los puntos de vista de las dos se hubieran combinado tan bien, durante tanto tiempo. No tuvieron ninguno de los típicos conflictos o mal-entendidos madre-hijo hasta que Helen cumplió los treinta y un años. Esta crisis, que debería haberse producido mucho antes, empujó a Helen a establecerse y a establecer su identidad personal de manera independiente a su madre. Tuvo que decidir qué vida iba a vivir, si la suya propia o la de ella.

Cuando pienses en la vida de Helen, tienes que preguntarte: «¿Qué cinco reglas, convicciones o aspectos del guión querría cambiar en mi vida?». No discutas contigo mismo si los cambios son prácticos o realistas; limítate a reconocer la posibilidad de una modificación de las normas. Estos ajustes emocionales, ideas, cambios en tu relación, pasos profesionales y transformaciones empiezan echando una buena ojeada al interior del reglamento de tu madre para vivir tu vida. Tienes que leer y descubrir qué contiene ese libro de reglas que hoy afecta a tu vida. No tengo la intención de que esto suene negativo o crítico. Es necesario que explores a fondo tu legado materno si quieres que algo de valor personal siga ocurriendo en tu vida. Por favor, sigue adelante y escribe en este libro. Utiliza un bolígrafo, no un lápiz. Anota tus cambios con tinta indeleble. Puede que escribir en un libro sea una infracción de las normas, pero es tu libro. Además, si lo escribes en tinta, no podrás borrar lo que necesitas hacer.

¿Cinco cambios?

1.

2.

3.

4.

5.

¿Qué impresión has sentido al anotar en el papel esos deseos inconscientes/conscientes y esas nuevas reglas? ¿Te ha asustado, te ha parecido que era desear por desear, te ha provocado ansiedad, has creído que era inútil o emocionante? ¿Has sentido que era el momento de avanzar en tus relaciones? No minimices el poder de lo que has escrito y sobre lo que has reflexionado. Muchas veces, el mero reconocimiento de un deseo profundo puede ser un ímpetu suficiente para iniciar un cambio emocional muy poderoso. Tienes que ser sincero y valiente para poner en marcha los engranajes del cambio, en tu vida y en tus relaciones. *Recuerda que, a menos que estés dispuesto a probar algo nuevo, nada nuevo va a suceder en tu vida.* No puedes esperar que se produzcan grandes cambios emocionales o de relación si continúas con tus viejos patrones de conducta y sigues pensando y acatando las viejas reglas. Reescribir tu libro de normas es una metáfora para redirigir tu vida, tus relaciones y tus conexiones emocionales.

Normas escritas y no escritas. ¿En qué se diferencian?

Podría parecer evidente que hay un estilo de comunicación, una influencia y un grado de importancia diferentes entre las normas escritas y las no escritas. ¿Qué reglas de la relación madre-hijo —escritas o no escritas— tienen más influencia y repercusión en la vida de un hijo o hija?

Bueno, la primera vez que oí hablar de la teoría de las normas escritas frente a las no escritas, me equivoqué. La respuesta correcta es: *las normas no escritas.* Hay una enorme diferencia en el tipo de normas no escritas que hijos e hijas aprenden, observan e interiorizan en la relación madre-hijo.

Las normas no escritas son las que ni siquiera se consideran normas. Son tus actos, tus valores, tu conducta, tus reacciones emocionales y tu sistema de creencias automáticos. Las normas escritas palidecen en comparación con las no escritas, que existen en el corazón, el comportamiento automático y la mente de la gente. No hay ni una sola idea o conducta que no esté impulsada por tus normas no escritas. Muchas personas se refieren a estas normas inconscientes, no escritas, como valores, ética o moral personales. Pero, de hecho, todas entran en la categoría de normas no escritas del legado materno. Las normas no escritas son, de lejos, las más poderosas en tu vida y en tus relaciones diarias. Aunque estas normas no escritas tienen una enorme influencia en tu manera de trabajar, de manejar los conflictos, de comunicarte y de establecer vínculos emocionales, tienden a actuar a un nivel inconsciente. Tienen mucha influencia, al formar parte de tu yo fundamental y de tu modelo de relación. Todos tenemos un reglamento que seguimos, de acuerdo al que vivimos y que usamos para orientarnos en nuestras relaciones. No importa lo ausente, distante emocionalmente o confusa que fuera o no fuera tu madre; te entregó un libro de normas que seguir.

En cambio, las reglas escritas pueden ser leyes estatales, normas sociales (por ejemplo, no llamar a nadie después de las diez de la noche, no llamar al jefe los domingos), políticas de la empresa y códigos básicos de conducta. Se trata de los comportamientos concretos que todos conocemos y comprendemos. Aprendemos estas normas en la escuela, en casa, en la comunidad y con nuestros amigos. Por ejemplo, todos los adultos saben que participar en un altercado físico en el trabajo, durante un acontecimiento deportivo de sus hijos o en una reunión familiar no está bien y, en la mayoría de los casos, no es legal. Nadie puede decir que no sabía que liarse a puñetazos no era una conducta legal y apropiada. Sin embargo, hay quien trata de que aceptemos esa excusa, la de que no sabían que algo estaba mal.

Otro ejemplo es beber antes de tener la edad legal para hacerlo. Cada año, tengo dos o tres pacientes adolescentes a los que han arrestado por estar ebrios en público. Todos alegan, ante mí y ante sus padres, que no sabían que beber en público era ilegal o que caer redondo al suelo por la borrachera era un delito. Es absolutamente absurdo argumentar que no conocías cuál era la edad legal para beber. Por el contrario, una norma no escrita, aunque muy cuestionable, podría ser que, si bebes tres vasos diarios de *whisky* escocés de alta calidad con hielo después de las cuatro de la tarde, no tienes ningún problema con la bebida. En realidad, probablemente lo tienes. Las normas no escritas son directrices individuales y muy privadas que rigen tu manera de actuar en la familia, en las relaciones amorosas, en el sistema de apoyo social, así como espiritual, profesional y personalmente. No hay ningún ámbito de tu vida que quede fuera de las directrices del reglamento de tu madre o del tuyo propio. ¿Lo sabías?

Uno de nuestros objetivos, aquí, es que seas consciente de tu conjunto de normas no escritas. Estas normas crean una parte integral de tu sistema básico de opiniones y tu estado emocional fundamental. Empezaste a aprender tus normas no escritas desde el primer momento que recuerdas que llorabas, te alimentaban y captabas la atención afectiva de tu madre. Todas estas experiencias y observaciones infantiles de tu madre son las que crean tu sistema básico de creencias emocionales: *tus normas no escritas*. Muchas veces, los adultos se disgustan, enfadan o encolerizan cuando alguien infringe o desdeña una de esas convicciones. La ira es el resultado del desdén sufrido por tu conciencia emocional de ti mismo. Es vital que comprendas y explores tus convicciones emocionales, tus normas no escritas y tus valores para que puedas evitar actuar de forma irracional, condenatoria o basada en prejuicios contra alguien que, sin saberlo, ha infringido una de tus creencias o normas de vida. Cuanto mejor reconozcas la existencia de esas opiniones preestablecidas —normas no escritas—, mejor podrás controlar y reorientar tus relaciones. Tu individualidad se forjará con tu nueva capacidad perceptiva para conocer tus propias normas y deseos.

Tu crianza materna particular disponía de una serie de normas, creencias, valores y directrices emocionales que regían las relaciones. Por ejemplo, si tu madre necesitaba constantemente tu atención o buscaba tu aprobación y respaldo, quizás hayas aprendido a no decir nunca que «no» a un amigo. Tal vez te hayas dado cuenta de que siempre prestas ayuda a quien sea, sean cuales fueran las circunstancias. La idea de prestar apoyo a los demás es estupenda. El problema es que infringir tu reglamento interno y negar algo a alguien podría causarte un alto grado de estrés y ansiedad. Tu reglamento no escrito, interno/inconsciente, te ordena que digas siempre que «sí», para evitar esos sentimientos tan incómodos. Otro ejemplo de cómo el estilo de educación de tu madre afecta a tu libro de normas lo tenemos en el estilo de la madre imprevisible, que siempre encuentra y crea maneras de provocar un conflicto, evitar la responsabilidad o impedir una conexión emocional íntima. Aprendiste que, a menos que haya un cierto grado de dramatismo en tu vida y en tus relaciones, eres aburrido o tienes la relación equivocada. (Estás convencido de que dramatismo es igual a amor, lo que se basa en el estilo de tu madre y en tu caótica infancia.) Éstos son los tipos de opiniones que raramente cuestionas ni desafías. Parece que son lo normal y que así es como funciona tu mundo.

Las normas no escritas de mamá

Todas las madres se rigen por sus propias normas no escritas. El problema es que o los demás miembros de la familia viven también según esas normas, o estalla un conflicto familiar. Es un hecho conocido que, con independencia de la salud emocional o mental de tu madre, sus reglas moldean la vida emocional de la familia. Piensa en algunas de las normas que tu madre sigue obedeciendo (o que obedecía, si ya ha muerto) y cómo reflejan su personalidad, su estilo de crianza y su modelo de relación. Por ejemplo, Shannon, a la que mencionaba al principio del capítulo, sabe que su madre quiere que ella viva de acuerdo a su guión. La madre de Shannon, Yvonne, está convencida de que consumir drogas no es un problema, sino un regalo, y así se lo dice a sus cuatro hijas. Desde los ocho años y debido a la adicción de su madre a los analgésicos con receta (Valium), Shannon ha cumplido la función de madre en la relación. Shannon se casó con un hombre, Keith, que tenía un historial marcado por el abuso de drogas. Finalmente, Shannon acabó desempeñando el papel de estricto agente de la ley, en ambos casos. Obedecía la norma no escrita de su madre que la convertía en cuidadora, nutriendo a los que la rodeaban. Igualmente, asumió la responsabilidad emocional de dos de sus hermanas menores, que batallaban con el uso y abuso de drogas ilegales. Por desgracia, Keith se mató en un accidente de moto y, finalmente, Shannon ingresó a Yvonne en un centro de rehabilitación para drogadictos. Durante el primer año del duelo por la muerte de su marido, Shannon reescribió de arriba abajo su propio libro de normas, escritas y no escritas.

Antes hemos hablado del poder que tiene el dolor emocional como motivación para cambiar nuestro legado materno. Al final, Shannon había acumulado suficiente pesar, dolor emocional y años de frustración tratando de controlar el abuso de las drogas por parte de su madre y de su marido y, ahora, había llegado el momento de efectuar los cambios que siempre había deseado hacer, pero que nunca había llevado a cabo, debido a que no podía manejar su ansiedad. La combinación de la muerte de su marido y el uso crónico de medicamentos por parte de su madre fue la gota que hizo desbordar el vaso. Todos sus esfuerzos por poner fin al consumo de drogas en el pasado no habían servido de nada. Una de las cosas de las que hablamos con Shannon fue cuáles eran las cuatro normas no escritas que había aprendido de su madre. Estas cuatro normas, guiones o directrices emocionales no escritos habían moldeado la manera en que Shannon abordó la edad adulta, la maternidad, su profesión y su matrimonio. Las cuatro normas transmitidas por Yvonne a Shannon eran las siguientes:

1. Eres la madre, la persona responsable.
2. No me abandones nunca, emocional, física o mentalmente.
3. Sé siempre mi sistema de apoyo emocional.
4. Ten siempre un hombre en tu vida (Yvonne se había casado cuatro veces y tenía una hija de cada marido).

Shannon había necesitado varias semanas para elaborar esta lista y comprender el poder de cada norma. Empezó a entender por qué se había casado a los diecinueve años, por qué vivió con su madre los cuatro primeros años de matrimonio y luego se trasladó a la casa de al lado. Nunca tuvo un trabajo a jornada completa, para poder estar en casa y cuidar de su madre y de sus hijos. Ayudó a su madre y a su padrastro a administrar su economía y les prestó dinero. Shannon empezó a darse cuenta de que la mayoría de sus decisiones importantes se basaba en las normas no escritas de Yvonne. Seguía estas normas a la perfección y, por lo tanto, era la hija «perfecta» para su imprevisible madre.

El de Shannon no es un ejemplo extremo, sino una situación muy corriente, pese a ser un conflicto emocional complicado. La situación de Evan es otro ejemplo de cómo acatar el reglamento de la madre en detrimento propio. Ha luchado para tener a su madre contenta, menos ansiosa y, al mismo tiempo, no perder su propia identidad. Evan, igual que Shannon, tuvo que reescribir su propio reglamento; de lo contrario, no habría podido tener una relación con una mujer en ningún terreno, ni profesional, ni social ni amoroso. Las cuatro normas básicas, no escritas, de Evan eran muy parecidas a las de Shannon. Los dos tenían una relación madre-niño/adulto imprevisible. Evan no se daba cuenta de que sus normas inconscientes lo paralizaban y le causaban una culpa, una vergüenza y un temor tremendos. No había comprendido que los problemas íntimos que tenía con las mujeres se derivaban del reglamento de su madre. Después de un análisis más profundo en terapia, empezó a ver que la mayoría de sus conflictos con las mujeres los tenía, en realidad, con el código de conducta que su madre le imponía.

Evan comprendió que, si quería tener una relación amorosa adulta, tenía que dejar de tratar a todas las mujeres como *sustitutas de su madre*. Tenía un sentimiento de culpa tan intenso que no importaba lo que una mujer sintiera; era su problema y su responsabilidad arreglarlo. Las normas de Evan eran:

1. Resuelve siempre cualquier problema que tenga tu madre (o cualquier mujer).
2. Nunca disgustes ni enfades a tu madre; si lo haces, es que eres un hombre abominable.
3. La felicidad de una mujer es tu responsabilidad (la de Evan).
4. Nunca te marches ni hagas nada para separarte emocionalmente de tu madre.

Cuando, finalmente, aceptó que la carga emocional que llevaba por su madre y por cualquier otra mujer que conocía era innecesaria, empezó a descubrir sus propios sentimientos. Nunca había tomado en consideración sus sentimientos ni pensamientos en relación con las mujeres. Su reacción automática era: «¿Qué quiere, necesita o espera?». Se encontraba en un perpetuo estado de agotamiento emocional y físico, esforzándose por contentar siempre a su madre. Su modelo de relación de hijo «perfecto» incorporaba a su búsqueda la aprobación de cualquier mujer con la que saliera. Cuando empezó a analizar pragmáticamente su relación madre-hijo, descubrió que había reprimido y olvidado todo el terror emocional de su infancia. Había estado emocionalmente traumatizado por su caótica e imprevisible relación madre-hijo mientras crecía. Había sufrido el maltrato emocional y mental de los constantes cambios de humor, los estallidos de cólera, los berrinches desatados y las amenazas de enviarlo a un internado militar de su madre. Nunca había pensado que su infancia fuera diferente de la norma o que fuera un caso extremo. Inconscientemente, equiparaba la irritabilidad de su madre con su propia falta de seguridad emocional. Era una reacción inconsciente y constituía la base del libro de normas de su madre: cuida siempre de mí.

Doce temas candentes

Ahora que empiezas a sentir el impulso del cambio y a comprender que es preciso modificar tu libro de normas, es preciso que abordemos varios temas. Evan y Shannon tuvieron que analizar los doce temas que se incluyen más adelante para completar plenamente su nueva versión de su libro de normas. Encontrarás algunos de los aspectos significativos que tienes que cambiar en tus relaciones entre los siguientes «temas candentes». A continuación, hay por lo menos dos o tres temas que tienes que corregir en tu libro de normas. Estos temas son escollos que hay entre tu madre y tú. Es esencial saber qué te dijo tu madre de forma verbal y no verbal acerca de estos temas y cuestiones sobre las relaciones. Centrémonos en las normas de tu madre: qué son y cómo afectan a tu vida hoy. Junto a cada tema concreto, escribe lo primero que te pase por la cabeza cuando lo leas, y piensa en la norma de tu madre al respecto. No te censures ni lo pienses demasiado. Si te cuesta dar con una respuesta a un tema en particular, déjalo y pasa al siguiente. No hay ninguna duda de que tu madre tenía una opinión sobre esos doce temas y muchos más. El objetivo es que te centres en los temas y las decisiones de tu vida y en cómo afectan actualmente a tu manera de actuar en las relaciones.

Cada uno de estos aspectos puede despertar mucha emoción cuando se combina con tu experiencia vital. ¿Qué se necesitaría para que cambiaras cualquiera de esos aspectos en tu vida y en tus actuales relaciones? *Lee la lista con la idea, la intención y el propósito de ampliar tu libro de normas y agrandar el guión de tu vida para que incluya más cosas de las que quieres en tu vida.* La lógica que hay detrás de descubrir las normas no escritas de tu madre es averiguar cuáles de esas normas constituyen un obstáculo en tu vida y cuáles la fortalecen.

Sexualidad (orientación, actividad sexual, papeles femenino/masculino).

Dinero.

Comunicación (verbal/no verbal).

Relaciones (sociales, familiares, laborales, íntimas).

Espiritualidad (tú, yo y un poder superior).

Expresión emocional (ira, amor, franqueza).

Tu padre.

Paternidad/Hijos (aborto, adopción, embarazo, inseminación artificial).

Ética.

Trabajo (maternidad a jornada completa y trabajo, profesión y familia).

Matrimonio/Divorcio.

Separación/Individualización.

¿Qué te decía tu madre tanto verbal como no verbalmente y por medio de sus actos respecto a estas doce cuestiones tan básicas en la vida? Bien mirado, aprendiste de ella estos elementos clave de las relaciones. Estos doce campos cubren los diversos aspectos de las relaciones: amigos, intimidad, profesión, sociedad, familia, hijos y tú mismo. Con frecuencia, es en estos aspectos particulares donde la relación madre-hijo se atasca y descarrila a causa de un valor, una norma o una convicción ética personal. La lucha de poder emocional entre tu madre y tú convierte esa cuestión en un punto no negociable. Se trata de las diversas cuestiones que separan a las familias, ponen fin a las amistades, acaban con los matrimonios y rompen las relaciones personales. Por esta razón, es esencial que sepas dónde te encuentras personalmente en relación con estos aspectos básicos.

La cuestión primordial es: ¿qué crees y sientes sobre tu capacidad para forjar relaciones íntimas? Todos estos elementos del libro de normas entran en la formación de tu individualidad. No te puedes separar emocionalmente de tu madre hasta que comprendas lo que sientes tú —no ella— en relación con estos doce temas. Esta lista se refiere a ti y al hecho de que asumas un mayor control de tu vida, tus relaciones y tu futuro. Puedes adaptar la lista a tu vida, pero no te saltes los diferentes campos de su vida con el fin de mantener la paz con tu madre. En última instancia, descubrirás que no da resultado, igual que hicieron Helen, Shannon y Evan.

9
Tu madre y la comida

Cómo aprender a alimentarte
El secreto de la nutrición

Mi vida entera se ha visto consumida por la comida, mi madre y comer demasiado. Mi madre me ha forzado a comer toda la vida; ahora estoy gorda. Nunca me sentía querida porque mi madre me hacía comer constantemente. Ella está flaquísima.

BRIANNA, diecisiete años

Me cuesta acordarme de comer. Mi problema con la comida es que soy incapaz de cuidarme, así que me muero de hambre. De pequeño, tenía tanta ansiedad que no comía durante dos o tres días seguidos. Ahora tengo que obligarme a comer; de lo contrario, no lo hago. No soy consciente de mi cuerpo.

MARK, cincuenta y tres años

Las madres y la comida

Mi experiencia al escribir este libro ha sido esclarecedora en extremo, por cientos de razones. Una de las cosas más interesantes han sido las discusiones, cargadas de emotividad, entre las madres y sus hijos adultos respecto a su relación con la comida. Era asombroso ver la cantidad de conflictos que, en las relaciones madre-hijo, tenían que ver con la comida y la nutrición y cómo se manejaron (mal) en la infancia y en la actualidad. Cuando se creó el proyecto de este libro, este capítulo ni siquiera estaba en el plan. A lo largo de los doce meses siguientes, se vio claramente que cada vez más madres, hijas e hijos eran tan dogmáticos sobre su relación con la comida como sobre otros conflictos emocionales. Saltaba a la vista que cualquier discusión amplia sobre el legado emocional de la herencia materna tenía que incluir el factor comida. El poder de la comida en la relación madre-hijo era algo que yo, personal y profesionalmente, había subestimado. Es una fuerza con la que hay que contar para todos los hijos e hijas. La comida y la nutrición son extensiones la una de la otra y se reflejan directamente en tu situación emocional y en tu propia imagen.

En estos diez últimos años, la epidemia relacionada con los desórdenes de la alimentación ha sido, cada vez más, del dominio público. Anteriormente, la comida y los vergonzosos secretos asociados con esta obsesión se guardaban en el armario madre-hijo. Nadie es neutral en el tema de la comida. Hablaremos del componente emocional de ésta. Hay cientos de libros magníficos sobre cuestiones médicas y físicas relacionadas con la comida, las dietas, el control de las raciones, la imagen física, los desórdenes alimentarios, el índice de masa corporal (porcentaje de grasa respecto a porcentaje de músculo) y la nutrición (véase la bibliografía, en ella aparecen algunas referencias estupendas). *Este capítulo trata de ti, de tu madre, de la nutrición y de la comida.* El objetivo es seguir desvelando tu relación emocional con la comida y su conexión con tu relación madre-hijo. La industria de la pérdida de peso sabe que las emociones y la comida son una y la misma cosa y no se deben tratar de forma separada.[1] Weight Watchers International utiliza el concepto de terapia de grupo para ofrecer a quienes quieren perder peso el apoyo del grupo de iguales. Un número creciente de personas reconoce que las emociones son la fuerza que impulsa todo lo que decidimos comer y los sentimientos que acompañan estas decisiones. Si omitiéramos este capítulo, nuestro análisis del legado materno estaría incompleto y le faltaría una parte fundamental de valiosa información sobre la comida y tú mismo. Según un viejo dicho, somos lo que comemos. Añadamos: pero *¿por qué, cuándo y cómo como?*

Cuando surge el tema de las madres, no pasa mucho antes de que la cuestión de la comida aparezca en la conversación. Simbólicamente, en toda la literatura, la maternidad se ha equiparado, siempre, al amor, el apoyo y la nutrición. *Crianza materna* es otra manera de decir nutrición. En la sección dedicada a los estilos de la crianza materna, hemos hablado de que la maternidad y la nutrición son elementos emocionales clave para el desarrollo personal y las relaciones adultas. Una de las maneras más tangibles y lógicas de mostrar interés o amor o de cuidar a alguien es alimentarlo. Los bebés aprenden a expresarse emocionalmente (llorando) cuando tienen hambre y que sus necesidades se ven satisfechas por su madre (amamantándolos). Esta dinámica de exigir que se satisfagan nuestras necesidades físicas de hambre y experimentar ese placer es un vínculo muy poderoso entre una madre y su hijo. El vínculo emocional entre la madre y el hijo se establece, en parte, por medio de la dinámica comida/nutrición. Esto empieza el primer día de nuestra vida y continúa hasta el día en que morimos. Este vínculo nutricional es demasiado poderoso como para ignorarlo, si queremos comprender nuestra vida y nuestras relaciones. A todos nos criaron para aprender a expresar nuestras necesidades pidiendo el desayuno, el almuerzo, una galleta de chocolate o nuestro pastel de cumpleaños favorito, con relleno de chocolate negro. Cuando estas peticiones se ven cumplidas de forma repetida, a lo largo del tiempo, iniciamos un proceso, que durará toda la vida, de satisfacción, de contento y de confianza emocional. Todos los niños aprenden de esta actitud nutricional. Esta relación es una conexión emocional muy poderosa entre el placer y la felicidad emocional. Cuando nuestras necesidades físicas se ven satisfechas repetidamente, nuestros sentimientos de frustración, carencia y rabia no se convierten en fuerzas determinantes en la formación de nuestra conciencia interna de nosotros mismos. Por el contrario, crece nuestro bienestar, nuestra confianza, nuestra empatía, nuestra compasión y nuestra estabilidad emocional.

La comida y la maternidad guardan una relación casi tan estrecha como la nutrición y la maternidad. Los alimentos son una demostración física directa de la nutrición. Esta fuerte conexión emocional entre sentirnos nutridos, amados y escuchados se evidencia en cómo aprendimos a comer. La psicología de la comida necesita un libro completo por sí misma, pero para nuestros propósitos, echemos una mirada al aspecto madre-hijo del asunto.

Imágenes de nuestras emociones: cinco relatos cortos

Si buscas la claridad emocional sobre tus conflictos no resueltos con tu madre, uno de los ámbitos que siempre aparecerá es tu relación con la comida. La ansiedad y su desplazamiento, y la manera en que te calmas, son elementos clave que es preciso comprender. Muchas veces usamos la comida como droga, por así decir, a fin de mantener bajo control nuestros sentimientos de desesperanza y pánico. La idea de sentir y solucionar nuestras emociones sin hacer uso de la comida puede ser una actitud muy poderosa para cambiar de vida. Ahora es el momento de empezar a ver las numerosas conexiones emocionales que hay en tu relación con la comida y con tu madre. Estas conexiones intemporales pueden verse con mucha claridad en tu capacidad para arreglártelas para nutrirte con comida. Los sentimientos de abandono, vergüenza, culpa, baja autoestima, autodesprecio, ira y bienestar emocional aparecen, todos, en tu relación con la comida. La manera en que nos sentimos en un determinado momento y nuestra capacidad para nutrirnos son conductas aprendidas.

La nutrición tiene muchas manifestaciones diferentes y la comida es uno de los principales ejemplos de lo que nos importamos a nosotros mismos. *Ésta es la razón de que nuestra relación con nuestra madre esté tan entretejida con nuestra relación con la comida.* El primer lugar donde aprendimos y experimentamos que éramos importantes para alguien fue estando con nuestra madre. Una de las primeras maneras en que tu madre estableció un vínculo contigo fue al alimentarte. Ese legado emocional pasa a ti en la manera en que controlas la comida, en cómo te alimentas y en cómo estas dos cosas se relacionan con tus diversos estados emocionales. Tu idea de la abundancia, el bienestar emocional y la confianza forman parte de la relación madre-hijo. Tu forma de manejar esas emociones está estrechamente relacionada con tu manera de manejar tus ansias, tus anhelos, tus impulsos y tus deseos. Estos sentimientos son respuestas naturales a los aspectos relacionados con las experiencias diarias y con las relaciones.

Las cinco situaciones siguientes son típicas de las experiencias, dificultades y frustraciones cotidianas. La forma en que reaccionemos emocionalmente ante ellas nos ofrece mucha y valiosa información para nuestro desarrollo y crecimiento emocionales. Nadie quiere que la comida lo controle emocional, mental o psicológicamente.[2] Sin embargo, debido a la naturaleza y al origen de la nutrición y de nuestro desarrollo emocional, la comida y nuestros sentimientos se encuentran conectados. El problema de concentrarse obsesivamente en la comida, la dieta, la imagen física y el ejercicio continuado es un signo de que existe una cuestión subyacente relacionada con un legado materno no resuelto. Si tuvieras que centrarte en una única cuestión que parece pendiente de resolución entre tu madre y tú —con independencia de si ella vive o ha muerto—, ¿cuál sería? Considera las cinco situaciones siguientes y piensa en cómo reaccionarías emocionalmente. Cada situación es representativa de una relación madre-hijo particular, que ahora constituye el modelo adulto de unas relaciones nutricionales. A continuación, considera cómo, qué y por qué la comida sería un conflicto para ti en estas situaciones concretas. ¿Qué situación parece dar más en el blanco al describir tu relación emocional/

nutricional? Considera los cinco estilos y piensa en cómo reaccionas ante una noticia decepcionante y estresante.

Inventario de aspectos clave de la comida

Situación n° 1: Después de un largo día en la escuela, el trabajo o cuidando a tus hijos, la casa está completamente vacía. No hay nadie más que tú. Suena el teléfono y recibes una noticia muy frustrante y decepcionante sobre algo en lo que habías puesto todas tus esperanzas. Es algo que querías y deseabas de verdad. Te disgustas y tienes muchos sentimientos desagradables. Enseguida te vas a la cocina a buscar tu comida de consuelo favorita. La encuentras y empiezas a comer. Estás totalmente atontado emocional, mental y físicamente. Te has distanciado de la importante desilusión que has sufrido cinco minutos antes y ahora estás fuera de este mundo. Has puesto el piloto automático y te vas metiendo comida en la boca para compensar esos horribles sentimientos que hay en tu interior. En lugar de tolerarlos, has elegido recurrir a esa comida favorita, poco saludable, que te anestesia el cerebro. Antes de ser siquiera consciente de ello, has consumido el triple de lo que pensabas. Te sientes mejor durante unos treinta minutos, pero sólo has minimizado la frustración, la carencia, el pánico y la decepción subyacentes; no los has resuelto.

El nivel más profundo de desazón en tus emociones no sólo no se ha solucionado, sino que está más agitado. Te pasas el resto de la noche y parte del día siguiente en un estado mental de aversión hacia ti mismo. Te prometes que la próxima vez que tengas un disgusto no te comerás tres paquetes de galletas, una tarta helada entera, un tarro completo de mantequilla de cacahuete o varias bolsas de patatas fritas sabor barbacoa. Te has calmado de esa manera, pese a que quizá seas consciente de que esta forma de consolarte por medio de la comida empezó cuando tu madre y tú discutíais por tus amigos, tu ropa, tu peso o las personas con quienes salías. Descubriste que, con frecuencia, tu madre se mostraba muy crítica contigo y con tus decisiones. No importaba lo que hicieras, nunca estaba bien ni era lo bastante bueno. Y ahora, es difícil tratar con alguien que está descontento o disgustado contigo. En cualquier relación, te cuesta aceptar las reacciones de los demás, porque siempre te parece que son críticas y de rechazo.

Situación nº 2: Cuelgas el teléfono, pero en lugar de lanzarte a devorar tu comida de consuelo, te saltas las tres comidas siguientes. Estás tan disgustado que empiezas a dar vueltas por la casa. Inconscientemente, sientes que no te mereces comer ni cuidarte. Las malas noticias son típicas de tu vida y de tu suerte. Ni siquiera te das cuenta de que no has comido nada desde el lunes por la tarde y que ya es la mañana del miércoles. Tu frustración, ansiedad y vacío emocional son como un dolor de muelas que no desaparece. No puedes dormir ni comer ni concentrarte en nada. De hecho, cada vez estás más preocupado, hasta el punto de que empiezas a sufrir ataques de pánico. Normalmente, te cierras emocional, física y mentalmente cuando sucede algo que te produce angustia. Lo que acaba de pasar es muy perturbador y te sientes totalmente dominado por el pánico.

Este patrón de descuido emocional y físico es algo conocido y que viene de lejos. Evitar tus emociones y tu cuerpo es algo que haces siempre que sientes estrés o ansiedad. De hecho, a menos que alguien te recuerde que comas, no piensas en ello ni decides hacerlo. Tus sentimientos y temores emocionales te provocan trastornos, de forma casi cotidiana. Estás acostumbrado a aislarte de tu cuerpo, siempre que sientes ansiedad o miedo. La primera vez que te diste cuenta de esta costumbre fue después del divorcio de tus padres. Tu madre se quejaba de que no podía controlar su vida y quería huir. Tú tendías a reaccionar exageradamente ante cualquier desilusión o frustración y dejabas de comer. Tu evitación de la comida ha conseguido captar la atención querida y no querida de los demás. *Sientes que, cuando no comes, tienes el control emocional.*

Cuando no «dejas» tu cuerpo, te peleas con tu pareja, tus compañeros, tu madre o los otros miembros de tu familia. Estas peleas son muy conflictivas y perturbadoras para ti. Las consecuencias de tus crisis emocionales son que tu familia y tus amigos se disgustan contigo porque te enfureciste tanto con ellos. Sientes que nadie te entiende ni te apoya. Tu reacción ante las situaciones emocionales varía dependiendo de tu humor y de tus sentimientos en un día dado. A veces, te sorprende lo furioso y «fuera de control» que llegas a estar por cosas de poca importancia. Cuando dejas de comer, es una de las pocas ocasiones en que sientes que tienes el control de la situación.

Situación nº 3: Cuelgas el teléfono y, al instante, sales de casa, sin pensarlo conscientemente. Coges el coche, vas a la tienda y te compras cuatro cajas de mezcla para hacer galletas de chocolate. Vuelves a casa y, durante los dos días siguientes, preparas y te comes las cuatro cajas de galletas. Te las comes tú solo, sin que nadie lo sepa. Después de hornear cada tanda de galletas, te las comes todas, solo, en tu habitación, en el coche o en la oficina. Luego, unos veinte minutos después, te provocas unos violentos vómitos. Lo haces cuatro veces en dos días. Cada vez, después de vomitar, te sientes un poco mejor durante unas pocas horas. Nadie conoce tus vómitos secretos ni tu ciclo emocional relacionado con la comida.

El pánico, la ansiedad, la depresión y la desesperanza son tan abrumadores que decides comer en exceso de nuevo. Dejas de provocarte el vómito después de la cuarta vez, porque observas que ahora vomitas sangre. Te sientes absolutamente inconsolable con respecto a tu vida y tu problema actual de relación. No le cuentas a nadie tu ciclo de comer un exceso de galletas y vomitar. De hecho, nadie de los que te rodean, ni siquiera tu pareja íntima, está enterado de tu secreta costumbre de darte un atracón de dulces y vomitar. Llevas unos quince años haciéndolo, cada vez que tienes un disgusto afectivo o te aterra que te abandonen. Te has dado cuenta de que esta costumbre empezó cuando te marchaste de casa de tu madre y empezaste la universidad.

Tu madre siempre quería que tuvieras una imagen perfecta, así que vomitar te mantiene con un aspecto delgado y sano. Después de cada episodio, te sientes físicamente enfermo y emocionalmente culpable por ese secreto tuyo tan privado. Sientes que hay un enorme vacío afectivo en tu corazón y que nada parece llenarlo, en especial la comida. Desde hace mucho tiempo, sientes que nunca consigues suficiente amor, atención o apoyo emocional. Tu madre y tú teníais una relación de apoyo muy estrecha. La tensión emocional entre tu madre y tú afecta a todos tus sentimientos y a tu conciencia de ti mismo. Casi todos tus amigos, hombres y mujeres, sienten ira y resentimiento contra sus madres. Uno de los vínculos emocionales más fuertes que tienes con tus amigos es tu relación llena de ira contra tu madre. Tus amigos tienen la misma actitud hacia la comida que tú o algún otro tipo de problema relacionado con los alimentos. Las reacciones ante la comida, la madre, el hecho de estar delgado y la necesidad de afecto parecen ser muy comunes entre tus amigos y tu familia.

Situación nº 4: Entras en casa y contestas al teléfono. Te disgustas tanto por las noticias que no puedes hablar ni expresar tus emociones. De inmediato, piensas en tu madre y en cómo la noticia la afectará. Dos horas más tarde, te reúnes con ella para cenar, pero no le dices nada del incidente ni de las consecuencias negativas que está causando en tu vida. En cambio, te centras en sus planes para el verano y en su irritación porque tu hermana menor no ha venido a verla por su cumpleaños. No te sientes capaz de hablarle de tu trastorno emocional; no lo entendería o no podría manejarlo emocionalmente. Lo que haces es saltarte la cena y te tomas cuatro refrescos con vodka. Siempre que te disgustas, bebes una gran cantidad de alcohol, sin comer nada. A tu pareja le preocupa que quizá tengas algún desorden de la alimentación o un problema con la bebida. Te sientes todavía peor, porque tú eres el apoyo emocional de tu madre y no puedes apoyarte en ella. Eres su mejor amigo y confidente. Vuestra relación excluye al resto de la familia, incluido tu padre.

Cuando te disgustas emocionalmente, no cuentas con una red de amigos en quienes buscar apoyo. Tus hermanos te guardan resentimiento por tu relación «especial» con tu madre. Todas tus relaciones se basan en tu capacidad para ser el que «compone» las cosas o «apoya» a los demás. A veces, comes en exceso o no comes en absoluto, debido a la necesidad que tiene tu madre de que tengas buen aspecto y a sus constantes quejas de que no comes adecuadamente ni vigilas tu peso. A tu madre le preocupa más tu aspecto y apariencia que lo que piensas o sientes. Te has sentido como un niño «huérfano» porque tu relación con tu madre no es normal ni está bien. Tú eres el padre/la madre y tu madre es la hija. De lo único que habláis tu madre y tú es de comida, de tu hermano, de tu hermana y de comprar cosas. Eres un hombre y tu madre te trata como si fueras un marido o un amigo especial. La comida y el alcohol siempre han sido una escapatoria de la infinita necesidad afectiva que tu madre tiene de conseguir tu atención.

Ser hijo y tener una madre muy dependiente ha hecho que te resistas a formar una relación íntima y exclusiva con una mujer. Temes tener que cargar con una mujer necesitada que se hará con el control de tu vida. Nunca te has comprometido por completo con ninguna mujer que hayas querido o con la que hayas salido. Temes la intimidad debido a que siempre te has sentido ahogado sentimentalmente por tu madre. Ella nunca ha aprobado a ninguna mujer con la que hayas salido, vivido o en la que hayas pensado como pareja fija. Además, cuando no haces caso o te apartas afectivamente de tu madre, tiendes a dejar de comer y empiezas a beber en exceso. Has descubierto que beber y no comer es una estupenda manera de escapar de la constante presión que sientes (culpa, ira, vergüenza) como consecuencia de tu relación madre-hijo. Tu novia actual quiere casarse y tú tienes mucho miedo de aceptar ese compromiso emocional.

Situación nº 5: Cuelgas el teléfono y, en lugar de evitar tus sentimientos, te sientas y escribes sobre tu angustia emocional. Decides llamar a un amigo y hablarle de tu ansiedad. Te reúnes con tu amigo para cenar, ver un partido y pasar una noche agradable, compartiendo lo que sientes y estableciendo una vinculación afectiva. No usas ni evitas la comida como herramienta, castigo o consuelo emocionales. Decides enfrentarte al problema y no reaccionar exageradamente ante las malas noticias. Sabes que las cosas se resolverán, de una u otra manera. A la mañana siguiente, te levantas y te sientes mejor después de haber pasado un tiempo con un amigo íntimo y confidente. Llevas un diario de forma continuada, desde hace treinta años, desde el instituto, y encuentras que escribir es una herramienta muy útil. Has aprendido que la mejor manera de hacer frente a tus sentimientos, emociones, pensamientos o acontecimientos perturbadores es ponerlos por escrito. Cuentas con una red de amigos que comparten tus intereses y te prestan mucho apoyo a ti y a tus relaciones. Compartes tus sentimientos con tu pareja, que también te apoyará sin reservas en lo que decidas hacer para solucionar este conflicto en particular.

Sabes que muchos de tus amigos no actúan como es debido para nutrirse, sino que toman decisiones que les causan más dolor y decepción emocionales. Siempre has pensado que tomarte tiempo para ti mismo te mantiene centrado emocionalmente y en equilibrio con los demás. Necesitas disponer de un tiempo tranquilo para procesar, comprender y responder a los problemas típicos de las relaciones. Cuando te tomas tiempo para comprender lo que sientes, descubres que la situación no es nunca tan mala como parecía al principio. Hay momentos en que te sientes abrumado y furioso. Tu respuesta automática es elegir cosas que te mantendrán centrado emocionalmente y conectado contigo mismo, así como con las personas importantes que te rodean. La comida, el alcohol y las conductas excesivas no forman parte de tu reacción emocional ante el estrés y la decepción.

Estas cinco situaciones son, probablemente, un reflejo del estilo de crianza materna concreto en el que creciste y del tipo de vinculación emocional existente en tus relaciones. Con excepción del estilo de la madre completa, todos los demás estilos causan problemas emocionales y nutricionales. Los otros cuatro estilos (perfeccionista, imprevisible, «yo primero» y mejor amiga) tienen, todos, el potencial para crear en el hijo/hija una carencia emocional que impulsa estos distintos tipos de conductas excesivas. Estas conductas en relación con la comida, como comer en exceso, los atracones, la anorexia, la bulimia, matarte de hambre, las dietas constantes, además de los problemas con la imagen física, el culturismo y la práctica extrema de ejercicio, suelen estar motivadas por la falta de nutrición. A lo largo de este libro hemos visto que nutrirse es ser capaz de mostrarte empático y compasivo y aceptarte a ti mismo y tus actos.

Se acabó el hambre emocional

El aspecto más importante de la nutrición es que continúes desarrollando tu capacidad de gustarte y cuidarte emocional, física, mental y psicológicamente. Puede que parezca un poco elemental, pero es uno de los mayores secretos del sector dedicado a la pérdida de peso. Los expertos en perder peso saben que, si nos sentimos bien con nosotros mismos, comeremos menos, haremos ejercicio, elegiremos mejor lo que comemos y perderemos un peso innecesario. Los adultos estamos tan acostumbrados a sentirnos de una cierta manera con respecto a nosotros mismos que es difícil considerar otras opciones y conductas. Cuidarte en todos los ámbitos de tu vida es tu manera adulta de nutrir tu vida y todas tus relaciones. Nutrir es la capacidad para tomar decisiones que te hacen sentir lleno de poder y vinculado emocionalmente a las personas y cosas importantes que hay en tu vida. Son tantas las conductas nutricias que nos hacen sentir fuertes dentro de las relaciones como hijos e hijas las practican. Considera la siguiente lista y piensa en qué es lo que pone en marcha tu deseo emocional de comer. Cuanto más consciente seas de lo que desata tu pánico emocional, más control tendrás sobre la comida. La conducta relativa a la comida, las respuestas emocionales, la conducta nutricional y tu estilo relacional forman el tejido interno (la conciencia de ti mismo) de tu vida.

¿Qué cosas, acontecimientos, aspectos de las relaciones e interacciones trabajo/familia me entristecen, me deprimen, me causan ansiedad y/o me asustan?

1.

2.

3.

4.

Escribe tus respuestas en este libro. Contesta a las preguntas sinceramente, sin censura; escribe lo primero que se te ocurra.

Cuando siento esas cosas, ¿cómo uso la comida para consolarme?

Después de un tropiezo emocional con la comida, ¿cómo me siento?

Si no comiera emocionalmente, ¿qué haría?

¿Qué podría hacer en lugar de comer para aliviar mi ansiedad, mi pánico o mi sentimiento de desesperanza?

¿Qué dos conductas nutricias podría elegir, en lugar de utilizar la comida como consuelo emocional?

Imagina cómo te sientes cuando buscas un alimento dado. La comida no tiene por qué ser, necesariamente, una fuerza negativa en tu conducta nutricia. Depende de cómo la uses. Si no tomas decisiones nutricias positivas en tu vida privada/personal, no lo harás en otros ámbitos de la vida. Podríamos estar hablando de alcohol, sexo, tabaco, juego, ultramaratones o cualquier tipo de comportamiento adictivo/excesivo. La mayoría de las adicciones guarda relación con cosas sin las cuales podemos vivir, cosas que no necesitamos de forma diaria para sobrevivir. La comida es un problema de adicción único, porque nuestra vida depende de cómo y qué comemos. No importa cómo o qué hagas con la comida, siempre tendrás que comer. La cuestión subyacente es: *¿puedo comer pero no usar la comida como liberación emocional, para escapar de mis sentimientos?* Tu vida no depende de si te tomas o no cinco copas de vino una noche o de si fumas sólo un paquete de cigarrillos al día. De hecho, es probable que tu vida se beneficiara de que no bebieras ni fumaras ni adoptaras ninguna conducta excesiva, impulsada por la ansiedad.

Forma parte de los conocimientos psicológicos convencionales que cualquier tipo de conducta excesiva tiene sus raíces en la ansiedad, la vergüenza o la culpa no resueltas. La necesidad de evitar los sentimientos de incomodidad hace que adultos inteligentes se vuelvan compulsivos, adictivos e imprudentes en lo que hacen y deciden. La conexión emocional de tu relación madre-hijo es el punto de partida para comprender tu reacción ante la comida y tus emociones. La nutrición producirá, siempre, una sensación de confort, tranquilidad, confianza, perspectiva emocional, percepción y voluntad de conectar y acercarnos a los demás. Las conductas excesivas y autodestructivas no crean la claridad y la estabilidad emocional necesarias para nuestro crecimiento y desarrollo.

La comida reconforta. Sentirse querido reconforta. Sentirse apreciado, comprendido, apoyado afectivamente y conseguir nuestras metas nos reconforta. Pasar tiempo haciendo lo que nos gusta reconforta. Ver nuestra película favorita, hacer vacaciones/viajes, asistir a acontecimientos deportivos son experiencias relajantes, placenteras y vigorizantes. Hablar con tus amigas, encontrarte con tus colegas para jugar al golf, también es reconfortante. La lista es interminable y es importante conocerla. ¿Cuáles son algunas de las cosas, actividades, acontecimientos y situaciones que te hacen sentir reconfortado, querido y cuidado, aparte de la comida?

1.

2.

3.

4.

Esta lista es la base fundamental para comprender los factores emocionales, mentales, físicos y psicológicos que te hacen sentir cuidado, a salvo y nutrido. Es algo que tenías en la cabeza desde hace años. Si te resulta difícil encontrar cuatro actividades, costumbres o ideas, no te asustes. Nutrirse uno mismo es algo que hacemos en niveles diferentes de autoaceptación. Todas tus actividades nutricionales se basan en tu capacidad para aceptarte, gustarte y darte poder. Los hombres y mujeres que sienten un fuerte desagrado y desdén hacia ellos mismos tenderán a ser más adictivos, excesivos y nutrirán menos sus necesidades personales. Las conductas adictivas y excesivas tienen diferentes grados de aversión, destrucción y derrota de uno mismo y pueden incluso llevar al suicidio. Cuidarse es la convicción y el estado emocional opuestos a la aversión con relación a uno mismo. No puedes sentir resentimiento hacia ti mismo y, simultáneamente, cuidarte. Las dos emociones y creencias son totalmente incompatibles. *Tu legado materno y tu manera de nutrirte se reflejarán en cómo te aceptas y te gustas y en qué clase de relaciones eliges en tu vida.*

En muchos casos, una relación madre-hijo turbulenta puede crear un patrón natural de autoabandono y autoaversión. Las cuestiones emocionales entre tu madre y tú no tienen por qué ser, necesariamente, los únicos elementos nutricios que haya en tu vida. Tienes que llegar a ser una persona que examine activamente sus propias necesidades, deseos y esperanzas inconscientes, al margen de los de su madre. Con independencia de la historia de tu niñez, tienes el poder de cambiar y crear una vida diferente para ti mismo. Tu vida empieza con la capacidad de saber qué necesitas y qué quieres: nutrición. Nunca es demasiado tarde ni demasiado temprano para empezar a cambiar tu legado emocional y la manera en que te sientes con relación a ti mismo. El tema completo de este libro se puede resumir en tu nueva capacidad para nutrirte emocionalmente y en todos los tipos diferentes de relaciones que hay en tu vida, de forma eficaz. Si éstas son las dos cosas que empiezas a cambiar tras leer este libro, entonces has realizado un trabajo extraordinario, creando un futuro muy positivo para ti mismo y para todas las personas relacionadas contigo.

Resumen

Es importante comprender que un aspecto importante de nuestra vida es cómo comemos y qué relación emocional tenemos con la comida. Para algunos, la comida no representa un conflicto ni un problema. Para otros, es una lucha continua, un problema emocional constante y una base recurrente de vergüenza.

La mayoría de las fiestas, cumpleaños, comidas familiares y cenas fuera de casa incluye comer, compartir y estar con los amigos. Estos aspectos positivos tienen también mucha fuerza y, con frecuencia, se pierden dentro de la conducta basada en la vergüenza y en la adicción a la comida. Otro aspecto con respecto a la comida es la manera en que tu madre se relacionaba con ella. Muchos de los conflictos nutricionales que tienen los adultos empezaron en la manera en que su madre veía la comida. Cuanto mejor comprendas cómo te criaron, en relación con la comida, mejor podrás liberar tu potencial en otros ámbitos de tu vida.

En los próximos tres capítulos del libro hablaremos de cómo reparar tus vínculos de apego, sanar tus heridas emocionales, crear un nuevo legado emocional, separarte e individualizarte y utilizar los aspectos positivos de tu legado materno en tus relaciones adultas. Todas estas actitudes están relacionadas con el estilo de educación en el que creciste.

10
Cómo funcionar con toda tu potencia emocional
El poder de tu legado

Siempre me ha faltado tener confianza en mí mismo. Recuerdo que en primero me preguntaba por qué no estaba en el grupo de refuerzo de la lectura. Odio ver la misma inseguridad en mi hijo. Sólo tiene nueve años y ya pone en duda su capacidad para probar cosas nuevas. Sé que mi madre quería que fuera valiente, pero nunca lo he sido.

EDWIN, cincuenta y dos años

Mi madre siempre me ha apoyado y animado mucho. Sé que, aunque tenía muchos problemas con mi padre, siempre me ha querido. Tengo mis propias dificultades que me frenan y me causan ansiedad. Me pregunto cómo sería mi vida si no me angustiara tanto.

LINDSAY, treinta años

Cómo abrir la puerta a tu madre

A todos los chicos en edad de crecimiento se les decía que le abrieran la puerta a su madre, como señal de respeto. A las chicas, sus madres les decían que permitieran que les abrieran la puerta. Tanto ellos como ellas saben, desde la infancia, que abrir la puerta y entrar en una estancia son cosas muy importantes, con independencia de la ocasión o de las circunstancias. No importa quién sostenga abierta la puerta, tienes que cruzarla. El respeto y la cortesía equivalen a dar a alguien la oportunidad de ser cortés abriéndote la puerta, literal y metafóricamente. Estos actos simbólicos son transacciones emocionales. Ahora es el momento de abrir la puerta a tu madre. A muchos de nosotros nos han dicho que no debíamos abrir nunca ciertas puertas, plantear ciertos temas o hablar de ciertos aspectos de nuestra relación madre-hijo. A muchos nos han ordenado que no abriéramos ciertas puertas, metafórica y literalmente, relacionadas con nuestra madre. Ha llegado la hora de empezar a abrir todas las puertas y a hacer las preguntas difíciles sobre ti mismo y tus relaciones adultas. Empieza planteando las preguntas difíciles sobre tu vida y sobre cómo te sientes respecto a ella. Ya no puedes permitir que tu tensa relación interna con tu madre te impida desarrollar todo tu potencial emocional y de relación. Hemos expuesto, examinado y explicado las diferentes maneras en que tu legado materno interno ha desarrollado y moldeado tus relaciones actuales y tu conciencia de ti mismo. Toda tu vida emocional se ha visto influida, dirigida y desarrollada por años de interacción entre tu madre y tú. Por difícil, dolorosa, espléndida o sin nada que destacar que haya sido, o podría ser, tu relación con tu madre, ahora es el momento de eliminar de ella parte de tus preocupaciones personales. Este proceso no tiene como objetivo culpar a tu madre. Este tipo de reacciones sólo hace que los conflictos subyacentes sean más problemáticos.

Con independencia de la situación actual de tu relación madre-hija/madre-hijo, la tensión que pueda existir al respecto contiene una información valiosa para tu futuro. Si tuviéramos que resumir todas nuestras discusiones, percepciones, teorías, estilos y sabiduría en tres palabras, éstas serían: *la madre importa*. Nadie discute la importancia de las madres, pero podríamos preguntar por qué son tan fundamentales en nuestra vida adulta. La madre importa de maneras que quizá no esperaríamos o ni siquiera querríamos considerar. Uno de los objetivos de este libro es abrir la discusión (tus puertas), ahora que ya eres adulto, para examinar tu vida emocional y ver cómo afecta a todos tus vínculos y patrones de relación. Tu manera de conectar, forjar y mantener relaciones está relacionada con tu legado emocional: *tu legado materno*.

La información, unida a nuevas conductas, genera un movimiento en la dirección y por los caminos que siempre has querido recorrer. No hablamos de nuevos lugares de vacaciones, sino de la calidad y satisfacción de tu vida en evolución. Te encuentras en el proceso de descubrir por completo el misterio sobre tu madre y su notable influencia —pasada, presente y futura— que llevas enterrados en el corazón. Los asuntos pendientes, los conflictos y las frustraciones recurrentes relacionadas con tu madre ya no pueden ser los grilletes y cadenas que llevas toda la vida arrastrando. Tienes que ir más allá de los aspectos emocionales de tu relación madre-hijo/madre-hija. Es posible que este paso adelante y tu cambio de conducta emocional tropiecen con la resistencia de tu madre, pero no es ella la que controla tu vida. Tus cuestiones emocionales, tu manera de relacionarte y de enfrentarte a la vida son sólo tuyas.

El resto de este libro no trata de autoayuda, sino de los profundos cambios personales, psicológicos, emocionales, mentales y físicos que has esperado hacer durante años, pero que hasta ahora no sabías cómo iniciar. Comprender plenamente el legado materno permitirá que se produzcan los giros emocionales y los cambios en el paradigma relacional necesarios y que arraiguen en tu vida.

La clave es identificar las cuestiones, sentimientos, opiniones y experiencias que han levantado obstáculos emocionales en tus relaciones adultas. Nada de lo que haces está libre de tener algún tipo de relación o vínculo contigo. Todas tus relaciones empiezan contigo, con la gente de tu comunidad, tus compañeros, tu familia, tus hijos, amigos, vecinos, empleados, tu círculo social, tus directores y tus animales/mascotas. Por añadidura, tenemos una relación/vínculo con los objetos que nos rodean: nuestra casa o piso, nuestros coches, nuestra ropa preferida, nuestros equipos deportivos, nuestros barcos, nuestra comida favorita. La lista de objetos, personas y lugares con quienes todos nos relacionamos es interminable y tiene un propósito. Las parejas van al mismo restaurante o lugar donde pasaron la luna de miel cada año, para celebrar aquella ocasión especial. La importancia de nuestras relaciones da sentido, propósito y orienta nuestra vida. Este apego a nuestras relaciones y objetos es la esencia y textura de nuestra vida. Eso no significa que debamos ser materialistas, sino que ciertos objetos tienen un significado especial para nosotros. Todos aprendimos, en nuestra primera relación, que las emociones, los sentimientos, las creencias, los desacuerdos, la comunicación, el nutrimento y los apegos moldean nuestra vida. El objetivo es dar un nuevo rumbo a las costumbres contraproducentes, aprender nuevas conexiones nutricias y poner en práctica nuestro espectro emocional positivo de elecciones y relaciones.

Cómo eliminar tus impedimentos emocionales/relacionales

Cuando leías la anterior sección dedicada a los cinco estilos de crianza materna, ¿cuál de ellos describía mejor tu relación madre-hijo? Considéralos: perfeccionista, imprevisible, «yo primero», mejor amiga y completa. Quizá quieras volver al capítulo donde se describe con más precisión tu relación madre-hijo. Considera las siguientes preguntas y decide cómo tus respuestas te pueden proporcionar una información todavía más valiosa sobre tus relaciones y tus sentimientos respecto a ellas y a ti mismo. Exploremos a fondo el estilo de tu madre y los efectos duraderos que tuvo en tu manera de conectar con los demás. Vale la pena mencionar de nuevo que cada estilo materno ofrece virtudes, además de defectos. El propósito de este capítulo es descubrir y reforzar tus virtudes y reducir tus defectos en los diferentes tipos de relaciones que afectan a tu vida. Ahora hazte las siguientes preguntas:

- ¿Cuál era el principal estilo de crianza de tu madre, durante tu época de crecimiento?
- ¿Cómo reflejan tus diversas relaciones el estilo de tu madre en cuanto a la resolución de conflictos, a los enfrentamientos y a la comunicación?
- ¿Cuál de los cinco impedimentos principales —*vergüenza, privación, codependencia, ira y abandono*— es el más visible en tu vida actual?
- ¿Cómo soportas o evitas tus impedimentos personales y emocionales?
- ¿Te resulta difícil reconocer tus conflictos emocionales y personales ante tu pareja?
- ¿Cuál dirías que es tu punto fuerte personal en las relaciones?
- ¿Cuál es tu principal punto débil en tus relaciones íntimas?
- ¿Qué normas sigues que te conectan emocionalmente con tu madre?
- ¿Qué tienes en común con tu madre en la manera de solucionar la tensión y los conflictos?
- ¿Cuál es tu estilo de apego (intermitente, de evitación, depresivo o seguro/estable) en tus principales relaciones?
- ¿Tienes distintos estilos de apego para ámbitos diferentes de tu vida (familia, hijos, padres, profesión, sociedad y amigos)?
- ¿Qué tema recurrente de tu vida querrías cambiar?
- ¿Qué actitudes contraproducentes, de aversión propia o de negligencia hacia ti mismo tienes?
- ¿Cuál es tu principal conducta nutricia?
- ¿Qué sientes respecto a tu conexión emocional con la comida?
- ¿Qué conflicto de relación querrías cambiar?
- ¿Qué estilo materno describiría mejor la manera en que actúas en tus relaciones íntimas?

- ¿Qué patrón emocional entre tu madre y tú (positivo o negativo) es común a otros ámbitos de tu vida?

Estas cuestiones apenas rozan la superficie de tu legado materno. Su objetivo es iluminar los hilos y los temas comunes que aparecen por todo el mundo de tus relaciones. Cada estilo materno tiene una gran influencia sobre cómo funcionas en todos los niveles de tu vida. A muchos hijos e hijas no se les permitió desarrollar una vida, un lenguaje o una comprensión emocionales propios mientras crecían. Esas mismas limitaciones, restricciones o camisas de fuerza emocionales ya no son apropiadas ni aceptables hoy. Tu vida emocional es tan importante como tu salud física. Cualquier cosa que digas, hagas o logres exigirá tu entrega y sabiduría emocionales. El estilo de tu madre fijó el ritmo de tu vida y desarrollo emocionales. Es esencial que ahora abraces sin reservas los diferentes aspectos de tu vida emocional en la interacción diaria. Pero, para hacerlo, es preciso que aprecies primero tanto los puntos fuertes como los débiles de cada estilo materno.

Virtudes y estilo del legado materno

Veamos primero las virtudes, conocimientos y obligaciones que se derivan de cada estilo materno.

La madre perfeccionista

Este estilo materno hace hincapié en la importancia de la perfección. El instinto nos lleva a querer convertirnos en un hijo/hija perfectos, sin lograrlo nunca, lo que tiene como resultado un ciclo interminable de vergüenza. Pensar y actuar con ambiciones perfeccionistas es una brutal tiranía para los niños, los adolescentes y los adultos. Nadie se libra de los daños colaterales de la constante búsqueda de perfección, una tarea y una meta personales imposibles. Deja a un hijo o una hija en un estado permanente de culpa, de vergüenza, con el sentimiento de no ser nunca «lo bastante bueno». No hay apenas cabida para los errores humanos naturales o las imperfecciones que se producen de forma natural. El resultado final de un hijo/hija perfeccionista es que las emociones y sentimientos internos se evitan y descartan como secundarios. En la relación, se insiste en las apariencias y la conducta externa. Si el exterior de tu vida es como debe ser, todo lo demás vendrá dado.

La presión para tener éxito, tanto para la hija como para el hijo, es increíble e implacable. Tu madre tenía un trasfondo invisible que te obligaba a esforzarte para estar a la altura de sus exigencias; de lo contrario, sentirías el peso de su enorme desilusión. Ningún hijo, con independencia de su talento y de sus cualidades, puede soportar la constante desaprobación y decepción emocional de su madre por su falta de perfección. El resultado de esta relación basada en el rendimiento/perfección es el desarrollo y la implantación de una personalidad basada en la vergüenza en un hijo o en una hija pequeños. Muchos psicólogos —incluido yo— consideran que la vergüenza es la fuerza emocional más negativa en la vida de una persona. Los sentimientos de vergüenza pueden paralizar, de inmediato, a cualquiera, en cualquier momento y por cualquier razón. La vergüenza no respeta ni educación, ni riqueza, ni género ni posición familiar. Los sentimientos de vergüenza son persistentes y muy ponzoñosos para quien los sufre (tú) y para las relaciones que hay en su vida. Se puede resumir la vergüenza diciendo que es no sentirse nunca «lo bastante bueno» o no permitir nunca sentirse «perfectamente imperfecto».

Cómo cambiar la vergüenza por una perspectiva emocional perfectamente imperfecta

La eliminación activa de los sentimientos, pensamientos y comportamientos vergonzosos empieza cuando consideres que tu conducta perfeccionista es una de las causas principales de tus dificultades personales y de relación.[1] La convicción añadida de no sentirte nunca «lo bastante bueno», «lo bastante digno de cariño» o «lo bastante aceptable» procede, siempre, de la misma fuente ponzoñosa: *tu vergüenza*. La secuela principal del estilo materno perfeccionista es la profunda ineptitud e incompetencia crónica que sientes que impregna toda tu vida. Para pasar del fracaso emocional a la toma de conciencia emocional y comprender tu vida es necesario que aceptes que tu naturaleza es «perfectamente imperfecta». En el capítulo 4 hablamos de cinco pasos para solucionar tus emociones y convicciones basadas en la vergüenza. Ahora queremos extendernos en algunas de las virtudes inherentes a este tipo de relación madre-hijo. Estas virtudes van unidas a tu aceptación del lado positivo de este tipo de relación. Se necesita una nueva comprensión y un discernimiento más profundo para que aprecies cómo te has beneficiado del legado de tu madre. Es importante considerar y valorar esta lista de virtudes y cualidades inherentes al estilo de tu madre. No deseches ni pases totalmente por alto la influencia positiva de tu madre, debido al factor vergüenza y a cuestiones relacionadas con la perfección.

La siguiente lista está compuesta por algunas de las virtudes comunes y cualidades de carácter que caracterizan este estilo de madre, al margen de los ponzoñosos sentimientos de ineptitud y de no sentirse nunca lo bastante bueno. Queremos centrarnos en los dos extremos del continuo de perfección. La vergüenza está en un extremo y el discernimiento y la comprensión emocional, en el otro. El objetivo es acercarte al lado positivo y alejarte de la vergüenza y duda/aversión hacia ti mismo. Esta visión positiva entraña ver a tu madre como algo más que una tirana o una perfeccionista crónica. Tu madre encarna una combinación de muchas características, virtudes y defectos. Tu responsabilidad es averiguar, de entre las virtudes que provienen de ella, cuáles son útiles en tus relaciones adultas y cuáles no. Se puede decir sin temor a equivocarse que los sentimientos de vergüenza y odio hacia uno mismo siempre dejarán a quien los siente (tú) en un constante estado emocional de temor y pánico. No obstante, el legado emocional recibido de tu madre es algo más que la experiencia de la vergüenza. Contiene, también, muchos rasgos y cualidades positivos. Tu tarea es desvelar estas virtudes y reconocer tu propio potencial emocional y de relación en conexión con ellas.

Virtudes de la madre perfeccionista

- Tienes un fuerte sentido de compromiso en tus relaciones.
- Eres muy responsable en todo lo que haces y se puede confiar en ti.
- Das mucho valor al trabajo duro y a la constancia como rasgos de carácter fundamentales.
- Tus relaciones se basan en «no rendirte nunca» en momentos de dificultades emocionales.
- Tienes una comprensión innata de las normas sociales y de la conducta apropiada en todo tipo de situaciones.
- Nunca abusas de las drogas, la comida y otras sustancias. Tienes unas líneas divisorias psicológicas y emocionales excelentes.
- No eres excesivo emocionalmente.
- Sabes cómo funcionan las reglas no escritas en tu profesión, tu familia y tus amistades y lo que se espera de ti.
- Tienes la capacidad para realizar y completar tareas, proyectos y objetivos sin que te dirijan.
- Eres un tipo de persona muy fiel y orientada al compromiso en tus relaciones, tu familia y tu profesión.
- Tienes valor y criterio para intentar cosas nuevas, iniciar nuevas relaciones y enfrentarte a viejos problemas.
- No te asusta ni evitas el trabajo duro en una relación ni con tu familia.
- Eres una persona muy leal.
- Eres un apoyo emocional excelente para los amigos y la familia durante una crisis. Sabes qué hacer y cómo lograr que se haga.
- La gente respeta tu ética de trabajo y tu manera práctica de abordar los problemas, las relaciones y los negocios.

A ti te toca ampliar esta lista de puntos fuertes y usarla en tu vida y en tus relaciones personales. La habilidad para dejar atrás tu vergüenza consiste en sustituir esos insistentes sentimientos de duda con respecto a ti mismo por el criterio y la comprensión de tu vida y tus relaciones «perfectamente imperfectas». Tienes muchas habilidades y cualidades que se formaron por la necesidad de alcanzar la perfección, pero que, con todo, pueden ser muy útiles para tu nuevo sentido del equilibrio y de aceptación de ti mismo.

La madre imprevisible

Este estilo de crianza materna es muy caótico e inclinado a las crisis. Tu infancia fue una serie continuada de crisis, dramas y conductas imprevisibles por parte de tu madre. Aprendiste rápidamente que sus cambios de humor, sus reacciones excesivas y sus hundimientos emocionales eran cosas de cada día. El ambiente emocionalmente inestable de tu casa te enseñó, ya antes de los cinco años, a interpretar el lenguaje corporal de tu madre y su estado emocional sin necesidad de que ella te dijera nada. Sabías cuándo las cosas iban mal o cuándo no iba a pasar nada. Estabas traumatizado por la constante inestabilidad de los cambios de humor de tu madre y por los problemas que percibías. Tu don de gentes innato te ayudó a sobrevivir a tu caótica infancia, adolescencia y vida adulta. Con frecuencia, sientes que has sobrevivido a una madre histérica. Por desgracia, sufriste muchas clases de abuso, y dos de los peores eran de tipo emocional y psicológico. Como resultado de tu caótica infancia, actualmente te enfrentas a diversos grados de ansiedad, al hecho de tomar decisiones excesivas y contraproducentes, a tus conductas de evitación y a tu miedo al futuro.

Tienes un excelente don de gentes y sabes cómo desactivar cualquier situación interpersonal, sin tener que pararte a pensarlo. Tu capacidad para captar, comprender y cuidar de los demás es automática. De hecho, eres tan competente que olvidas tomar en consideración tus propias opiniones y actos antes de reaccionar. La idea de que alguien esté disgustado o furioso contigo te resulta muy angustiosa. En tu infancia, la seguridad se basaba en tener a tu madre contenta y bajo control. No puedes tolerar que nadie esté disgustado o furioso contigo, incluyendo a tu pareja y a tus hijos. Tienes problemas personales de codependencia, porque tu autovalía se basa en lo que los demás opinen de ti. Sólo te sientes valioso o digno de ser querido si estás ayudando o salvando a alguien. Tu infancia siempre giró en torno a cuidar de tu madre, emocional y mentalmente. Tus sentimientos, pensamientos y deseos internos nunca se desarrollaron ni recibieron la atención de ella. Ahora es difícil saber o comprender qué quieres para ti mismo sin solucionar o crear una crisis.

Tu madre siempre tenía miedo o se angustiaba por algún tipo de crisis o catástrofe inminente. Al final, los diferentes tipos de crisis y sucesos horrorosos no eran tan graves ni una amenaza para la vida como te decían o pensabas al principio. En la infancia, todo parece excesivo y dramático en demasía. No había calma ni paz en tu vida. Ahora, cuando te disgustas, te preocupas o te entra el pánico, tus reacciones también pueden ser muy exageradas. Tiendes a desplazar tu angustia hacia la comida, el alcohol y la exageración emocional. Automáticamente, tratarás de rescatar a los demás o te involucrarás excesivamente en una crisis, sin tener en cuenta tu responsabilidad en el asunto. Como adulto, es difícil encontrar el equilibrio emocional y una respuesta moderada a tus emociones y sentimientos. Todo parece muy apremiante y que necesita tu atención inmediata. Tu madre lograba que te concentraras en sus problemas y obtenía la atención e interés que ansiaba en secreto. Una gran parte de su conducta, llena de dramatismo y crisis, encaminada a que le prestaran atención, era inconsciente y un intento de conseguir el amor y el interés de quienes la rodeaban. Su imprevisibilidad era una herramienta emocional para procurar y conseguir que alguien satisficiera sus necesidades emocionales.

Codependencia emocional e independencia emocional

Has pasado la mayor parte de tu vida adulta preocupado por lo que los demás opinan de ti. Te cuesta mucho decir «no» a alguien o no involucrarte en sus problemas. Tu vida emocional es como una serie de crisis que nunca terminan ni es posible solucionar. La fuerza que impulsa la codependencia es el temor a ser rechazado o abandonado. La conducta dependiente continuada crea una falta de claridad emocional en tu vida. Tienes dificultades para no identificarte en exceso ni ser absorbido por los dramas y la vida de los demás. Sientes que tienes un propósito cuando piensas y prevés lo que alguien hace o siente. Este estilo de conducta emocional es muy problemático en las relaciones amorosas o maritales. Este modelo de apego no da resultado y siempre acabará en una relación fracasada. Los adultos no quieren que nadie controle sus pensamientos, sentimientos o reacciones. Por lo tanto, para evitar una repetición de tu relación madre-hija/madre-hijo, debes llegar a ser un amigo, una pareja y un empleado previsible, estable y coherente.

Analogía de la pista de tenis y la conducta codependiente

Betsy tiene treinta y dos años, es soltera y tiene una profesión. La crió una madre imprevisible que tenía unas reacciones emocionales extremas ante los sucesos corrientes de la vida diaria (una rueda pinchada, el mal tiempo, un niño enfermo, el tráfico, la muchedumbre). De niña, Betsy vivía en un estado perpetuo de ansiedad. Siempre esperaba que Brenda se disgustara y empezara a chillar por algo que iba mal o que había pasado ese día. Antes de cumplir los ocho años, Betsy había llegado a ser muy hábil desactivando emocionalmente a su madre cuando ésta se disgustaba o empezaba a tener un estallido de cólera. Betsy pasó la mayor parte de su periodo de crecimiento intentando saber qué podía estar pensando o sintiendo su madre. Apoyándose en su acertada interpretación, podía mantener la paz para ella y su hermana pequeña. No pensó nunca que este tipo de lectura de la mente (sacar conjeturas sobre lo que los demás pensaban) no era una función y un deber normales en la relación madre-hijo. Betsy me contó la siguiente historia sobre las quejas de su novio:

> Mi novio dice que siempre estoy tratando de adivinar qué podría decir, pensar o sentir. Le parece que siempre soy más consciente de sus sentimientos que de los míos. Creo que tiene razón. Siempre me preocupa lo que Frank piensa y siente. Siempre pienso en su reacción o en sus sentimientos antes de expresar o decir algo. Nunca me detengo a pensar en mis propias ideas y simplemente compartirlas. Siempre pienso en lo que el otro dirá o sentirá y luego pienso en lo que yo debo decir o hacer. No quiero herir a nadie.

Betsy estaba jugando un metafórico partido de tenis: lanzaba la pelota por encima de la red y luego corría al otro lado de la pista y devolvía la pelota ella misma, en lugar de su pareja, sus amigos y sus colegas. En este sentido, su conducta era consecuente y no se limitaba a sus relaciones íntimas ni a una única persona en su vida profesional, personal o social. Betsy siempre jugaba en ambos lados de la pista y nunca era capaz de tomar en consideración sus propias ideas, sentimientos y emociones. Tenía que dirigirlo y controlarlo todo. Su codependencia era un medio inconsciente para tratar de sentirse a salvo y emocionalmente segura. La codependencia de Betsy era un intento de controlar las emociones y los actos de sus novios. Pero lo que sucedía era lo contrario, porque esa conducta alejaba a sus parejas íntimas y enfurecía a quienes la rodeaban. No podía permitir ni tolerar que nadie tuviera sus propios sentimientos, ideas o reacciones porque estaba muy traumatizada por las reacciones imprevisibles de su madre. Por lo tanto, Betsy trataba, inconscientemente, de escribir el guión de la vida de todo el mundo, como forma de conseguir seguridad para su propio bienestar emocional. Al final, empezó a comprender que, mientras siguiera creando y controlando las respuestas y la conducta de los demás, seguiría actuando como una niña/mujer traumatizada. A pesar de esto, tener una madre imprevisible tiene sus beneficios.

Virtudes de la madre imprevisible

- Tienes un don de gentes excelente y la habilidad para ser muy empático.
- Eres un motivador y un apoyo emocional excelente para tus compañeros, tus amigos, tus hijos y tu pareja.
- Comprendes las necesidades de una relación y sabes qué es necesario para solucionar un conflicto.
- Conoces el valor y la importancia de una comunicación clara y no emocional.
- Sabes cómo desactivar una situación explosiva.
- Eres muy diplomático y consciente de la conducta y de las reglas sociales del lugar de trabajo.

- Evitas utilizar la ira como forma de comunicación.
- Comprendes el valor de unas relaciones seguras, consecuentes y estables para lograr un vínculo emocional firme.
- Tienes unas excelentes habilidades y cualidades relacionadas con los recursos humanos.
- Sabes cómo sintonizar empáticamente y conectar emocionalmente con los demás.
- Eres un amigo, una pareja, un empleado y un padre muy leal, que apoya mucho a los demás.
- Conoces y comprendes el valor de actuar respetuosa y apropiadamente en cualquier tipo de relación o situación social.
- Eres muy intuitivo, perceptivo y tienes buen criterio con los demás, en todo tipo de relaciones.
- Comprendes lo difícil que es, emocionalmente, no ser codependiente y arreglar siempre los problemas de los demás.
- Eres excelente solucionando problemas y apoyando emocionalmente a tus amigos.

Ésta es una lista muy corta de algunos de los rasgos positivos, las cualidades y la habilidad interpersonal que has desarrollado en el contexto de tu relación madre-hijo. Conoces el valor de no dramatizar en exceso ni convertir en catástrofe todo lo que te sucede, personalmente o en tus relaciones. Tienes unas virtudes interpersonales muy sólidas que son valiosas y necesarias en tu profesión, tus diferentes relaciones y cualquier meta personal que te propongas. Conoces el valor de poder expresar tus sentimientos sin tener que arreglar o solucionar los problemas de alguien.

La madre «yo primero»

Este estilo de crianza materna es muy común y complejo. Es un estilo egocéntrico y narcisista, que gira principalmente en torno a la madre, no al hijo. A la madre le interesa su propio bienestar y le cuesta apegarse emocionalmente o comprender a sus hijos. Sabe lo que quiere, pero no es consciente de los intereses emocionales, los deseos y las necesidades nutricias de su hija o hijo. Gran parte de la infancia de éste se centra en hacer que su madre sea feliz. Buscar su aprobación es una de las primeras tareas del hijo conforme crece. El problema en esta relación madre-hijo es que el hijo (tú) no recibe apoyo para desarrollar su conciencia de sí mismo. Si te criaron con el estilo materno de «yo primero», tus necesidades internas y tu desarrollo emocional natural fueron moldeados por las necesidades y deseos propios de tu madre. Tu vida consistió en una serie de maniobras encaminadas a que ella fuera feliz y no se enfadara contigo.

La dura actitud de tu madre con relación a las personas que la disgustaban era algo que tú no querías experimentar. La constante necesidad de tu madre de ser mejor, más importante y más especial que los demás nunca acababa. A pesar de su narcisismo, tu madre tenía cualidades maternas positivas, pero ese narcisismo dominaba su vida. La necesidad de ser el centro de atención, la persona con la opinión más importante, la que tenía los hijos más listos, era una presión y una necesidad constantes para ella. Debido a sus necesidades emocionales no satisfechas y a su baja autoestima, tu madre tenía que hacer que todos los demás fueran menos que ella. Tú temías que lo mismo pudiera sucederle a tu relación con tu madre. Si no comprendías sus necesidades y deseos, entonces te dejaría de lado, te desecharía o te convertiría en el blanco de su ira. Viviste muchas decepciones emocionales porque no eras considerado lo bastante importante. El efecto a largo plazo de este descuido emocional fue la carencia presente en tu vida. Empezaste a pensar que tu vida carecía, realmente, de importancia. La falta de interés y preocupación por tus miedos, problemas y logros te llevó a dudar de tu autoestima y de tu propia valía. Para compensar estos sentimientos, te volviste egocéntrico o muy inseguro respecto a tu lugar en las relaciones y en el mundo que te rodeaba.

Privación → Fuerza emocional → «Ser lo bastante bueno»

El objetivo de salir de una relación madre-hijo narcisista es resolver, sanar y comprender tus sentimientos de privación emocional. Cualquier grado de egocentrismo y actitud de «yo primero» de un padre hacia su hijo tiene el efecto colateral de crear vacíos emocionales en la vida de ese hijo. Tener una madre narcisista hace que un niño se sienta privado emocionalmente y con necesidades no satisfechas. El estilo materno del «yo primero» crea enormes déficits emocionales que llevan al hijo o a la hija a crearse una personalidad defensiva que proteja su vulnerabilidad y estado de necesidad. Este proceso psicológico crea y define a un hijo o a una hija «yo primero». El camino que hay que seguir para llegar a sanar y librarse del escudo defensivo de la protección emocional es la empatía, la valentía/autoconfianza y la aceptación de uno mismo. Estas tres características generan el sentimiento de ser «lo bastante bueno» y empiezan a llenar el vacío emocional que hay en tu corazón, tu vida y tu espíritu. La capacidad para aceptar que ser «lo bastante bueno» es lo importante —no ser «el número uno»— es tu poder personal en acción.

Hijos e hijas luchan contra el legado de una madre egocéntrica y contra todas sus opiniones críticas, su rechazo y su ira. Las madres narcisistas guardan una gran cantidad de resentimiento e ira debido a los malentendidos, las heridas emocionales y la falta de aprecio que han sufrido. A continuación anotamos las reglas de «lo bastante bueno», porque has aprendido mucho al tener una madre narcisista. Son lecciones que encierran nueve aspectos relacionados con el nivel de comprensión que has conseguido por haber tenido una madre «yo primero».

Revelaciones de la crianza materna «yo primero»

Norma nº 1 de lo bastante bueno: Puedes cambiar lo que opinas, lo que haces y tus necesidades emocionales no satisfechas. No tienes que vivir aislado, esperando a que alguien atraviese tus barreras defensivas emocionales. Reconocer la posibilidad de cambiar es la ocasión para empezar a hacerlo. Tú, mejor que nadie, sabe que es preciso.

Norma nº 2 de lo bastante bueno: Sé totalmente consciente de tus conductas, sentimientos y respuestas automáticas. Puedes ser algo más que egocéntrico y crear satisfacción emocional dentro de tus relaciones. Las respuestas automáticas te permiten no ser consciente de tu conducta o sentimientos. Considéralo una opción, no un deseo.

Sabes, mejor que nadie, que necesitas sintonizar con tus propias necesidades y deseos.

Norma nº 3 de lo bastante bueno: Crea una red para recoger las reacciones de tus relaciones. Puedes permitirte oír esas opiniones, aunque no te dejen en buen lugar ni te hagan sentir bien. Te proporcionarán una perspectiva continua de tu vida y de tus conexiones emocionales con los demás. Tienes una gran necesidad de saber qué piensan los demás y sabes que es hora de recibir la información que necesitas.

Norma nº 4 de lo bastante bueno: Crea comprensión dentro de tu conducta y de tu actitud a la defensiva. Mira bajo la superficie de tus sentimientos, actos y emociones. Examina su raíz, que es tu necesidad de sentirte querido y cuidado. Tú, mejor que nadie, sabes que un comportamiento a la defensiva resulta desalentador y ya no quieres seguir actuando así.

Norma nº 5 de lo bastante bueno: Tener razón no siempre está bien. Tu necesidad inconsciente de tener siempre razón tiene que ver con tu relación madre-hijo y con buscar la evasiva aprobación de tu madre. Insistir en tener siempre razón nunca guarda relación con el asunto de que se trate, sino con tu necesidad de parecer especial y brillante.

Norma nº 6 de lo bastante bueno: Es un trabajo desde dentro. Puedes enfrentarte a tus propias necesidades emocionales, comprenderlas y aprender a satisfacerlas. Lo que de verdad quieres está en tu interior y merece que lo desarrolles. Tu vida es interior, no exterior; es un trabajo desde dentro y tienes acceso directo a él.

Norma nº 7 de lo bastante bueno: Aprende a decir «no» a tu madre y a tolerar el miedo al rechazo en todas tus relaciones. No es necesario que todos te quieran y acepten. El rechazo es un hecho inevitable de la vida y de las relaciones.

Norma nº 8 de lo bastante bueno: Deja de decir al mundo entero lo fabuloso que eres. Los que te rodean están más que hartos de oír cómo te jactas y te das bombo. Recuerda la constante jactancia e inseguridad emocional de tu madre; ¿te gustaba? Deja que el mundo descubra y experimente tu unicidad; será más significativo y valioso para ti.

Norma nº 9 de lo bastante bueno: Tu virtud y activo más importante es tu humildad. No olvides nunca esta verdad; te cambiará la vida y a todos aquellos con quienes conectas emocionalmente. Toda tu vida es una amalgama de relaciones y la humildad es el pegamento que las une todas. Esa humildad te será muy útil en todos los aspectos de tu vida. No hay nada en ella que no se beneficie de tu humildad y empatía con los demás. Los que te rodean saltarán por encima de cualquier obstáculo para ayudarte debido a tu compasión, empatía y humildad para con ellos.

Estas nueve normas de «lo bastante bueno» hacen hincapié en que todo en tu legado emocional exige que, en tu interior, sientas que te aceptas y que eres «lo bastante bueno» en tus relaciones. Todos nos podemos beneficiar de estos elementos constructores de autoaceptación y eliminadores de impedimentos emocionales. Sentir y creer que eres «lo bastante bueno» te permite tener conocimiento de los demás, de una forma mucho más profunda y significativa. No malgastes tu energía emocional tratando de convencer a todo el mundo de que eres genial, especial o que necesitas una atención extra. Encontrarás una cantidad enorme de fuerza y confianza en ti mismo al no ser el centro de atención ni monopolizar la energía emocional de todos los demás. Estas viejas actitudes nunca dieron resultado, ni a tu madre ni a ti. No olvides que siendo «yo primero» o estando desesperado emocionalmente no pudiste satisfacer ni hacer frente adecuadamente a tus necesidades emocionales y psicológicas de pertenencia y de ser querido.

La madre mejor amiga

Este estilo materno es también muy corriente y extremadamente problemático para un hijo o hija. El conflicto surge porque una relación o bien es de madre-hijo o bien de amiga-hijo. No puede ser las dos cosas, y no lo es. Las hijas e hijos que crecieron en este contexto conocen la diferencia y siempre prefieren la dinámica madre-hijo. Hemos analizado detenidamente los numerosos conflictos emocionales (ira, descuido, abandono) que crea este estilo materno. Estas tres lesiones emocionales pueden resultar muy problemáticas en tus relaciones y conexiones adultas. La ira es la más ponzoñosa y peligrosa de las tres. Oculta las heridas mucho más profundas de descuido y abandono. La ira es la respuesta natural a la experiencia duradera de negligencia o abandono, que tiene que solucionarse en la vida del hijo. Con frecuencia, las madres del estilo mejor amiga hacen que su hija/hijo se sienta «huérfano de madre», aunque ella esté físicamente presente. La falta de una crianza materna apropiada despierta el sentimiento de que no eres importante, de que te descuidan y te abandonan emocionalmente.

«No lo entiendo; mi madre es genial, pero no es una madre» es la afirmación, común y llena de frustración, que surge al hablar de la madre mejor amiga. La ira es la respuesta natural a esta profunda herida madre-hijo que no se ha solucionado ni comprendido plenamente. Estos hijos/hijas víctimas de negligencia acarrean su dolor y resentimiento hasta sus relaciones adultas, su profesión, el matrimonio y la paternidad. Sentirse huérfano y, paradójicamente, tener una buena relación con la madre es un problema psicológico complejo y muy confuso. El hecho de que la amistad sustituya el papel de madre es un conflicto permanente para el hijo o la hija. Quieres a tu madre; es una mujer maravillosa, cariñosa, dulce y comprensiva, pero no actúa como una madre ni quiere serlo. No quiere ser la madre de nadie. Es este confuso dilema lo que crea el sentimiento de abandono, descuido e ira. Luego te sientes muy culpable por estos sentimientos conflictivos con respecto a tu madre; después de todo, pagó tus estudios universitarios, tu nuevo coche deportivo, tu máster en una escuela de la Ivy League y tu boda. Tu madre es muy generosa y encantadora, pero no te presta apoyo emocional. Quieres una madre, no una amiga que compita contigo. A tu madre no le gusta que le asignen el papel de madre; le molesta, incluso se pone furiosa. No le gusta que le hagas preguntas ni que le exijas sabiduría, apoyo y orientación. Tu madre no presta atención a estas peticiones relacionadas con la crianza y el amor maternos.

Virtudes de la madre inexistente/mejor amiga

Los permanentes problemas para solucionar tus sentimientos de descuido, abandono e ira se curan cambiando tu punto de vista y tu manera de hacer frente a la relación. Tienes la oportunidad de relacionarte con tu madre de una manera diferente. Es fundamental que aceptes el hecho de que tu madre está disponible para ti hasta donde puede estarlo. Ahora, tu cometido es dejar de acudir al pozo de la maternidad y enfurecerte porque está seco. Las cosas intangibles, el apoyo tácito y el amor materno que ansías no se encuentran allí. Tu responsabilidad es encontrar a otras mujeres sabias, cariñosas, que te respalden. Probablemente, ya hay mujeres y amigas así en tu vida; esto se aplica tanto a los hijos como a las hijas. Aceptar que tu madre no es la madre completa es dar un paso enorme hacia tu estabilidad emocional, que permitirá que tu ira disminuya. Cuando lo aceptamos y dejamos de intentar que el olmo (tu madre) dé unas perfectas peras maternas, los que nos beneficiamos somos nosotros. La ira sólo puede existir cuando insistimos e insistimos en ciertas cosas que no van a suceder. Una vez que descubrimos el origen de la ira, podemos ocuparnos de ella.

Una pregunta habitual es: «¿Con qué sustituyo la ira en mi vida?». Las respuestas varían, pero, en esencia, lo que pones en lugar de tu malhumor, tu ira y tu resentimiento es la empatía, la autoaceptación y la compasión. Estas tres emociones te beneficiarán a ti, el hijo, igual que el agua da nueva vida a una planta moribunda. Estas emociones te permiten aceptar las limitaciones de tu relación madre-hijo y dejar atrás el resentimiento y el odio que sientes hacia tu madre debido a su falta de cualidades maternas. Otro aspecto es dejar de discutir constantemente con ella para que sea una madre mejor o más adulta, en lugar de una amiga o una colega. Este tipo de conducta sólo nos conecta con nuestro dolor emocional y perpetúa nuestro sentimiento de descuido y abandono. Decidirte por la empatía, la aceptación y el cariño hacia tu madre sólo te beneficiará. Echemos una ojeada a lo que has ganado al tener una madre mejor amiga.

**Revelaciones de una crianza marcada
por el estilo mejor amiga**

- Comprendes el poder y la naturaleza destructiva que la ira tiene en las relaciones.
- Puedes desactivar y reorientar las decepciones de tus compañeros, tus amigos, tu familia y tus hijos hacia una perspectiva positiva.
- Eres muy fiel y estás conectado emocionalmente con todas las personas que te rodean.
- Tienes percepción emocional, comprensión y experiencia personal de la vida en relación con el modo de solucionar los conflictos, sin ira.
- Eres consciente del limitado valor del resentimiento, la ira y el rechazo como motivadores personales.
- Comprendes la importancia de estar emocionalmente presente para los demás, de forma cotidiana.
- Comprendes la importancia de los límites entre padres, hijos, compañeros y familia.
- Tienes la capacidad y el valor de defenderte y defender a los demás.
- Conoces el valor y la importancia de ser un líder, un padre y un buen amigo.
- Tienes cualidades de liderazgo. Debido a tus sentimientos de «orfandad materna», eres muy consciente del hecho de liderar a los demás y asumir responsabilidades como adulto.
- Conoces el valor de comprometerte y de ser coherente con tu familia, tus amigos, tus hijos y tus compañeros.
- Estás dotado de un nivel de compasión, empatía y percepción que son necesarias para cualquier tarea que emprendas.
- No estás dispuesto a dejar una relación, una asociación o un acuerdo de negocios por razones triviales.
- Serás la madre o el padre que siempre has querido tener para tus hijos, tus amigos y tu familia.

Todos somos culpables, a veces, de no centrarnos o de no recordar los aspectos positivos o los buenos valores que recibimos de nuestra madre mientras crecíamos. ¿Cuál es el valor que recibiste de tu madre que más destaca entre todos? Mandy (capítulo 7) explicaba: «Mi madre siempre me decía que trabajara mucho y fuera muy responsable. Estas dos cosas han guiado mi vida siempre, en la escuela y ahora en el trabajo». Evan (capítulo 8) me comentó: «Steve, mi madre era imprevisible, pero siempre insistía en que lo hiciera bien en la escuela, que fuera a la universidad y que desarrollara una vida profesional. Lo he hecho y ella tenía razón». Con independencia de lo problemática, inestable y demencial que fuera o siga siendo tu relación madre-hijo/madre-hija, no pierdas de vista los beneficios que has recibido. ¿Qué otras virtudes ocultas, emocionales, interpersonales y profesionales has cosechado de tu madre? Entender que tu madre es un valioso recurso para tu vida es una manera muy positiva de dejar atrás cualquier conflicto prolongado. También te ofrece una perspectiva diferente sobre ella.

Resumen: el movimiento del legado materno

Con independencia de lo tensa, agitada, decepcionante, carente de apoyo o dolorosa que haya sido o continúe siendo la relación con tu madre, en casi todas las situaciones se puede cosechar algo positivo y beneficioso. No te dejes convencer por la moda social muy común de «despotricar contra la madre»; es una manera equivocada de hacer frente a tu ira y a tu dolor emocional no resuelto. Hay otro viejo adagio sobre el odio y la ira: *si odias a alguien, es como beber veneno y esperar que mate a la otra persona*. La analogía encaja perfectamente, porque se refiere a ti y a tu disposición emocional, tus sentimientos y tus opiniones. Son únicamente tus decisiones adultas las que dirigirán el auge o declive de tu salud mental. ¿Cuál es la virtud principal madre-hijo que usas hoy? Sea cual fuese, es importante recordar que, probablemente, tu madre te transmitió muchas más virtudes que defectos. Considera los cuatro estilos maternos que se incluyen a continuación. (No incluimos el estilo de la madre completa, porque es el tema de los dos capítulos siguientes.)

- Estilo materno perfeccionista: la vergüenza convertida en buen criterio, comprensión y el hecho de ser «perfectamente imperfecto».
- Estilo materno imprevisible: la codependencia convertida en independencia y estabilidad emocional.
- Estilo materno de «yo primero»: la privación afectiva convertida en sentirse «lo bastante bueno» y aceptarse a uno mismo.
- Estilo materno de «mejor amiga»: la ira, el descuido y el abandono convertidos en compasión, empatía y aceptación de uno mismo.

Como hemos visto, pese a la relación que hayas tenido con tu madre o, en algunos casos, debido a ella, has adquirido unas virtudes y una perspectiva que te han prestado un buen servicio en tus relaciones profesional, social e íntimamente. Exploremos un poco más cómo puedes continuar reforzando estas virtudes y añadiendo tu buen criterio y tus nuevas capacidades emocionales para expandir tu manera de conectar con tus relaciones.

11
Cómo marcharse de casa
La gran separación
Cómo ir más allá de tu madre
Separación/Individualización

Lo más difícil que he hecho nunca ha sido separarme emocional-
mente de mi madre. Tuve que marcharme de casa; de lo contrario,
nunca conseguiría entrar en la edad adulta. Mi madre no me habló
durante seis meses; estaba muy furiosa por el hecho de que me hu-
biera ido antes de casarme. Ni siquiera tenía novio.

HEATHER, treinta y cuatro años

Nunca pensé que mi madre fuera tan mezquina ni se pusiera tan
furiosa porque me marchara a una universidad de la costa oeste.
Me propuso que asistiera a alguna escuela fuera de casa, pero se
refería a una distancia fácil de recorrer en coche, al norte del estado
de Nueva York. Creo que nunca superó el dolor de mi partida. Era
el más joven de cuatro hermanos. No era como si ella no hubiera
pasado por aquello antes, pero le pareció una traición.

BRETT, cuarenta y cinco años

El proceso de separación: ¿qué es?

La realidad e importancia del proceso de separación e individualización es algo que, de forma intuitiva, siempre ha tenido sentido. El mito cultural de «Vete al Oeste, muchacho» significaba que, en un momento dado, tenías que marcharte de casa. Los hombres siempre se han definido por su capacidad para separarse emocionalmente de su madre y crear su propia vida/hogar/familia. Hoy las hijas tienen la misma obligación de marcharse de casa. Los dos géneros se enfrentan a la monumental labor de completar su desarrollo emocional creando su propia identidad y una vida independiente de la de su madre. El principal problema es que, por lo general, ésta no ha completado con éxito su propio proceso de separación de su propia madre (tu abuela). La separación emocional y la formación de identidad, incompletas, se convierten en el problema y la carga emocional de la siguiente generación.

Vamos a hablar de la tarea relacionada con el desarrollo personal más importante a la que has tenido que enfrentarte. Tu capacidad para surcar las aguas de la separación y la formación de tu identidad es fundamental para todo lo que harás durante el resto de tu vida adulta. Todos los problemas, virtudes y conflictos en relación con la crianza materna, la inteligencia emocional, el éxito, los impedimentos emocionales, la falta de confianza, el poder personal, los constantes fracasos en las relaciones y el malestar interno empiezan y terminan con esta tarea: *separación e individualización*. No hay nada en tu vida que no esté influido por este proceso clave, que se produce de forma natural. Al final, todos tenemos que marcharnos de casa de nuestra madre, literal y figuradamente.

¿En qué consiste, realmente, este proceso? La definición clínica de separación e individualización es: *capacidad emocional de forjar tu propia consciencia de ti mismo, con tus propias opiniones, ideas y sen-*

*timientos. Es también la capacidad de mantener límites emocionales
en el contexto de las relaciones y no convertirte en el otro ni permitir
que el otro controle y dirija tus decisiones, tu vida ni tus emociones.*
Lo que importa aquí es crear tus propios sentimientos e ideas sin pedir permiso ni tener en cuenta la opinión de los demás. Crear y actuar
según tus propios sueños, esperanzas y deseos forma parte del sueño
norteamericano. Con todo, muchos hombres y mujeres inteligentes,
dotados de buenas cualidades, buenos profesionales, educados, cariñosos, empáticos y compasivos se quedan atascados emocionalmente
en el proceso de separación/individualización. Muchos de estos hijos
e hijas se van de casa a regañadientes y nunca cumplen su ansiado
destino de llegar a ser adultos independientes con un alto nivel funcional. La mayoría de los adultos no ha completado plenamente el
proceso de individualización o separación de su madre.

Con frecuencia, estos hijos o hijas se casan, se mudan a otro lugar,
tienen hijos, viven con su pareja y se entregan en exceso a su trabajo
sólo para evitar la cólera de su madre por haberse separado y haber
creado su propia vida. Todos estos logros son magníficos si no los
usas como mecanismo de defensa para no decepcionar ni disgustar a
tu madre. Es un proceso doble. Primero, tienes que dar los pasos necesarios para encontrar tu propia opinión, tu «voz» y tu lugar en la
vida, sin contar con el apoyo de tu madre. Segundo, es necesario que
tu madre te respalde y te guíe en este proceso y creación de tu individualización. Muchos hijos e hijas no pueden completar el camino
porque no cuentan con el apoyo ni la cooperación de su madre. Para
comprender plenamente cada uno de estos procesos, dividamos su
función:

Separación es el proceso de experimentar que eres un hombre o
una mujer distinto de tu madre. Esto no significa que, para sentir esa
separación, debas trasladarte físicamente a otro distrito o a la otra
punta del mundo; sin embargo, es algo que sucede con frecuencia.
Más bien significa que tienes que encontrarte cómodo teniendo tus
propios sentimientos, ideas, opiniones y emociones y haciendo tus propias elecciones. Te responsabilizas de tomar tus propias decisiones
vitales en todos los ámbitos y relaciones. El proceso de separación al-

canza un plano estable cuando eres emocionalmente capaz de soportar la presión, las críticas y el enfado de tu madre por estar en conflicto con ella. Muchas veces, ese posible conflicto hará que hijas e hijos con un alto nivel funcional detengan su proceso de separación por miedo a perder el amor de su madre.

Individualización es el proceso emocional que lleva a crear una imagen interiorizada de ti mismo como hija o hijo independiente. Esta independencia incluye sentir frustración y alegría por tu capacidad para crear y hacer las cosas que quieres en la vida, sin el apoyo emocional y económico de tus padres ni su permiso. Tienes la fuerza emocional necesaria para conocer y afirmar tus propios valores, preferencias y actitudes. Esto puede abarcar muchos ámbitos: tus elecciones profesionales y tu modo de vida, tus creencias religiosas/espirituales, tu orientación sexual, tu economía y tu experiencia de la paternidad. Te consideras una persona completa, que toma sus propias decisiones vitales.

Marcharse de casa

Estos procesos de desarrollo necesarios se convierten en una tarea para toda la vida y continuarán produciéndose y evolucionando a lo largo de ella y durante tus muchas y diferentes relaciones. A veces, un matrimonio, un doloroso tercer divorcio, la pérdida del empleo, la muerte de un ser querido, la bancarrota o una riqueza súbita harán que reexamines tu vida y tus convicciones. Llorar o celebrar las transiciones vitales forma parte del proceso de separación/individualización y de crecimiento personal. El objetivo de crear tu propia vida emocional, física y espiritual es, básicamente, renunciar a depender principalmente de tu madre. No puedes establecer ni desarrollar ninguna otra conexión emocional significativa con quienes te rodean si sigues en la órbita de tu madre. Es esencial que llegues a ser tu propio «planeta» y a tener tu propia órbita, tu propio sol y tu propio universo. No hay nada malo en compartir con tu madre información y contenido sobre tu universo, pero tiene que ser tu universo. No puedes ser la luna que refleja los deseos, exigencias y opiniones de tu madre.

La analogía es muy poderosa porque muchos adultos no dejan nunca la órbita de su madre; es más: permanecen en su planeta. *¿Has salido de la órbita de tu madre?* Si es así, *¿cómo lo sabes?* La energía y la fuerza que te hacen seguir en la órbita/esfera de influencia y el control de tu madre es algo a lo que todos los niños/adolescentes/adultos deben enfrentarse y resolver a fin de alcanzar un éxito futuro. Hasta que no hayas creado tu propia órbita y vida funcional, tu nivel de satisfacción y funcionamiento emocionales no será totalmente una realidad.

Mike y Lee: la angustia de la separación

El suelo se hundió bajo mis pies de la sorpresa durante mi primer periodo como interno en California, en septiembre 1991. Mike, alumno de instituto, y su madre, Lee, vinieron a verme. Habían arrestado a Mike por segunda vez por ir en motocicleta bajo los efectos del alcohol. La única razón de que acudieran a terapia era que el juez del tribunal de menores había ordenado unas sesiones obligatorias de terapia para Mike por su adicción a la bebida.

El hecho es que habían arrestado a Mike cuando tenía quince y dieciséis años por ir en motocicleta «bebido». La historia parecía muy extraña; tenía que haber algo más. Primero me reuní con Lee para la entrevista inicial con los padres. Lee, madre divorciada, me confesó lo siguiente: «No creo en la terapia y pienso que la mayoría de los psicólogos es gente rara». Recuerdo que la miré y me dije que aquella mujer sufría una crisis importante y estaba más preocupada por conservar el control sobre su hijo que por el grave problema de éste con el alcohol, que estaba fuera de control. Lee estaba convencida de que yo iba a alterar la relación entre ella y su hijo. Tenía razón; el objetivo era dar a los dos espacio para respirar y una nueva perspectiva sobre su relación. Lee llevaba diez años divorciada, no salía con nadie y, en aquellos momentos, estaba desempleada. Comprendí que reaccionara a la defensiva y con ira cuando le ordenaron acudir a terapia de forma obligatoria. Lee no quería que nadie interfiriera en el vínculo emocional que tenía con su hijo.

Cuando vino Mike, me contó lo siguiente: «Mi madre está siempre en mi habitación, en mi espacio, y en todos los sitios donde voy. Parece que no me puedo librar de ella, a menos que esté bebiendo con mis amigos. Cuando estoy borracho, mi madre no me molesta y no tiene ningún control sobre mí. Odio que mi madre siempre me esté siguiendo a todas partes y hablando con todos mis amigos». Las quejas de Mike no parecían demasiado singulares ni inusuales para un adolescente rebelde. Pero Mike era diferente: era un chico amable, con buenos modales, un buen estudiante, listo, atlético y educado. No estaba furioso ni quería arruinar su vida. Se sentía ahogado emocionalmente por su madre. Estaba firmemente convencido de que la única manera de separarse emocionalmente de ella era bebiendo. Sean, su hermano mayor, se había ido a la Universidad de Wisconsin para jugar a baloncesto y sólo volvía a casa tres veces al año. Mike se sentía atrapado por su madre y enredado emocionalmente en sus redes. Vivía solo con ella y era el único centro de su atención y energía.

En los dos años siguientes, lo arrestaron tres veces más por infracciones relacionadas con el alcohol (estar bebido en público, beber en la escuela y tener un envase de alcohol abierto en un vehículo). Los intentos de su madre por controlar y manejar el potencial alcoholismo de su hijo sólo alimentaban su conducta. Lee me dijo una vez por teléfono: «Mike es el único hombre de mi vida. Mi hijo mayor, Sean, y mi ex marido no quieren tener nada que ver conmigo. Mike es el único hombre que me presta atención. Me moriría si no estuviera en mi vida. Necesito, de verdad, su ayuda y su apoyo». Después, añadió: «Ya sabe, claro, que me refiero a una relación madre-hijo». Se me cayó el alma a los pies al oír los motivos de Lee y la explicación que daba a su conducta excesivamente controladora con su hijo. Otros profesionales habían recomendado repetidas veces que Mike fuera a vivir con su padre a Florida para alejarlo de sus compañeros de borrachera del instituto. Pero Lee necesitaba y quería a Mike, y nadie iba a entrometerse en su relación. Su necesidad emocional de un hombre y la utilización de su hijo como sustituto de un novio, una pareja y un objeto emocional resultaba muy problemática para los dos.

Lee era una mujer atractiva, inteligente, con sentido del humor y muy capaz de tener relaciones adultas con los hombres. Nunca se había separado emocionalmente de su madre. Después de graduarse en el instituto, Mike se marchó de California y se fue a vivir con su padre a Florida. Cuando abandonó la casa de su madre, Mike dejó de beber, entró en la universidad y se licenció cinco años más tarde. Por desgracia, Lee no comprendió por qué sus hijos se habían ido y nunca volvían a verla. Perdió su empleo como recaudadora de fondos e hizo que su madre octogenaria se trasladara a vivir con ella. Decidió que, como le gustaba ser madre, abriría una guardería. Murió de un derrame cerebral unos años después. Mike no se había individualizado ni separado plenamente de su madre porque estaba furioso por su actitud controladora y por su constante necesidad emocional de captar su tiempo y su atención. Aun después de que Lee muriera, Mike siguió luchando, dentro de su cabeza, contra su voz, sus críticas y sus duras opiniones. Todavía tenía que individualizarse y separarse emocionalmente de ella. Muchas veces, hijos e hijas dan por sentado que, como su madre ha muerto, el proceso de separación se ha completado, pero están totalmente equivocados.

Helen y Anne: una asociación crítica

Cuando conocí a Helen, tenía treinta y nueve años. Vino a verme para tratar de sus problemas de evitación y de sus conflictos con los hombres. En pocos meses, estuvo claro que era lesbiana desde la adolescencia y que nunca había aceptado su orientación sexual. Helen había estado enamorada de numerosas mujeres a lo largo de su vida y su trabajo como enfermera. Cada vez que experimentaba sentimientos amorosos hacia una mujer, los descartaba diciendo que no eran más que amistad. Una vez que supo, finalmente, cuál era su preferencia sexual, no quiso disgustar a su familia ortodoxa y muy religiosa.

Helen decidió no hablar a su madre, Anne, de su vida amorosa. Cuando hubo aceptado su orientación sexual, pidió a su amiga de entonces, Lisa, que se trasladara a vivir con ella. Vivieron juntas, en una relación exclusiva, casi cuatro años. No obstante, cuando el padre de Helen murió, sintió la súbita necesidad de cuidar de su madre e insistió para que fuera a vivir con ella a Los Ángeles.

Helen y Lisa vinieron a verme para hablarme del tema de la madre de Helen. Ésta comentó lo siguiente: «Tengo que hacer que mi madre viva conmigo. Me moriría si le pasara algo. Soy responsable de ella; es mi mejor amiga». Al final, Lisa rompió con Helen cuando su madre, Anne, se trasladó a vivir con ellas. Helen no veía qué problema había ni por qué Lisa se sentía amenazada por su madre. A lo largo de los seis meses siguientes, Helen reveló que, desde que se marchó de casa a los dieciocho años, había querido volver a vivir con su madre. Siempre se había sentido conectada emocionalmente a ella y no quería perder esa conexión.

Anne se trasladó a Los Ángeles y compró una casa nueva con Helen, en Malibú (una exclusiva comunidad en la playa, al norte de la ciudad). Ni Anne ni Helen consideraron siquiera la posibilidad de estar separadas y no vivir juntas, en la misma ciudad. Al principio, Helen no echó de menos a Lisa, su novia durante cuatro años. Durante una de nuestras sesiones, me dijo: «Siempre he estado muy unida a mi madre. No quería perderme la oportunidad de volver a vivir con ella. Dado que mi padre ha muerto, es mi responsabilidad vivir con ella. Mi madre me necesita y yo puedo ayudarla». Helen no pensaba que su individualización o separación de su madre fuera algo que valiera la pena tratar de conseguir, que fuera valioso o necesario. Pero no tardó en darse cuenta de que, si alguna vez iba a tener de nuevo una relación, tendría que crear una cierta distancia emocional de su madre.

Helen y Anne siguen viviendo juntas tres años después. Desde que Anne se trasladó a casa de su hija, Helen no ha tenido ninguna relación ni conexión amorosa, ni ha salido con nadie. Helen y Anne pasan mucho tiempo juntas y las dos disfrutan del vínculo madre-hija.

Helen vino a terapia recientemente para hablar de sus problemas con su madre. Ahora, Anne controla completamente la vida de su hija, sus hábitos alimentarios y sus amistades. Helen reconoció lo siguiente:

Siempre había pensado que la necesidad de separarte de tu madre era palabrería psicológica, un montón de jerga *new age*. No lo es y soy muy desgraciada. ¿En qué estaba pensando? Vivo con una mujer de ochenta y tres años que todavía me trata como si yo tuviera ocho y que necesita ayuda constante. Vivir con mi madre ha sido un error enorme. Ella estaba perfectamente en Chicago. Tenía a todos sus amigos del barrio y del templo; había vivido allí cuarenta y cinco años. No sé qué hacer con ella. Mi madre escucha todas mis llamadas telefónicas. Quiere saber dónde estoy en todo momento y es totalmente incapaz de hacer nada.

Helen comenzó a crear distancia emocional entre ella y su madre al empezar a vivir su propia vida de nuevo y no permitir que Anne tomara decisiones por ella. Volvió a salir de nuevo con Lisa y decidió marcharse de casa de su madre. Helen sabía que, si no hacía algo para crear límites emocionales y mentales que la apartaran de su madre, su desarrollo y su vida adultos no iban a avanzar. Sentía que, cuando invitó a su madre a trasladarse a California, toda su vida había sufrido un completo frenazo.

La experiencia de estar separado, pero conectado

Para hacer la transición de hijo/hija dependiente a adulto autónomo, necesitas verte como individuo, separado de tu madre. Para que esto tenga lugar, sin problemas, tanto tú como tu madre debéis sentiros bien respecto al cambio. La realidad es que alrededor del 90 % de madres e hijos tiene dificultades con este proceso. Esta cifra se basa en el hecho de que sólo alrededor del 10 % de madres tiene el estilo de crianza de la madre completa. La madre completa alienta y apoya a su hija/hijo a avanzar y efectuar los cambios necesarios en su vida para llegar a tener conciencia de sí mismo y una vida individual. Los otros cuatro estilos tienen el potencial y la capacidad para hacer lo mismo por sus hijos.

El proceso de separación del que hablamos en el capítulo 2 empieza y acaba con el vínculo emocional que hijos e hijas tienen con respecto a su madre. Cada uno de los cuatro estilos de apego (intermitente, de evitación, deprimido y seguro) desempeña un papel importante en tu capacidad para avanzar en tu vida y en tus relaciones.

Cuanto más seguro y firme sea el vínculo emocional con tu madre, más fácil te resultará ese proceso. Así que, para que tenga lugar la separación emocional sin causar un conflicto tremendo, un hijo o una hija debe estar sinceramente convencido de que la madre no sólo apoya la separación, sino que la aprueba. Como hemos visto en las dos historias anteriores, el paso que un hijo o una hija da hacia la independencia puede provocar mucha ansiedad en todas las partes implicadas. Cuanto mayor sea la angustia, la ira y la tensión, más improbable es que tu madre tuviera éxito al intentar separarse de la suya, tu abuela. Si los esfuerzos de tu madre por separarse tropezaron con escollos como la irritación y las amenazas, es comprensible que ahora, cuando tú intentas avanzar, se apegue y se aferre a ti con fuerza. Siempre vale la pena realizar el esfuerzo de preguntar a tu madre cómo llevó su propia madre (tu abuela) la independencia de su hija. Quizá te sorprenda mucho la historia y las dificultades que hubo en su momento.

Hay cinco maneras muy comunes de que hijos e hijas se separen de su madre. Cada estilo está conectado con la clase de vínculo emocional que mantuvieron con ella. Si te parece que tu madre se muestra intermitente en su atención, apoyo, interés y amor, entonces te preguntarás si puedes marcharte de casa y si ella llegará a darse cuenta. Si el estilo estaba marcado por la depresión, quizá tengas que generar mucho dramatismo y luchar mucho para crear tu propio espacio emocional. Las familias funcionan según un continuo emocional. En un extremo se encuentra la familia envuelta en las redes emocionales y en el otro la familia desintegrada.

La familia emocionalmente enmarañada. Es un grupo familiar con unos lazos emocionales muy estrechos, dirigido por la madre y su estilo de crianza. En este tipo de familia, una de las reglas no escritas es que nadie debe tener pensamientos secretos ni sentimientos propios, ni ideas, actos o relaciones independientes. Todo debe ser considerado del dominio familiar y estar abierto a la opinión de la familia (tu madre). El pegamento emocional es la intimidad, la sinceridad completa y la inexistencia de privacidad. Todo lo que sucede en la familia es discutido con la madre como mediadora. Si esto te parece familiar, tu madre está excesivamente involucrada en tu vida pública y privada y en tus amistades. No tienes privacidad emocional ni psicológica. Tu vida es un libro abierto para las propias necesidades o deseos emocionales de tu madre. Durante el proceso de separación, esta relación madre-hijo puede parecer a éste como una especie de asfixia emocional. La conformidad y la docilidad se recompensan afectivamente. Cualquier movimiento de separación de la familia/madre se considera una infracción y será castigada. Muchas veces, el castigo consiste en la retirada del apoyo, la aprobación y la conexión emocionales. Los hijos e hijas de este estilo de madre/familia dan por sentado que todos conocen sus pensamientos, sentimientos y actos, sin tener que explicarlos. Los adultos criados con madres de este tipo tienen problemas para trazar líneas divisorias emocionales apropiadas y mantener sus límites personales en las relaciones. En estas familias, no hay individuos. Todos son un único grupo en torno a la madre.

La familia emocionalmente desconectada. En este tipo de familia, la madre es muy distante, fría y emocionalmente negligente. Es como si hubiera barreras de cemento entre tú, tu madre y otros miembros de la familia. Tu casa es como un hotel, donde todos entran y salen sin ninguna conexión emocional ni reconocimiento mutuo. La norma no escrita de la madre es mantener todas las emociones y sentimientos intensos en secreto, fuera del conocimiento consciente. La madre es, probablemente, afectuosa, pero no lo expresa ni te lo demuestra. Todos los sentimientos de amor, apoyo e interés se dan por supuestos, no se habla de ellos ni se expresan. Esta relación/vínculo emocional madre-hijo resulta muy insegura, distante y llena de resentimientos. Los hijos e hijas siempre se preguntan si alguien se da cuenta de que existen. El hogar es sólo un lugar donde se duerme por la noche y que se abandona por la mañana. En sus relaciones íntimas y personales, estos hijos e hijas tienden a dudar de que su novio/pareja los vea, los quiera, los considere valiosos e importantes. Sentirse ignorado o solo es muy corriente para estos hijos e hijas.

Estos dos tipos de madre/familia ocupan los extremos opuestos de un continuo. Y todos los estilos de crianza materna y de vínculo emocional madre-hijo y madre-hija funcionan en algún punto de este espectro. El objetivo es llegar a estar cerca del medio de este espectro emocional, donde el equilibrio óptimo entre libertad y unión emocionales favorece el crecimiento individual y el desarrollo personal de hijos e hijas. Encontrarse en cualquiera de los dos polos resulta problemático en extremo para cualquier hijo o hija. Si una madre ocupa el punto más extremo marcado por el enmarañamiento emocional, entonces sus hijas e hijos se sentirán como si llevaran puestas unas botas de hormigón cuando intenten separarse de ella. Todos los estilos maternos tienen elementos tanto de maraña como de desconexión, que forman parte de la relación emocional madre-hijo en general, aunque cada uno alcanza, claramente, diferentes proporciones.

Mira el diagrama que hay abajo. Coge un bolígrafo (no un lápiz) y señala con una X el punto que marca el lugar emocional que ocupas con respecto a tu madre y a los diversos elementos de vuestra relación. No te preocupes del pasado, el presente o el futuro; señala tu punto emocional. Aproximadamente un 80 % nos encontramos en algún lugar entre los extremos de maraña y desconexión emocionales. Esta cifra se basa en el principio estadístico de la regla 80/20. En cualquier grupo, un 10 % ocupa cada uno de los dos polos y el 80 % restante está en algún lugar entre los dos extremos.[1] Según mi experiencia personal y profesional, éste es un barómetro muy preciso para medir el legado de la relación emocional madre-hijo. ¿Dónde te encuentras hoy con respecto a tu madre (con independencia de su estado físico)? ¿Dónde te gustaría estar en esta escala de apego dentro de seis meses? La respuesta está en tus manos, no en las de tu madre.

Desconectado _____ **Óptimo** _____ **Enmarañado**

Cinco estilos de separación

Bien, vayamos ahora al núcleo de la relación madre-hijo y hablemos de cómo nos separamos, realmente, unos de otros. En cualquier tipo de relación, la separación es difícil y exige claridad emocional, mental y psicológica. ¿Cómo funciona realmente este proceso? ¿Cómo ven y sienten la separación/individualización la madre, la hija y el hijo? Las historias anteriores de Mike y Helen son representativas de un estilo particular de separación. Cada uno de estos adultos sufría/sufre una fuerte influencia de la amalgama de las siguientes variables del legado materno, de las que hemos hablado a lo largo de todo el libro:

- El estilo de apego madre-hija/madre-hijo.
- El grado materno de enmarañamiento frente a desconexión emocionales.
- La aplicación e imposición del reglamento materno en la vida del hijo.
- El estilo de separación utilizado a lo largo de la historia de su relación.

Estas cuatro variables son la esencia y textura del legado de tu madre. Hemos hablado detalladamente de cada variable y de cada elemento. Es importante recordar que todos procedemos de una familia, de una relación madre-hijo, con su particular estilo de conexión, vínculo y apego. Cada hija e hijo adulto se ha enfrentado a la separación desde una perspectiva única. El propósito de la lista siguiente es analizar con más detalle algunas de las maneras más comunes de abordar la separación que muchos hijos e hijas han utilizado para alcanzar un cierto nivel de satisfacción y conclusión. Considera los cinco estilos y observa cuál encaja y describe mejor el tuyo.

Explicamos detalladamente los cinco estilos. Busca tus patrones emocionales, tus sentimientos, tu tolerancia a la ansiedad, tus desencadenantes, tus resentimientos y tus deseos de avanzar en la vida. La historia de tu separación se encuentra entre estos estilos, porque todos tenemos que pasar por nuestra madre al marcharnos de casa. Nadie puede separarse metafóricamente, a menos que pase junto a su madre y salga por la puerta. Algunos saldremos corriendo por la puerta de atrás, otros nos adentraremos en la noche y nos escabulliremos a escondidas, otros buscaremos pelea y nos iremos llenos de ira, algunos culparemos a nuestra madre por ayudarnos a marchar, otros actuaremos como si fuéramos la madre y seremos responsables y no nos marcharemos nunca y unos cuantos saldremos, sencillamente, por la puerta, con el apoyo y el amor de nuestra madre. ¿Cómo has dejado tú la casa de tu madre?

- Estilo hija/hijo sumiso.
- Estilo pasivo-agresivo/adolescente/adulto rebelde.
- Estilo hijo/hija frustrado.
- Estilo hijo/hija convertido en padre/madre.
- Estilo adulto seguro.

El hijo/hija sumiso. Estos hijos e hijas son los chicos y las chicas «buenos» que nunca cuestionaron ni rompieron las normas de su madre. No son los adolescentes que vuelven a casa borrachos, que pasan la noche fuera, quién sabe dónde, o que acaban con el coche de su madre en la piscina del vecino (historia auténtica). Estos hijos o hijas siguieron todas las indicaciones de su madre para orientarse en la adolescencia y la primera edad adulta. Crecieron para ser pasivos en su manera de enfrentarse a su vida, sus sueños, sus objetivos, su educación, sus deportes y sus relaciones. Son como juncos a la orilla de un río; se inclinan en cualquier dirección que su madre quiera que vayan. Son hijos e hijas pasivos, que nunca se muestran firmes en sus posiciones. Muchas veces, al crecer, se deprimen y se angustian en extremo. Tienden a ser codependientes en todos los tipos de relación que mantienen. Dependerán plenamente del apoyo y la aprobación de otras personas para su autoestima y sentido de pertenencia. De adultos, tienen relaciones basadas en su capacidad para componer, servir y cuidar a su madre, pareja o amigos. El adulto sumiso siempre se sentirá querido si puede salvar o ayudar a alguien.

La separación emocional necesaria para el desarrollo adulto natural se evita inconscientemente y se redirige para ofrecer apoyo a otras personas (la madre). Estos hijos e hijas tratarán de entrar en la edad adulta sin tener que abordar estas cuestiones o cualquier otro posible conflicto. Los adultos sumisos evitarán cualquier tipo de conflicto que pudiera llevar a una separación emocional entre ellos y su madre. A menos que las circunstancias de la vida fuercen la ruptura emocional —el conflicto—, lo que impulsa su vida es el papel de ser perfectos y buenos. Les aterra emocionalmente la posibilidad de perder el amor y el apoyo de su madre si crean su propia vida.

Si lo anterior te parece cierto en tu caso, el miedo a perder el amor de tu madre te ha hecho evitar cualquier reto que pudiera crear una ruptura emocional o una tensión duradera con ella. Tus elecciones inconscientes para evitar ciertas profesiones, para permanecer en casa después de acabar la universidad, para vivir a pocos minutos de tu madre, para salir/casarte con la persona que tu madre ha elegido son las únicas decisiones que has tomado. Tu papel de hijo «perfecto» es una identidad que resulta muy difícil abandonar cuando contemplas la posibilidad de seguir tus propios deseos. Has pasado años de tu vida adulta evitando y negando ciertas emociones, pensamientos y actos.

Si eres el hijo o la hija sumiso, ¿cómo puedes mostrarte más fuerte y seguro de ti mismo frente a tu madre y a las demás personas que te rodean? En el capítulo 5 conocimos a Julie, que no podía permitirse ni permitir a su marido comprar una casa a menos que su madre lo aprobara. Así pues, Julie debía contar con la aprobación de su madre para mantener intacta su enmarañada relación. El marido de Julie, Stan, siguió adelante y compró la casa sin la aprobación de la madre de Julie y ésta tuvo un repentino ataque de pánico por hacer algo sin que su madre lo aprobara. Al final, a la madre de Julie no le importaba realmente la casa ni la cuestión monetaria. Lo único que le interesaba era tener a su hija muy cerca de ella. Julie estaba intrincadamente unida a su madre, lo que provocaba que su matrimonio fuera frío y distante. Siempre ponía la opinión de su madre por delante de la de su marido. Vivía en un permanente estado de ansiedad en relación con la felicidad y la aprobación de su madre. Al final, cuando su marido presentó una demanda de divorcio, tuvo que enfrentarse a la cuestión de crear su propia identidad independiente y aparte de los deseos de su madre. No se opuso al divorcio y volvió a vivir con su madre. Dejó a sus hijos con su marido.

Hija o hijo rebelde. El hijo o hija rebelde es un niño perdido, tenga la edad que tenga, que busca atención y amor. Son los adolescentes sentados en la cafetería, los que dan vueltas por el centro comercial o por el barrio, con una expresión perdida y furiosa en los ojos. Son los que crecen para convertirse en adultos que se preguntan si alguien se da cuenta de que existen o si, de verdad, le importan a alguien (la madre). Por desgracia, estos hijos e hijas pueden acabar abandonando el instituto (aunque pueden ser extremadamente inteligentes) o ser alumnos «de matrícula» arrestados por vender drogas. Son chicos que se pueden hacer cortes en el cuerpo, que utilizan pintura corporal (tatuajes) y que se entregan a cualquier conducta autodestructiva y personalmente peligrosa. El objetivo es hacerse daño para conseguir que su madre les ofrezca un cierto grado de atención, empatía y compasión. Toda su rebeldía va encaminada a que les presten atención, los quieran y los cuiden. Si estas necesidades emocionales no se ven satisfechas, el adolescente rebelde acaba convirtiéndose en un adulto pasivo-agresivo.

Este hijo o hija nunca ha sido capaz de independizarse con éxito y sigue luchando con la madre para conseguir atención y amor, treinta años después de acabar el instituto. Por ejemplo, el adulto pasivo-agresivo se irá matando lentamente bebiendo en exceso o trasegando media botella de vodka y conduciendo luego de vuelta a casa desde una fiesta familiar. Más tarde, se pregunta por qué su pareja, su madre o sus amigos se disgustan con él. La rebeldía, la actitud exhibicionista, la ira y la conducta pasiva-agresiva son comportamientos previos a la separación. Muchas veces, un hijo o hija pasará toda su vida en esta fase y, metafóricamente, nunca dejará la casa de su madre ni llegará a estar emocionalmente completo y contento. La vida de estos hijos e hijas es una serie continuada de relaciones fracasadas, problemas legales, dificultades en el trabajo, estallidos de ira y conductas en busca de atención.

El proceso de separación y el propósito psicológico de la individualización se pierden en la vida de estas personas. El dolor emocional de sentirse descuidado, rechazado o abandonado tiene como resultado un acercamiento iracundo a la vida. Los años de dolor y conflicto entre madre-hijo/madre-hija impiden que se produzca la separación. La relación está tan gravemente fracturada que los vínculos emocionales, la nutrición y las interacciones normales entre madre e hijo nunca llegan a desarrollarse. No hay suficiente claridad emocional, fuerza, capacidad de juicio o voluntad para separarse de la madre. La constante rebeldía, la contención, el conflicto y la ira son las conductas fundamentales que ocultan la necesidad subyacente de unidad y empatía.

Cuando estos adultos rebeldes crean, finalmente, una cierta separación fructífera de su madre, los daños y las decisiones contraproducentes que toman son graves. El uso de la ira como herramienta defensiva para crear separación sólo ha conseguido frenar el desarrollo emocional del hijo o la hija. La ira es un vínculo emocional muy fuerte y no crea ninguna separación, ni criterio, ni una distancia emocionalmente apropiada entre madre e hijo. Por el contrario, lo único que hacen todos los actos de rebeldía es reforzar el apego y el vínculo de la conflictiva relación entre madre e hijo/hija. Ésta es la mayor ironía para los hijos o hijas rebeldes; su conducta consigue precisamente lo que no quieren: más conflicto y más hostilidad emocional.

Muchas veces, el adolescente será un estudiante de sobresaliente que, de repente, empieza a tener problemas académicos. La hija, a punto de entrar en la universidad, se casará y se quedará embarazada y se negará a dejar que la madre intervenga. El hijo de veintiocho años continuará obligando a su madre a mantenerlo económicamente. El hijo de cuarenta y dos años se divorciará, de repente, de su mujer, dejará de hablar a su madre, abandonará a sus hijos y se casará con alguien de veintidós años. La hija de treinta y nueve años decidirá tener un hijo sin casarse y ocultará a su madre que está embarazada. Todos estos ejemplos muestran a personas reales que tratan de crear una vida y una identidad funcionales propias. Por desgracia, no han logrado separarse de la casa de su madre. Se han quedado atascados en mitad el proceso.

La hija/hijo frustrado. Se trata de los hijos o hijas que saben que necesitan separarse emocional y mentalmente de su madre, pero no lo han logrado. Las razones parecen tantas como las personas involucradas. La separación no se ha producido y completado por una razón primordial: *la privación emocional.* Son los hijos e hijas de madres imprevisibles, contradictorias, egocéntricas, necesitadas y emocionalmente ambivalentes. Estos niños aprendieron que un día mamá estaba genial y dos semanas más tarde estaba disgustada, inasequible y emocionalmente distante. El legado contradictorio de las madres crea un continuo sentimiento de frustración y anhelo emocional de seguridad y aprobación. Estas hijas e hijos empezaron a desarrollar sentimientos propios de inseguridad y angustia respecto a su lugar en el mundo. Estas emociones entorpecieron su capacidad para forjar una conciencia firme de sí mismos y un propósito en la vida. Sus relaciones adultas reflejan un patrón de apego inseguro y una conducta subyacente excesiva.

La pregunta común que se hacen estos niños, adolescentes, hijas-madre, hijos-madre y adultos es: *¿cómo me voy de casa o me separo cuando nunca he recibido el apoyo y la aprobación emocionales que necesito?* La respuesta es muy compleja y difícil. Es muy difícil separarse cuando no se tiene el apoyo, la aprobación y la empatía que se necesitan para culminar el proceso. ¿Cómo puedes iniciar el movimiento de separación cuando, para empezar, nunca te has sentido apegado? Este dilema continuo madre-hijo se convierte en fuente de angustia y depresión para el adulto frustrado. Tu privación emocional alimenta tus sentimientos de soledad, tu vacío emocional y tu ansiedad. Te hace sentir que nunca has tenido lo suficiente y creer que nunca lo tendrás. Sientes un constante y profundo anhelo de que tus necesidades primordiales de desarrollo emocional se vean reconocidas y satisfechas. Por lo tanto, dejar la única fuente posible de nutrición —tu madre— te parece aterrador y, en última instancia, frustrante. El hecho de que sientas desánimo ante la separación es una señal muy positiva y forma parte del proceso de maduración. Con independencia de tu frustración, tu ansiedad, tu miedo al fracaso y tu rechazo ante la perspectiva de separarte de tu madre, estás empezando a crear tu propia vida, pedazo a pedazo.

Una vez que el hijo o la hija adulto inicia activamente el proceso de separación, oscilará entre un amor intenso y una ira también intensa contra la madre «melodramática», imprevisible, distante y fría. Cuando intentas avanzar, tu frustración puede ser como un bloque de hormigón atado a tus piernas. El hijo o hija frustrado se ve consumido por diversos grados de privación emocional, y le preocupa de dónde vendrá el próximo alimento emocional o si vendrá realmente. Incluso si ese alimento metafórico son sólo migajas, continúa siendo mejor que morirse de hambre, ¿o no es así? Puede parecer que marcharte de casa, dejar atrás a tu madre y tener que preocuparte por tu próximo alimento afectivo es un riesgo demasiado grande. ¿Cómo te marchas de casa si te has pasado la vida comiendo migajas? Es este ciclo de carencias lo que crea frustración, conductas excesivas (alcoholismo, adicción al juego, a las compras compulsivas, problemas con la comida), ansiedad y depresión permanentes. Cuanto mejor comprendas este patrón de privación y miedo, más fácil te resultará sentar las bases para avanzar, individualizarte y separarte emocionalmente de tu madre. Tanto da que nuestra madre viva, que no hayamos hablado con ella desde hace años o que resida a 5.000 km de distancia; todos tenemos que construir nuestra propia vida emocional y nuestra propia individualidad. Es preciso probar las «alas» y avanzar en la vida.

El estilo de separación del «hijo-padre». «Creo que nací adulta.» Esto es lo que Madeline, de veintiséis años, me dijo en nuestra primera sesión. Con aspecto competente y maduro, continuó: «No puedo recordar ningún momento en el que no me estuviera asegurando de que mi madre era feliz o, por lo menos, estaba bien y que, en casa, todo funcionaba sin problemas». La sensación que Madeline tiene de haber sido la madre no es una sensación particular de ella, sino muy corriente. Las hijas e hijos de este estilo crecen sintiendo y sabiendo que son quienes cuidan de la salud mental, emocional y psicológica de su madre. Constituye la tarea de estos hijos e hijas, y lo es para toda la vida.

A Madeline, como a muchos otros hijos e hijas, le resulta increíblemente difícil dejar el hogar metafórico de su madre y separarse de ella emocionalmente. Es difícil para muchos niños/adultos marcharse de casa cuando no recibieron lo que necesitaban mientras crecían. Recuerda: para que los hijos o las hijas se separen con éxito, es preciso que sientan que lo que hacen está bien y es lo apropiado. Resulta más fácil decirlo que hacer lo que parece apropiado para el desarrollo personal. Es muy complicado para una hija que durante muchos años ha desempeñado el papel de cuidadora, «mejor amiga» o compañera afectiva de su madre y familia abandonar, de repente, ese papel. Este hijo o hija va a sentirse muy culpable y avergonzado por renunciar al papel de «padre/madre». Es una de las cosas más difíciles de comprender emocionalmente para los hijos-padres. Muchas veces, la presión familiar por parte de la madre y de los hermanos es demasiado; inconscientemente, la hija o el hijo desaprovechará aquellas oportunidades, relaciones o trabajos que le proporcionarían una distancia emocional de la madre. Se subestima la fuerza y el efecto residual que el papel de cuidador desempeñado por un niño tiene en los hijos o hijas adultos.

Separarse emocionalmente y forjar una conciencia cohesiva de uno mismo es el problema constante de esta relación madre-hijo. Madeline —y Nicole y David del capítulo 6, «La madre mejor amiga»— no tuvieron, nunca, una infancia normal. Estos tres niños-adultos se sentían responsables de las necesidades y de los deseos de sus madres. Madeline no sólo tenía que ayudar a cuidar a sus hermanos y hermanas; además tenía que tranquilizar a su madre diciéndole que era una madre maravillosa. De adultos, los tres aseguraban constantemente a su madre que era especial, que la necesitaban, la querían y que era la mejor. No había —y sigue sin haber— espacio emocional o psicológico para abordar las necesidades de desarrollo de Madeline, Nicole o David: *las necesidades emocionales insatisfechas de la madre continúan siendo lo primero y más importante*. La vida de la madre es lo primordial en todo lo que hacían y hacen. Este tipo de niños/adultos afectuosos, maduros y maravillosos nunca llegan a comprender por completo su propio papel en la vida. Sólo en el momento en el que el proceso natural de separación/individualización empieza a convertirse en un problema es cuando empiezan a considerar otras maneras de relacionarse con su madre.

Los hijos de todas las edades comienzan a saber quiénes son al sentir la aprobación y el apoyo de su madre. Cuando la reacción materna les dice que lo están haciendo bien, que los quieren y valoran, los niños lo interiorizan. Ese apoyo les permite desarrollar una conciencia firme de sí mismos. Cuando Madeline, Nicole y David acudieron a sus madres para conseguir esa validación, ese respaldo emocional, esa guía y ese amor, lo único que encontraron fueron las necesidades emocionales no satisfechas de éstas. Los tres entraron en la edad adulta sintiéndose deficientes, culpables y defectuosos (no podían componer a su madre). No disponían de un espejo que los ratificara ni de una madre que los respaldara. Todo giraba en torno a cuidar de su madre y de todos los aspectos de la vida de ésta. Los hijos-padres crecen con una visión sesgada del mundo. La seudomadurez de estos niños, adolescentes y adultos es, en realidad, una cobertura artificial para la necesidad que tienen de apoyo, guía y confianza en el mundo para desarrollarse.

Hemos conocido a David y Dana en el capítulo 6 («La madre mejor amiga») y lo siguiente ha sucedido desde que empezó su historia. David era claramente el hijo-padre y Dana la madre encantadora, pero muy necesitada. El sentimiento de culpa e ira de David hacia su madre no se disipó ni evaporó cuando, de repente, se trasladó a Wyoming (a 2.900 km de distancia) para marcharse de casa de su madre, literal y metafóricamente. Decidió que la única manera en que conseguiría separarse de su madre era hacer lo siguiente: en la terapia habló de que iba a llevarse a su madre en avión, a su casa, para que pasara allí el fin de semana y tener la siguiente conversación con ella (según recuerda Dave):

Mamá, durante años he sentido la presión y la necesidad de cuidar de ti. Es algo que se ha ido desarrollando entre nosotros dos desde que puedo recordar. Te quiero, pero no soy responsable de tu vida ni de tus decisiones. Cuanto más te ayudo, peor me siento. Constantemente, te quejas de lo que no hago. Tienes razón. Ya no soy ese hijo que lo hace todo. Nunca tendré éxito en mi matrimonio, no seré el padre de mis hijos ni la persona que quiero ser si tengo que seguir cuidándote como un padre. Te quiero, pero ya no me puedo involucrar emocionalmente en todas tus tareas diarias, tus crisis ni tus asuntos personales. No es mi lugar ni mi trabajo; me molesta y me siento culpable por no cuidar constantemente de ti.

Por favor, comprende que no haga más por ti; sencillamente no puedo seguir con esta codependencia.

Dave sostuvo esta conversación con Dana intentando fijar unos límites claros con ella. De inmediato, Dana se marchó de casa de David y se fue al aeropuerto, donde cambió el vuelo de vuelta a casa y se marchó tres días antes de lo previsto. Dave y Dana no se hablaron en cinco meses. Durante ese tiempo, Dave sentía un enorme alivio, pero también miedo de que su madre hiciera algo grave. La llamó el Día de la Madre para felicitarla. Dana habló con él y empezaron a discutir sobre cómo podrían continuar su relación, sin molestarse mutuamente. Dave nunca había imaginado que, un día, podría volver a presentarse abiertamente ante su madre sin sentirse enredado emocionalmente, paralizado y dominado por el miedo.

Estilo adulto seguro. Este estilo representa aproximadamente un 10 % de las relaciones madre-hija/madre-hijo. Se trata de una madre que, claramente, logró separarse e individualizarse con éxito de su propia madre (tu abuela). Encontró su camino hacia sus propias metas, sentimientos, valores, opiniones y decisiones. Esta madre recibió el apoyo de la suya para su continuado desarrollo y crecimiento. Con independencia de cuáles fueran las circunstancias que rodearon su evolución, consiguió llevar a cabo su propia separación emocional y crecimiento personal. La capacidad de tu madre para tener su propia vida —independiente y aparte de la de su madre— le permitió comprender y satisfacer muchas de sus necesidades psicológicas, emocionales, espirituales y físicas.

Haber culminado con éxito este proceso de separación permite hacer lo mismo a la siguiente generación de hijas e hijos. La ausencia de los conflictos derivados de la maraña/desconexión emocionales no resueltos crea espacio psicológico para que la hija o el hijo explore su propia vida interna. No existen preocupaciones emocionales residuales, lo que permite que la conexión madre-hijo sea positiva. Este estilo de crianza materna basado en establecer vínculos, solucionar problemas y comunicarse fortalece al hijo/hija. La relación entre la madre y el hijo se centra en este último y en su preparación para la edad adulta, de forma que pueda actuar con todo su potencial y su capacidad emocional.

Esta madre comprende que su única meta como madre es preparar a su hijo o hija para la vida adulta. La maternidad consiste en crear, desarrollar y nutrir la plena productividad funcional en hijos e hijas. La separación emocional y la individualización son el camino que lleva a conseguir esas metas. Esta madre ha ayudado a dotar a sus hijos de percepción emocional, comprensión de las relaciones, herramientas psicológicas, autoestima, fuerza emocional y valor. Estas mujeres y hombres salen al mundo y aportan grandes cosas. Y esto independientemente de la posición económica, la pertenencia a una etnia o el nivel académico; es la consecuencia de tener unas emociones sanas y unas relaciones que funcionan. La madre que hace gala de un estilo de separación seguro sabe que sus hijos no existen con el único propósito de satisfacer sus necesidades. No se puede utilizar a los hijos para resolver las cuestiones emocionales no satisfechas, procedentes de la infancia, de los padres. Nunca da resultado y los efectos secundarios de este tipo de conexión emocional resultan muy problemáticos. Los hijos y las hijas de la madre completa tienen el placer de no ser una pieza de recambio en la vida o en la historia de su madre. Por desgracia, muchos hijos sienten que son un accesorio sustitutivo en la vida de su madre, lo que provoca todo tipo de conflictos y preocupaciones emocionales. Como decíamos antes, el grado de dificultad que tiene un hijo o hija para separarse de su madre guarda una correlación directa con el nivel de separación que ésta no llegó a completar.

Todas las hijas o los hijos pueden crear un estilo de separación e individualización seguro y transmitírselo a sus hijos o a otras personas que les rodean. La lista que hay más adelante con los nueve pasos fundamentales para completar con éxito la formación de tu identidad es tu próxima tarea vital. Durante el resto de tu vida, tus relaciones, tus logros, los contratiempos, la muerte de alguien querido, los nacimientos, el matrimonio, los divorcios y todas esas cosas de capital importancia que sucederán en tu vida continuarán formando y definiendo tu individualidad. Tu meta es dejar la casa de tu madre y construir la tuya propia.

Las llaves de tu casa son tuyas y las tienes en tu poder

¿Te acuerdas de la primera vez que te dieron las llaves de tu primer coche, de tu primer piso o de la puerta de tu primer despacho? La sensación de poder, éxito, entusiasmo y satisfacción al tener tus propias llaves te cambia la vida. *Tienes* las llaves de tu vida en tus manos, aunque quizá no lo creas ni sepas qué hacer con ellas. Podríamos dedicar más tiempo a hablar de la importancia de separarse e individualizarse, pero ya es hora de pasar a la acción. Las nueve llaves para separarse/individualizarse con éxito y salir de la órbita de tu madre son para que las uses. Ya te has puesto en marcha; ahora sigue avanzando con una meta en mente: ¡tú! Se trata de tu legado, de tus decisiones.

Nueve pasos para la separación-individualización

1. *Acaba con el juego de la culpa.* Culpar a tu madre es como tomar veneno y esperar que la mate a ella. La culpa, el resentimiento, la amargura, el pesar y el miedo sólo interrumpen tu vida. Con frecuencia, culpar a tu madre es un sustituto para no pasar a la acción, tomar decisiones y hacer lo que es necesario en tu vida. Las hijas y los hijos de madres enmarañadas, desconectadas, caóticas y codependientes pueden separarse y crear su propia vida.

   Con independencia del estado emocional o de la salud mental de tu madre, puedes elegir cosas diferentes, tomar decisiones que potenciarán tu vida. Si sigues culpando a tu madre, sintiendo resentimiento contra ella o detestándola, piensa que ese problema es una manera de no avanzar. La culpa es la razón número uno de que hijas e hijos tengan una vida subdesarrollada y sueños no realizados. Cuando tienes cincuenta y seis años, la manera en que ha resultado tu vida no es culpa de tu madre. Tu vida es toda tuya y es como tú quieres que sea.

2. *Acepta a tu madre.* Ver a tu madre de forma más fiel a la realidad es bueno para los dos. Tu madre no es perfecta ni tú tampoco. Lo

que puedes hacer es permitirle que sea quien es realmente, no lo que siempre has querido que fuera. Esperar que tu madre sea alguien que no es capaz de ser sólo te mantiene en un perpetuo estado de frustración. Muchas veces, una hija o un hijo tiene miedo de separarse; por ello, va esperando que la madre cambie y así sólo detiene el proceso. No es preciso que tu madre sea ideal para que tú avances en la vida.

3. *No eres responsable de la vida de tu madre.* Éste es uno de los aspectos más peliagudos cuando te han criado, condicionado y preparado para ser el guardián de tu madre. Asumir la plena responsabilidad de tu propia vida no es una conducta carente de amor o un acto desprovisto de respeto. Muchas hijas e hijos quedan atrapados en la trampa emocional de ser respetuosos y «hacer lo debido». Cargar con tu madre emocional y psicológicamente no es bueno para ninguno de los dos. Al dar este paso, haces frente a las cuestiones relativas a la codependencia, las ataduras y el enmarañamiento oculto subyacentes entre tú y tu madre. *Querer a tu madre y ser su cuidador emocional son dos conductas enteramente diferentes.* Aprende la diferencia, porque decidirá tu futuro.

   Separarte es tu deber, no el de tu madre. Tu madre no necesita separarse de ti ni desarrollar su propia individualidad. Ésa es tu opción y tu tarea de desarrollo personal. Muchas veces los hijos e hijas esperan que sea su madre quien inicie el proceso de separación. Esperar o pedir permiso para avanzar en la vida es muy arriesgado. En ambos casos, estás cediendo tu poder personal a tu madre, permitiéndole que dicte tu conducta. La individualidad es tu capacidad para crear tus propios sentimientos, aumentar tu tolerancia a la frustración y, metafóricamente, salir de la casa de tu madre. Ella se separó de la suya en el grado en que lo hiciera y ahora te toca a ti.

4. *Dispones de todas las herramientas necesarias para crear tu propia vida.* Tu desarrollo personal es un trabajo desde dentro. Sabes qué hacer para progresar en la vida. Muchas hijas e hijos se quejan, con razón, de que no han recibido el apoyo emocional,

la autoconfianza o el amor necesarios para marcharse de casa. Tienes, al alcance de la mano, la respuesta a todas estas cuestiones relativas a tu vida. Cuando te detengas y pienses en lo que quieres o debes hacer o harás, sabrás qué medidas tomar. La ignorancia no es una excusa para detener tu desarrollo ni tu crecimiento personal. Ya sabes qué hacer. No necesitas la dirección de tu madre ni su aprobación. Si no supieras qué hacer, no estarías considerando el proceso que es preciso seguir.

5. *Cambia la privación afectiva por la abundancia y el entusiasmo emocionales.* Las hijas y los hijos que tuvieron una infancia marcada por la distancia, el descuido, la desconexión, la frialdad y el abandono emocionales tienen muchas dificultades para valorar su vida. Crear tu propia vida es una forma de estímulo y autoempatía. Sentir que no eres importante, que no te quieren o que nadie se fija en ti son cosas que se pueden cambiar desde dentro de tu vida hacia afuera. Conocer lo que siempre has querido y tratar de conseguirlo es separarse de una vida emocionalmente vacía para entrar en otra enriquecida desde el punto de vista emocional. La privación no tiene por qué ser un estado emocional para toda la vida. Se puede solucionar y cambiar por la abundancia y la satisfacción, según tus propios términos. Si sientes carencias en tus relaciones adultas, es algo a lo que puedes hacer frente y modificar.

6. *Te separas y creas tu propia identidad paso a paso.* No te desanimes si lo que deseas en la vida no llega tan deprisa como querrías. El resto de tu vida consistirá en una serie de pasos para continuar formando tu identidad y una firme conciencia de ti mismo. El pánico, la impaciencia y la irritabilidad por el hecho de que tu vida no se despliega tan rápida ni exactamente como imaginabas puede ser el aspecto que adopta tu privación/miedo a no conseguir nunca lo que deseas. Son necesarios tiempo y paciencia para que ciertas cosas ocurran. Otras sucederán rápidamente y sin mucho esfuerzo. En ambos casos, anota lo que quieres en tu pareja, tu trabajo, tus relaciones, tus hijos, tu economía y para ti mismo. Luego haz un tablero para ayudarte a

visionarlo. Se trata de un tablero con fotos de revistas (o de cualquier otro sitio), dichos y otras imágenes visuales que muestren cómo quieres que sea tu vida. Estos ejercicios tienen una gran fuerza porque te hacen ser consciente de lo que deseas inconscientemente. También te permiten tomarte la vida paso a paso y no precipitarte ante cualquier circunstancia por miedo a perder la oportunidad. *La oportunidad eres tú.*

7. *No puedes «componer» a tu madre.* Su vida es únicamente responsabilidad suya. No eres el cuidador, el psicólogo o la pareja de tu madre. Antes que nada, dedícate a aprender y a comprenderte mejor. Averigua qué os sucedió a ti y a tu madre mientras crecías. Cultiva la tolerancia emocional con relación a los disgustos y desilusiones de tu madre y consigue estar menos enmarañado emocionalmente en su vida. Al fijar unos límites emocionales claros, permitirás que tu madre y tú creéis una relación más funcional y fructífera. Ambas cosas harán que tu vida sea más fácil y más productiva. La idea de solucionar el dolor emocional de tu madre y sus necesidades no satisfechas es como coger una taza y tratar de vaciar el lago Michigan con ella.

8. *Averigua lo que siempre has querido de tu madre y anótalo en la lista de cosas que quieres para tu vida y tus relaciones.* Permite que tus necesidades interpersonales sean la pauta de lo que deseas en la vida. Hay muchos secretos, así como información valiosa, esperando a ser incorporados a tu legado emocional y a tu vida. Tus necesidades y deseos no satisfechos de la relación con tu madre son un trampolín estupendo para empezar a enfrentarte a esas cuestiones en tus otras relaciones. Cuanto mejor comprendas tu legado emocional, más oportunidades tendrás de crear la vida y las relaciones emocionales que quieres.

9. *El valor, la empatía y tus instintos internos son muy poderosos.* No rechaces tu vida. Con independencia de tu anterior historia personal, ahora te toca a ti sacar el máximo partido a tu vida. Las personas que hay en tu mundo están esperando a que salgas al exterior y hagas que todo cuaje en tu vida. Todas tus relaciones –sociales, profesionales, familiares, íntimas y contigo mis-

mo– son un reflejo tuyo y de tu legado emocional. *Tienes el pleno control de tu vida.* No estarías leyendo este libro si no estuvieras ya en camino de conseguir el tipo de relaciones que siempre has querido y anhelado. Tu vida es una combinación de cientos de relaciones y tu legado emocional las mantiene todas unidas. Tienes el poder, el valor, la empatía y la percepción para continuar dando los pasos necesarios hacia la separación/individualización. Recuerda: es muy difícil salir al mundo si te quedas dentro de la casa de tu madre; las dos direcciones no son compatibles ni armónicas. Puedes dar el paso y lograr las relaciones y las conexiones emocionales que deseas.

12
Perfectamente imperfecto
Tu legado emocional
Líbrate del equipaje

Siempre he tratado de apartarme de mi madre. Se aferra a mí con mucha fuerza y quiere que me quede en casa. Estoy resentida con ella porque no me dejó ir a la universidad. Es duro ser la mejor amiga de mi madre y marcharme de casa.

NICOLE, veinticuatro años

Me costó una eternidad superar la carga de resentimiento e ira que acumulaba contra mi madre. Durante años salí con mujeres que eran como sustitutas de ella; una especie de suplentes para conseguir la aprobación que buscaba. Ahora, por fin, he abandonado mis deseos de que mi madre y yo nos llevemos bien. No da resultado y tengo que avanzar.

TODD, cuarenta y tres años

Nicole y Kerri

Conocimos a Nicole y Kerri en el capítulo 6. El estilo materno de Kerri es el de la madre mejor amiga y su hija, Nicole, es, en efecto, su mejor amiga. Nicole tiene ahora veinticinco años y está soltera. El padre de Nicole, Stan, intervino entre Nicole y su madre e hizo que Nicole se trasladara a Nueva York. El objetivo era que consiguiera un título de máster en Educación. Cuando volvió a casa, durante las vacaciones de primavera, me contó lo siguiente:

Siempre he sido la mejor amiga de mi madre. Ahora ella está muy deprimida por el hecho de que me haya ido de casa y esté a casi cinco mil kilómetros de distancia. No entiende por qué mi padre me empujó a marcharme y quiere divorciarse de él, pero no lo hará. Nunca me había sentido tan aliviada y relajada. Debido a la diferencia horaria, tres horas, mi madre no siempre puede hablar conmigo y es genial. Por vez primera desde décimo curso, tengo un novio en serio. Nunca había pensado en mi vida como separada y aparte de la de mi madre. Sé que viviré cerca de ella, en algún momento, pero ahora no; es un alivio ser soltera y no ser la cuidadora de mi madre.

Nicole reunió el valor y la fuerza emocional suficientes para separarse física y emocionalmente de su madre. Me explicó que le había pedido a su padre que la ayudara a encontrar un medio de alejarse de ella sin herir sus sentimientos. Stan le dijo a Nicole que era su lucha y algo a lo que tenía que enfrentarse y resolver ella. Al final, habló con su madre y me contó lo siguiente: «Le dije a mi madre que, si no me marchaba, nunca podría hacerlo. Se me quedó mirando fijamente, con los ojos llenos de lágrimas. Me sentí como si la estuviera matando». Ahora Nicole vive en Nueva York y estudia allí. Su historia es muy especial, porque encontró la claridad emocional y su propia fuerza personal para separarse de su madre y perseguir sus sueños y metas individuales. Siempre había tenido problemas de baja autoestima y de sentirse inepta para ir tras sus propios sueños. Sigue llamando a su madre dos veces por semana, lo que representa una reducción del 2.000 % en los contactos entre las dos. Kerri se siente muy resentida porque su marido y su hija la hicieron aparecer como una «mala» madre por estar demasiado unida emocionalmente a su hija. Kerri y Stan acuden ahora a terapia matrimonial para hablar de su falta de intimidad y de sus dificultades de comunicación.

Al igual que Nicole, muchos de vosotros tenéis que trazar una línea divisoria emocional, clara y no negociable, con vuestra madre. Estos límites psicológicos se convierten en el punto de partida de muchas más cosas que haréis con vuestra vida y del proceso de separación/individualización que es necesario emprender. Es uno de los pasos más importantes que hijos e hijas pueden dar para crear el espacio y la distancia emocionales necesarios para evolucionar y cultivar sus propios sueños y su propia vida. A menos que empecéis a avanzar en la creación de vuestras propias opiniones e ideas y en vuestro grado de tolerancia ante la desaprobación materna, vuestra autoestima, vuestra meta de individualización y separación y vuestras relaciones adultas se verán muy limitadas. Vuestra actitud autolimitadora será una repetición inconsciente de vuestra relación madre-hija.

Historia de Stephan

No tenía ninguna intención de hablar o entrar mucho en la historia de mi propio legado materno, pero no podía terminar este libro sin explicar algunas de mis propias dificultades. No me crié dentro del estilo de la madre completa ni nada parecido, ni remotamente, a esa clase de relación madre-hijo equilibrada. Crecí con una madre emocionalmente enmarañada que utilizaba el estilo de crianza de la madre mejor amiga. Al ir creciendo, no tenía espacio para respirar. Mi madre se concentraba totalmente en mí cuando necesitaba mi ayuda y era muy olvidadiza cuando tenía otras cosas en mente. Aprendí a interpretar su expresión y su humor antes de los cinco años. Mi legado materno se ha convertido en un problema para mí desde que puedo recordar. Creo que siempre he sido un adulto dentro de un cuerpo de niño. Me criaron y prepararon para que fuera el confidente, el amigo y el cuidador afectivo de mi madre. No me educaron para comprender o conocer mis propios sentimientos, pensamientos y tener conciencia de mí mismo. Sabía más sobre los sentimientos internos de mi madre que sobre los míos propios. Mi madre nunca comprendió mi natural necesidad ni mi deseo de ser independiente y separarme de ella emocionalmente.

Hubo dos sucesos fundamentales que tuvieron un enorme efecto en mí, en la adolescencia. El primer incidente se produjo cuando yo tenía doce años. Iba a entrar en séptimo curso y necesitaba dinero para una nueva bicicleta Schwinn de diez velocidades, que era como cuatro Porsche o como un guardarropa de diseño en aquella época. Un vecino retirado, Don —cuyo apodo, *Shot Gun*, procedía de su servicio como fusilero durante la Segunda Guerra Mundial, con las tropas en Europa—, se había roto la cadera. Mi madre pensó que sería estupendo si me ofrecía voluntariamente para ayudarlo, ser su jardinero y amigo durante el verano. Quería que fuera un buen vecino, algo que tenía sentido para mí. Me pagaban por ver reposiciones de la *Candid Camera TV* original, cada tarde. La vida parecía estupenda hasta el día en que Don me preguntó si alguna vez había visto desnuda a mi madre. Recuerdo que pensé que aquel tío estaba sonado y me pregunté por qué me decía aquello. La respuesta era «NO», aunque fingí no haber oído la pregunta.

Bien, fue transcurriendo el verano, pero estaba pasando algo muy raro. Yo nunca había considerado que mi madre fuera sexy, guapa o que estuviera «buenísima». Don siempre hablaba del aspecto de mi madre. Mi madre tenía aspecto de madre, y así es como yo la veía siempre. Era mi madre, por todos los santos, y yo no la veía para nada como objeto sexual. Mi madre no vestía ni se relacionaba con los hombres de forma inapropiada. Más tarde, mi padre me dijo que ningún tipo normal ve en su madre a una «tía buena». Después de este sensato consejo paterno, me sentí normal; sin embargo, no le hablé de los comentarios inapropiados que Don hacía habitualmente. Siempre me guardé para mí los secretos de mi madre y sus opiniones. Era una de sus reglas, que no le contara nada a nadie, ni siquiera a mi padre.

Don representó el papel de paciente «enfermo» durante el tiempo suficiente como para insinuarse sexualmente a mi madre. Quería que fuera a su casa, por la noche, para ver cómo iba su cadera. Un día, entré en el cuarto de estar de casa de Don y lo pillé tratando de acariciarle los pechos a mi madre. Los dos me chillaron por entrar sin llamar primero. Mi madre volvió a casa y nunca hablamos del incidente ni volvimos a casa de Don, nunca más. Éste me hacía un corte de mangas siempre que pasaba en su coche por la calle o leía un «que te den» en los labios. Una vez lancé la pelota de béisbol que tenía en las manos y di contra su coche. Paró y bajó, pero yo le dije, con mi voz treceañera más desagradable: «Venga, adelante, pégame y le contaré toda la historia a mi padre». Volvió a meterse en el coche y nunca más miró hacia donde yo estaba. Al final, menos de un año después de haber importunado sexualmente a mi madre, Don se mudó a vivir a otro sitio.

El segundo incidente sucedió dos años después, en agosto de 1974. Yo tenía quince años y, un viernes por la tarde, mi padre anunció que el domingo siguiente sería el último día que viviría con nosotros. Se me cayó el alma a los pies. Me invadió una enorme tristeza. El lunes por la tarde, mi madre se fue al patio de atrás; no podía dejar de llorar. Nunca me había sentido tan asustado, abrumado y petrificado y al mismo tiempo protector. Mi padre se había ido y ahora me sentía total y absolutamente responsable del bienestar de mi madre. ¡Y vaya carga llegó a ser mi madre los diez años siguientes! La había salvado de aquel asqueroso vecino y ahora mi padre la había dejado. Nunca sentí que mi padre me abandonara. Teníamos un buen entendimiento y una sólida relación. Fueron diez años muy largos desde que mi padre se marchó hasta que, finalmente, volvió. Mis padres se reconciliaron después de diez años separados. Ahora comprendo, como adulto, por qué se fue mi padre. Nunca lo culpé. Mi madre no lo quería allí. Me tenía a mí, como mejor amigo y apoyo masculino.

Estos dos sucesos, sumados a otros mil casos diarios en que yo fui el rescatador de mi madre, el hijo perfecto, el marido perfecto, el protector, el salvador y el escudo contra el mundo, resultaban abrumado-res. Nunca consideré siquiera que era responsabilidad de mi madre mantener a raya al vecino y ocuparse de su inminente divorcio, y que mi hermana mayor y yo no teníamos que sentirnos culpables de ninguna de las dos cosas. En la vida de mi madre, todo era culpa de otros, era su problema o bien eran «malos». Mi madre y yo estábamos tan enmarañados emocionalmente que no tuve novia en serio de verdad hasta mi primer año de universidad, y a mi madre no le gustó Kim (mi novia) ni su madre. Sentía verdaderamente que cargaba con toda la vida emocional, mental y psicológica de mi madre. Siempre se me quejaba de lo «capullo» que era mi padre por lo que no hacía o decía. Yo siempre estaba en conflicto con su resentimiento e ira hacia mi padre. El problema era que yo era un hombre y un 50 % de mí procedía de mi padre. Mi madre siempre parecía pasar por alto este hecho cuando despotricaba contra él.

Mi hermana, que era cinco años mayor que yo, no experimentaba el enmarañamiento emocional y la dependencia de mi madre como yo. Desde mi adolescencia y hasta la mitad de la veintena, viví años muy frustrantes emocionalmente y, en ocasiones, muy solitarios y desesperanzados. Mi madre no creía en la utilidad de gastar dinero o energía en mí. Por suerte, yo contaba con una beca para pagarme los estudios. Sin embargo, incluso cuando ya iba a la universidad, tuve que volver a vivir en casa y continuar cuidando emocionalmente de mi madre. Sentía una increíble responsabilidad y que debía ayudarla y atenderla. Nunca consideré siquiera la posibilidad de que estaba enmarañado con ella. Era como respirar, lo hacía y ya está. Mi madre es una mujer maravillosa, dulce, lista, intuitiva, que tenía numerosas necesidades emocionales sin resolver, que se conectó a mí y me convirtió en el «hijo perfecto». Tenía preocupaciones emocionales que yo no podía resolver en modo alguno. No fue hasta después de cumplir los treinta cuando, finalmente, lo comprendí.

Mi gran cambio emocional llegó paso a paso. Cada vez que se producía una transición vital, yo daba otro paso emocional para alejarme de la maraña y dirigirme hacia lo que ahora sé que es el punto medio justo de la escala de funcionamiento emocional óptimo. Incluso hoy, tengo que mantenerme muy lúcido para no ser codependiente, sentirme con carencias o «rescatar» a las personas con quienes me relaciono, incluyendo a mis hijos. He tenido que utilizar todas las herramientas, los pasos, la perspectiva y las ideas de este libro para crear, en mi propia vida, el suficiente espacio emocional para respirar. Individualizarse y separarse de la maraña de una madre así es como que te vayan cortando un brazo de célula en célula. Se trata de un proceso muy doloroso. He oído decir a muchas mujeres lo necesitada y exigente que era su madre y que los hombres lo tienen fácil. El legado de la herencia materna no es una cuestión de género, y tampoco es más difícil para un género que para el otro. No se trata de un problema hombre/mujer, sino de un proceso que se produce universalmente. El dilema del legado materno tiene que resolverlo cada niño/adolescente/adulto. En última instancia, todos tenemos que separarnos/individualizarnos de nuestro primer amor. Todos tenemos un primer amor, y no es el chico guapo de segundo curso ni la increíble chica de tu clase de tercero de inglés. Es tu madre.

La propiedad del legado materno

Después de todo lo que hemos analizado, ahora es preciso pensar qué es realmente el legado materno y cómo puede un hombre escribir sobre un asunto femenino, ¿o no es así? Todos somos hijos e hijas. Bien, tengo que decir que todos tenemos madre, una relación afectiva con ella y su legado emocional. Todos somos hijos e hijas y los asuntos madre-hijo son universales. La relación madre-hijo no la define el género. La define tu funcionamiento, tus conexiones y tu estilo de relación emocionales. Madres, hijas e hijos tienen dificultades para comprender su relación, que muchas veces no parece tener ningún sentido. Entonces, ¿a quién afecta el legado materno? A las personas con unos vínculos emocionales muy fuertes, con conflictos no resueltos, problemas de enmarañamiento, de desconexión y con uno de los cinco estilos diferentes de crianza materna, que tratan, todas ellas, de avanzar en la vida.

Así pues, el legado materno es *la comprensión consciente y darse*

cuenta emocional del papel significativo que tu madre tuvo en la for-
mación de tu estilo relacional, de tu modelo para relacionarte afectiva-
mente con todos los que forman parte de tu vida, de tu estilo emocional
de conexión, así como de las normas conscientes e inconscientes que
rigen tu vida, tu capacidad para nutrirte y tu habilidad para la empa-
tía, la compasión y la percepción emocional. Estas cualidades forman
el tejido de tu legado materno y la calidad de tus relaciones actuales.
Tu comprensión de estos rasgos no se aplica sólo a tus relaciones íntimas, sino a todo aquello a lo que te apegas y con lo que conectas emocionalmente en tu vida. No hay ningún aspecto de tu vida que no se
haya visto afectado por la influencia de tu madre. Con independencia
del grado de maraña, desconexión o equilibrio emocional, puedes aumentar en mucho tu percepción de tu vida actual si comprendes a tu
madre. Nada se desperdicia. Mira y piensa en todas las historias de
este libro y en las que tú has vivido personalmente. No importa lo que
pasara entre tu madre y tú, puedes utilizarlo para hacer avanzar tu
vida en una dirección positiva. No hay tiempo ni espacio en tu vida
para la culpa, el resentimiento o el miedo a marcharte de casa. Es hora
de avanzar hasta el plano de intimidad y la profundidad en las relaciones que anhelas.

El estilo materno más productivo —el completo— es el modelo
emocional hacia el que queremos ir en todas nuestras relaciones. Es
un estilo con un alto nivel funcional y un modelo educativo para todos los ámbitos de tu vida. Las virtudes fundamentales, emocionales,
mentales y psicológicas de la madre completa son:

1. Percepción emocional y comprensión psicológica.
2. Autoconfianza y seguridad emocional/vínculos seguros.
3. Estabilidad emocional/mental; vínculos equilibrados (óptimos).
4. Valor, como en el proceso de individualización/separación.
5. Alto nivel de funcionamiento emocional; ser empático, estar
   sintonizado emocionalmente, ser compasivo, ser receptivo desde
   el punto de vista emocional y estar presente emocionalmente.

Es hora de deshacer las maletas. Nada de equipaje de mano

No hay ninguna cualidad, conducta o virtud emocional de las anotadas anteriormente que todos nosotros no hayamos tenido o usado, a veces, con nuestra madre, nuestra pareja, nuestros amigos o con nosotros mismos. Esa lista es el corazón de tu vida emocional y de cada relación que llegarás a formar y a la que te apegarás. Esto es, en resumidas cuentas, lo que alienta, acompaña y sigue a la separación y a la individualización. La gente pregunta todo el tiempo: ¿qué es la salud emocional? La lista anterior es tu nueva edición de bolsillo de lo que todos deseamos.

Casi has acabado de leer y vivir este libro. Ahora sientes que el cambio está en el aire y en tu futuro inmediato. Conoces los obstáculos emocionales más comunes que crean dolor y sufrimiento emocionales graves. Has experimentado esos sentimientos, pensamientos y emociones en tus relaciones profesionales, personales y familiares. Estos impedimentos emocionales pueden hacer que todas tus habilidades naturales y potenciales para las relaciones acaben desperdiciadas y subdesarrolladas. Hemos visto que los efectos secundarios emocionales de los diferentes estilos de crianza materna son:

- Vergüenza: no ser nunca «lo bastante bueno».
- Conductas excesivas/adictivas: inestabilidad emocional.
- Codependencia y personalidad dependiente.
- Miedo al abandono/a la intimidad: falta de atención emocional.
- Ira: rabia/resentimiento.

No son las características, reacciones, conexiones o sentimientos que deseas, emocional o relacionalmente. Todos tenemos que marcharnos de casa y, muchas veces, nuestras maletas emocionales están llenas a rebosar con estos ladrillos emocionales. *No caben las emociones positivas, los sentimientos seguros y las convicciones optimistas que fortalecen nuestra vida y todo aquello a lo que nos apegamos y amamos.* Todo este libro ha estado dedicado a mostrarte cómo perder el equipaje emocional de tu madre y de tu infancia y replantearte tus decisiones. Nadie quiere cargar, perpetuamente, con dos enormes maletas de equipaje emocional, de cuarenta kilos cada una. Tu vida puede consistir en la ausencia de equipaje o en llevar una pequeña bolsa de mano. Todos estamos de acuerdo en que menos equipaje emocional procedente de tu madre es mejor que más. Recuerda el clásico proverbio budista: «Menos es más». El «menos» se traduce en menos conflicto, dolor e ira emocionales. El «más» es más libertad, más elecciones y unas relaciones más seguras.

Perder tu equipaje emocional y llegar a ser «perfectamente imperfecto» está ahora en tus manos. A ti te toca decidir. Nadie puede frenarte ni decirte que no tienes suficiente información para hacer tu viaje a la edad adulta. Sabes que aceptarte a ti mismo es el camino para salir del valle de la desesperación y del odio hacia ti mismo. Ahora comprendes que una conducta excesiva guarda relación con tu infancia y con la angustia no resuelta de aquel tiempo. Recuerda que nuestra madre no es responsable de nuestra vida actual; ahora la responsabilidad es toda nuestra. Tu madre fue, claramente, una enorme influencia en tu vida, pero no es tu vida. Muchos de nosotros (yo incluido) vivimos una gran parte de nuestra primera vida adulta como si nuestra madre fuera el principio y el fin de todas las cosas. Es hora de que cojas las riendas de tu vida. Uno de los mensajes fundamentales de este libro es que el juego de culpar a la madre o la ignorancia emocional ya no son una opción.

Para terminar, no sigas ni un día más cargado con algún problema, asunto o emoción dolorosa residuales sin hacer algo al respecto. No permitas que el mayor cáncer emocional —la vergüenza— carcoma tu tejido interno y tu fortaleza fundamental. Tu vida no tiene nada que ver con ser perfecto. Todos hemos experimentado decepciones emocionales y cosas peores, como el divorcio, el fracaso profesional, problemas con los hijos, malas elecciones en el plano económico o en el más íntimo, desórdenes de la alimentación, abusos sexuales, incluso un historial delictivo. Tu vida está llena de personas que te dirán que abandones eso de la relación madre-hijo, que no es más que «psicopalabrería». No te confundas; ésta es tu llave para acceder a una salud emocional óptima y a unas relaciones plenamente satisfactorias.

Si no actúas en aras de tu mejor interés y consideración, no hay suficientes medicamentos, drogas, alcohol ni dinero para eliminar la sensación de fracaso, pesar y depresión que, quizá, llevarás a tus futuras relaciones y vínculos. Te insto a reconsiderar seriamente tu vida y a pensar cómo deshacerte de tu equipaje emocional. Un dicho clásico común en psicología dice: «Nada sustituye a la acción». La percepción sin acción es el amor sin apego afectivo. Tienes las llaves, la sabiduría, la percepción y el poder personal. Sé que se necesita valor para abrir la puerta «madre» y todas las demás puertas a las que te enfrentarás en la vida. Tu legado está en cada página de este libro y actúa en cada minuto de tu vida. Puedes abrir todas las puertas que quieras y, también, cerrar las que desees. ¿Qué decides?

Notas

Introducción

1. Howard Gardner, *Development Psychology*, 2ª ed., Glenview (Illinois), Scott Foresman, 1988, págs. 93-131.

2. Jess Feist, *Theories of Personality*, 2ª ed., Fort Worth (Texas), Holt, Rinehart and Winston, 1990, págs. 154-190. [Trad. cast.: *Teorías de la personalidad*, Madrid, McGraw-Hill, 2007.]

3. Stephan B. Poulter, *The Father Factor: How Your Father's Legacy Impacts Your Career*, Armherst (Nueva York), Prometheus Books, 2006, págs. 19-38. [Trad. cast.: *El factor padre: cómo el legado paterno impacta en tu vida professional*, Martínez Roca, México, 2007.]

4. Judith Rich Harris, *The Nurture Assumption. Why Children Turn Out the Way They Do*, Nueva York, Free Press, 1998, págs. 35-54. [Trad. cast.: *El mito de la educación: por qué los padres pueden influir muy poco en sus hijos*, Grijalbo, Barcelona, 1999.]

Capítulo 1

1. Alicia F. Lieberman, *The Emotional Life of the Toddler*, Nueva York, Free Press, 1994, págs. 1-7. [Trad. cast. *La vida afectiva de su hijo, entre uno y tres años*, Atlántida, Buenos Aires, 1995.]

2. John Bowlby, *Attachment and Loss*, Nueva York, Basic Books, 1969, págs. 156-175 [Trad. cast.: *El Apego y la pérdida*, Barcelona, Paidós, 2009.]

3. John Bowlby, *A Secure Base: Parent-Child Attachment and Healthy Human Development*, Nueva York, Basic Books, 1988, págs. 87-99. [Trad. cast.: *Una base segura: aplicaciones clínicas de una teoría del apego*, Buenos Aires, Paidós, 2009.]

4. Howard Gardner, *Developmental Psychology*, 2ª ed., Glenview (Illinois), Scott Foresman, 1988, págs. 38-49.

Capítulo 2

1. Helen Schucman, *A Course in Miracles*, 2ª ed., vol. combinado, Mill Valley (California), Foundation, 1992, págs. 112-136.

2. Ronald Potter-Efron y Patricia Potter-Efron, *The Secret Message of Shame*, Oakland (California), New Harbinger, 1999, págs. 7-24.

3. Ibíd., págs. 59-73.

Capítulo 5

1. Marion F. Solomon, *Narcissism and Intimacy: Love and Marriage in an Age of Confusion*, Nueva York, W. W. Norton Professional Books, 1999, págs. 63-79.

2. Stephan B. Poulter, *The Father Factor: How Your Father's Legacy Impacts Your Career*, Amherst (Nueva York), Prometheus Books, 2006, págs. 20-39. [Trad. cast.: *El factor padre: cómo el legado paterno impacta en tu vida professional*, Martínez Roca, México, 2007.]

3. Jess Feist, *Theories of Personality*, 2ª ed., Fort Worth (Texas), Holt, Rinehart and Winston, 1990, págs. 648-675. [Trad. cast.: *Teorías de la personalidad*, Madrid, McGraw-Hill, 2007.]

Capítulo 9

1. Bob Greene, *Total Body Make Over*, Nueva York, Simon & Schuster Books, 2006, págs. 22-62.

2. David Zinczenko, *Men's Health Training Guide. How to Get Started*, Nueva York, Men's Health, 2007, págs. 52-110.

Capítulo 10

1. Ronald Potter-Efron y Patricia Potter-Efron, *The Secret Message of Shame*, Oakland (California), New Harbinger, 1999, págs. 60-74.

Capítulo 11

1. E. Wachtel, *The Family Psyche over Three Generations: The Geneogram Revisited*, Nueva York, Journal of Marital and Family Therapy, 1992, págs. 335-343.

Bibliografía

Blumenthal, Noah, *You're Addicted to You,* San Francisco (California), Berrett-Koehler, 2007.

Bourne, Edmund J., *The Anxiety & Phobia Workbook,* 4.ª ed., Oakland (California), New Harbinger, 2005.

Bourne, Edmund J., Arlen Brownstein y Lorna Garano, *Natural Relief for Anxiety,* Oakland (California), New Harbinger, 2004. [Trad. cast.: *Supere la ansiedad con métodos naturales: estrategias para atenuar el miedo, el pánico y las preocupaciones,* Barcelona, Oniro, 2009.]

Bourne, Edmund J. y Lorna Garano, *Coping with Anxiety: 10 Simple Ways to Relieve Anxiety, Fear & Worry,* Oakland (California), New Harbinger, 2003. [Trad. cast.: *Haga frente a la ansiedad: 10 formas sencillas de aliviar la ansiedad, los miedos y las preocupaciones,* Barcelona, Amat, 2006.]

Brazelton, T. Berry, *Working and Caring,* Reading (Massachusetts), Addison Wesley, 1992.

Brown, Byron, *Soul without Shame: A Guide to Liberating Yourself from the Judge Within,* Boston, Shambhala, 1999.

Craighead, Linda W., *The Appetite Awareness Workbook,* Oakland (California), New Harbinger, 2006.

Dacey, John S. y Linda B. Fiore, *Your Anxious Child: How Parents and Teachers Can Relieve Anxiety in Children,* San Francisco, Jossey-Bass, 2002. [Trad. cast.: *El niño ansioso,* Barcelona, Ediciones B, 2004.]

Davidson, Jonathan y Henry Dreher, *The Anxiety Book: Developing Strength in the Face of Fear,* Nueva York, Riverhead Books, 2003.

Deak, Joann, con Teresa Barker, *Girls Will Be Girls: Raising Confident and Courageous Daughters,* Nueva York, Hyperion, 2002.

DeRosis, Helen, *Women & Anxiety: A Step-by-Step Program for Managing Anxiety and Depression,* Nueva York, Hatherleigh Press, 1998.

Eliot, John, *Overachievement: The New Model for Exceptional Performance,* Nueva York, Penguin Group, 2004.

Estés, Clarissa P., *Women Who Run with the Wolves*, Nueva York, Random House, 1992. [Trad. cast.: *Mujeres que corren con los lobos*, Barcelona, Zeta Bolsillo, 2005.]

Farber, Steve, *The Radical Leap: A Personal Lesson in Extreme Leadership*, Chicago, Dearborn Trade, 2004. [Trad. cast.: *Liderazgo radical: los cuatro fundamentos del liderazgo verdadero*, Barcelona, Empresa Activa, 2005.]

Garbarino, James, *And Words Can Hurt Forever: How to Protect Adolescents from Bullying, Harassment and Emotional Violence*, Nueva York, Free Press, 2002.

—, *Parents Under Siege: Why You Are the Solution, Not the Problem in Your Child's Life*, Nueva York, Free Press, 2001.

Gottman, John, *Raising an Emotionally Intelligent Child*, Nueva York, Simon & Schuster, 1997.

Harrison, Harry H., Jr., *Father to Daughter: Life Lessons on Raising a Girl*, Nueva York, Workman Publishing, 2003.

Helgoe, Laurie A., Laura R. Wilhelm y Martin J. Kommor, *The Anxiety Answer Book*, Naperville (Illinois), Sourcebooks, 2005. [Trad. cast.: *Vivir sin ansiedad: respuestas profesionales y alentadoras sobre las fobias, los ataques de pánico y la ansiedad*, Barcelona, Oniro, 2006.]

Kelly, Joe, *Dads and Daughters: How to Inspire, Understand and Support Your Daughter*, Nueva York, Broadway Books, 2005.

Kindlon, Dan, *Too Much of a Good Thing: Raising Children of Character in an Indulgent Age*, Nueva York, Hyperion, 2001.

Lang, Gregory E., *Why a Daughter Needs a Dad: 100 Reasons*, Nashville (Tennessee), Cumberland House, 2002.

Levine, Mel, *Ready or Not, Here Life Comes*, Nueva York, Simon & Schuster, 2005.

Lock, James y Daniel Le Grange, *Help Your Teenager Beat and Eating Disorder*, Nueva York, Guilford Press, 2005.

Lofas, Jeannette y Dawn B. Sova, *Stepparenting: The Family Challenge of the Nineties*, Nueva York, Kensington Books, 1985.

MacKenzie, Robert J., *Setting Limits: How to Raise Responsible, Independent Children by Providing Reasonable Boundaries*, Rocklin (California), Prima Publishing, 1993. [Trad. cast.: *Poner límites: cómo educar a niños responsables e independientes poniendo límites claros*, Barcelona, Medici, 2006.]

Maxwell, John C., *Winning with People: Discover the People Principles that Work for You Every Time,* Nashville (Tennessee), Nelson Books, 2004.

McCabe, Randie y Traci L. McFarlane, *The Overcoming Bulimia Workbook,* Oakland (California), New Harbinger, 2003.

McQuillan, Susan, *Psychology Today Here to Help: Breaking the Bonds of Food Addiction,* Nueva York, Alpha Books, 2004.

Mellody, Pia, *Facing Love Addiction: Giving Yourself the Power to Change the Way You Love,* Nueva York, HarperCollins, 2003. [Trad. cast.: *Adicción al amor: cómo darse a sí mismo el poder para cambiar su forma de amar,* Barcelona, Obelisco, 2006.]

Moore, John D., *Confusing Love with Obsession,* 3ª ed., Center City, (Minnesota), Hazelden, 2006.

Nash, Joyce D., *Binge No More: Your Guide to Overcoming Disordered Eating,* Oakland (California), New Harbinger, 1999.

Navratilova, Martina, *Shape Your Self,* Emmaus (Pensilvania), Rodale, 2006.

Osherson, Samuel, *Wrestling with Love: How Men Struggle with Intimacy, with Women, Children, Parents, and Each Other,* Nueva York, Random House, 1992.

Peabody, Susan, *Addiction to Love: Overcoming Obsession and Dependency in Relationships,* Berkeley (California), Celestial Arts, 2005.

Peurifoy, Reneau Z., *Overcoming Anxiety: From Short-Term Fixes to Long-Term Recovery,* Nueva York, Henry Holt, 1997. [Trad. cast.: *Cómo vencer la ansiedad: un programa revolucionario para eliminarla definitivamente,* Bilbao, Desclée De Brouwer, 2009.]

Phillips, Bill, *Success Journal: Body for Life,* Nueva York, HarperCollins, 2002.

Poulter, Stephan B., *The Father Factor: How Your Father's Legacy Impacts Your Career,* Amherst (Nueva York), Prometheus Books, 2006. [Trad. cast.: *El factor padre: cómo el legado paterno impacta en tu vida profesional,* Martínez Roca, México, 2007].

—, *Father Your Son: Becoming the Father You Have Always Wanted to Be,* Nueva York, McGraw Hill, 2004.

Poulter, Stephan B. y Barbara Zax, *Mending the Broken Bough. Restoring the Promise of the Mother-Daughter Relationship,* Nueva York, Berkley Publishers, 1998.

Raskin, Donna, *The Everything Easy Fitness Book,* 2ª ed., Avon (Massachusetts), F + W Publications, 2007.

Real, T., *I Don't Want to Talk about It: Overcoming the Secret Legacy of Male Depression,* Nueva York, Scribner, 1997.

Roizen, Michael F., Tracy Hafen y Laurence A. Armour, *The Real Age Workout,* Nueva York, HarperCollins, 2006.

Rolfe, Randy, *The 7 Secrets of Successful Parents,* Chicago, Contemporary Books, 1997.

Roth, Geneen, *Feeding the Hungry Heart: The Experience of Emotional Eating,* Nueva York, Macmillan, 2002.

—, *When Food Is Love: Exploring the Relationship between Eating and Intimacy,* Nueva York, Penguin Group, 1991. [Trad. cast.: *Cuando la comida sustituye al amor: la relación entre las carencias afectivas y nuestra actitud ante la comida,* Barcelona, Urano, 1992.]

Saxen, Ron, *The Good Eater,* Oakland (California), New Harbinger, 2007.

Shaffer, Susan M. y Linda P. Gordon, *Why Girls Talk and What They're Really Saying: A Parent's Guide to Connecting with Your Teen,* Nueva York, McGraw-Hill, 2005.

Sheehan, David V., *The Anxiety Disease,* Nueva York, Scribner, 1983.

Siegel, Michelle, Judith Brisman y Margot Weinshell, *Surviving an Eating Disorder,* Nueva York, HarperCollins, 1998.

Simon, Sidney B. y Suzanne Simon, *Forgiveness: How to Make Peace with your Past and Get on with Your Life,* Nueva York, Warner Books, 1990.

Smith, Chelsea Browning, *Diary of an Eating Disorder,* Lanham (Maryland), Taylor Trade, 1998.

Twerski, Abraham J., *Addictive Thinking: Understanding Self-Deception,* 2ª ed., Center City (Minesota), Hazelden, 1999.

Zieghan, Suzen J., *The Stepparent's Survival Guide: A Workbook for Creating a Happy Blended Family,* Oakland (California), New Harbinger, 2002.